Dennis Spillecke

Interne Kundenorientierung des Controllerbereichs

GABLER EDITION WISSENSCHAFT

Schriften des Center for Controlling & Management (CCM), Band 22

Herausgegeben von

Universitätsprofessor Dr. Jürgen Weber
Wissenschaftliche Hochschule für Unternehmensführung (WHU) – Otto-Beisheim-Hochschule

Die Schriftenreihe präsentiert Ergebnisse betriebswirtschaftlicher Forschung im Bereich Controlling und Führung. Sie basiert auf einer akteursorientierten Sicht des Controlling, in der die Rationalitätssicherung der Führung einen für die Theorie und Praxis zentralen Stellenwert einnimmt.

Dennis Spillecke

Interne Kundenorientierung des Controllerbereichs

Messung – Erfolgsauswirkungen – Determinanten

Mit einem Geleitwort von Prof. Dr. Jürgen Weber

Deutscher Universitäts-Verlag

Bibliografische Information Der Deutschen Bibliothek
Die Deutsche Bibliothek verzeichnet diese Publikation in der Deutschen Nationalbibliografie; detaillierte bibliografische Daten sind im Internet über <http://dnb.ddb.de> abrufbar.

Dissertation Wissenschaftliche Hochschule für Unternehmensführung (WHU) Vallendar, 2005

1. Auflage März 2006

Lektorat: Brigitte Siegel / Stefanie Loyal

Der Deutsche Universitäts-Verlag ist ein Unternehmen von Springer Science+Business Media.
www.duv.de

Umschlaggestaltung: Regine Zimmer, Dipl.-Designerin, Frankfurt/Main
Druck und Buchbinder: Rosch-Buch, Scheßlitz
Gedruckt auf säurefreiem und chlorfrei gebleichtem Papier
Printed in Germany

ISBN 3-8350-0271-6

Geleitwort

Interne Kundenorientierung ist ein in der Marketing-Literatur bekanntes, an der externen Kundenorientierung ansetzendes Konstrukt. In die Controlling-Diskussion eingebracht wurde es erst vor knapp zehn Jahren, und zwar durch mich selbst. Mir liegt das Thema somit schon seit längerer Zeit am Herzen. Zwei darauf aufbauende Arbeiten griffen das Konstrukt auf, eine davon war eine Münsteraner Dissertation (Mosiek). Neben einer konsequenten, Erkenntnisse des Marketing nutzenden theoretischen Fundierung fehlte es bisher insbesondere an einer empirischen Überprüfung, ob und gegebenenfalls wie Kunden(Manager-)orientierung auf den Erfolg der Controllertätigkeit wirkt. Dieses Defizit wird durch die vorliegende Dissertation eindruckvoll beseitigt. Sie setzt die Reihe großzahliger empirischer Arbeiten am Lehrstuhl zur Gestaltung der Controllership fort, die von Kosmider 1992 über Stoffel 1996 und Aust 2000 bis zu Bauer 2002 reicht.

Spillecke beschäftigt sich insbesondere mit vier Forschungsfragen: (1) Angesichts des noch sehr praxisorientierten Standes der Literatur muss zunächst das Konstrukt der internen Kundenorientierung theoretisch hergeleitet und dann einer empirischen Messung zugänglich gemacht werden. (2) Anschließend ist der Zusammenhang zwischen der internen Kundenorientierung der Controller und dem Erfolg ihrer Arbeit empirisch zu eruieren. (3) Im dritten Schritt steht dann die Frage zu Beantwortung an, ob und gegebenenfalls wie dieser Zusammenhang durch welche Größen beeinflusst wird. (4) Die letzte Forschungsfrage ist auf die praktischen Implikationen der Antworten auf die drei ersten Fragen gerichtet.

Von den vielfältigen, überzeugenden Ergebnissen seien die zu den Erfolgsauswirkungen der internen Kundenorientierung des Controllerbereichs hervorgehoben. Sie bilden den Kern der Ergebnisse der Arbeit. Die Überprüfung von insgesamt 25 systematisch herausgearbeiteten und theoretisch fundierten Hypothesen liefert in mehrfacher Hinsicht bemerkenswerte Ergebnisse. Zum einen zeigt sich eine sehr erfolgreiche Modellierung der internen Kundenzufriedenheit und ihres Einflusses auf den Controlling- und den Unternehmenserfolg. Die Grundzusammenhänge können durchweg bestätigt werden; nur vier der 25 Hypothesen sind anhand der erfassten Daten abzulehnen. Damit liegt nach Kenntnis des Gutachters die erste empirische Studie vor, die auf Basis hoch stehender statistischer Methodik einen Zusammenhang zwischen der Tätigkeit von Controllern und dem Unternehmenserfolg belegen kann. Ebenso für die Controllingforschung wesentlich ist das Ergebnis, dass die von Controllern übernommene Counterpartfunktion nicht in jedem Falle positiv einzuschätzen und damit sorgfältig zu dimensionieren ist. Die Ausführungen zeugen von einer intimen Kenntnis der statistischen Methodik und stehen auch konzeptionell auf einem sehr hohen Niveau. Damit leistet die Arbeit einen erheblichen Erkenntnisfortschritt für die Controllingforschung, darüber hinaus aber auch für den Bereich der internen Kundenorientierung innerhalb des Marketings.

Insgesamt lässt sich die vorliegende Dissertation als ein Meilenstein innerhalb der empirischen Controllingforschung bezeichnen. Neben den bereits angesprochenen Ergebnissen ist besonders hervorzuheben, dass die Arbeit mit einer bemerkenswerten methodischen Sorgfalt verfasst ist und das hohe Niveau der empirischen Forschung im Marketing erreicht. Damit ist der Arbeit ein möglichst großer Leserkreis zu wünschen. Auf unsere weitere empirische Forschung zur Gestaltung der Controllership wird sie einen erheblichen Einfluss haben.

Prof. Dr. Jürgen Weber

Vorwort

In der Literatur wird ein Typus Controller gefordert, der sich als "Zahlenverkäufer" oder "Managementdienstleister" versteht und der auf die Bedürfnisse seiner internen Kunden eingeht. Ein modernes Controlling soll also "kundenorientiert" sein. Trotz der zahlreichen Appelle und der hohen praktischen Notwendigkeit ist das Thema "Interne Kundenorientierung des Controllerbereichs" in der Wissenschaft bisher kaum behandelt worden. Auch in der Praxis scheint das Thema noch nicht angekommen zu sein. Controller gelten weiterhin als Bremser, Erbsenzähler oder bestenfalls noch als graue Eminenz. Das Ziel der vorliegenden Arbeit war es, ein klares Verständnis darüber zu schaffen, was unter interne Kundenorientierung des Controllerbereichs zu verstehen ist. Darüber hinaus galt es, die interne Kundenorientierung messbar zu machen, ihre Erfolgsauswirkungen und Determinanten aufzuzeigen und somit Controllern in der Praxis Handlungsempfehlungen bei der Umsetzung der internen Kundenorientierung zu geben. Bei der Realisierung dieses Forschungsvorhabens, haben mich zahlreiche Personen unterstützt, ohne deren Mitwirken ein solches Werk nicht möglich gewesen wäre.

Ganz besonders möchte ich meinem Doktorvater Herrn Prof. Dr. Jürgen Weber danken. Er hat nicht nur durch seine Anregungen und Ideen entscheidend zum Gelingen der Arbeit beigetragen, vielmehr hat er das Wort "Doktorvater" sehr ernst genommen und stand mir immer mit väterlichem Rat beiseite. Darüber hinaus gilt mein Dank auch Fotini Noutsia und Beata Kobylarz, die sich den kleinen und großen Problemen des Lehrstuhls angenommen haben.

Herrn Prof. Dr. Martin Fassnacht danke ich für die Übernahme des Zweitgutachtens und den Anregungen zur Konzeptualisierung der internen Kundenorientierung.

Mein Dank gilt ebenfalls meinen Lehrstuhlkollegen. Viele von ihnen sind auch außerhalb der Controllingwelt zu guten Freunden geworden. Besonders danke ich hierbei dem "Kernteam" Anne Paefgen, Sven Schaier und Oliver Strangfeld. Darüber hinaus danke ich den Lehrstuhlkollegen Bernhard Hirsch, Jennifer Kunz, Alexandra Matthes, Mascha Sorg und Eric Zayer.

Ein weiterer Dank gebürt der "Kölner Truppe", die mir nicht nur als Diskussionspartner zur Verfügung standen, sondern auch außerhalb der Dissertation für die notwendige Abwechslung sorgten. Insbesondere sind hier Jens Echterling, Jan Dirk Henrich und Tanja & Alexander zu Waldeck zu nennen.

Ganz wesentliche Bedeutung hatte für mich die Unterstützung meiner Freundin Susanne Bieber. Für ihre Liebe und Unterstützung bin ich ihr sehr dankbar.

Die Basis für all das haben meine Eltern gelegt. Sie haben mich in jeder erdenklichen Hinsicht unterstützt. Ihnen ist daher diese Arbeit gewidmet.

Dennis Spillecke

Inhaltsverzeichnis

Tabellenverzeichnis

Abbildungsverzeichnis

Abkürzungsverzeichnis

a.M.	am Main
Bd.	Band
bzw.	beziehungsweise
DBW	Die Betriebswirtschaft
d.h.	das heißt
et al.	et alii
etc.	et cetera
f.	folgende
ff.	fortfolgende
ggf.	gegebenenfalls
H.	Heft
Hrsg.	Herausgeber
ICMS	Internal Customer Mind-Set
IKO	Interne Kundenorientierung
IMO	Interne Marktorientierung
Jg.	Jahrgang
KO	Kundenorientierung
ZFP	Zeitschrift für Forschung und Praxis
MO	Marktorientierung
No.	Number
o.A.	ohne Angabe
S.	Seite
SBU	Strategic Business Unit
u.a.	unter anderem
vgl.	vergleiche
Vol.	Volume
ZfB	Zeitschrift für Betriebswirtschaft
ZfbF	Zeitschrift für betriebswirtschaftliche Forschung
z.B.	zum Beispiel

1 Einführung

1.1 Ausgangspunkt der Untersuchung

Historisch haben sich die Gütermärkte von Märkten mit einem Nachfrageüberschuss zu Märkten mit einem Angebotsüberschuss entwickelt.[1] Diese Wandlung von Verkäufer- zu Käufermärkten hat dazu geführt, dass Kundenwünsche ein entscheidender Maßstab für die Ausrichtung der Unternehmensaktivitäten geworden sind.[2] Die Kundenorientierung wurde so zu einer Leitlinie von Unternehmen.

Kundenorientierung ist jedoch nicht nur eine Aufgabe der Marketingabteilung. Auch unternehmensintern gewinnt die Diskussion um eine Ausrichtung auf den internen Kunden an Bedeutung.[3] Insbesondere die Gemeinkostenbereiche müssen sich verstärkt mit der internen Kundenorientierung auseinandersetzen. Auf Grund des hohen Kostendrucks in den Unternehmen müssen sie ihre Leistungen zunehmend vor ihren internen Kunden rechtfertigen und den Wert ihrer Leistungen für ihre Kunden erhöhen.[4] Eine verstärkte interne Kundenorientierung der Gemeinkostenbereiche kann hierfür ein möglicher Ansatz sein.
Auch der Controllerbereich, bisher eher in der Rolle des Kostenkontrolleurs, findet sich nun als Objekt der Kostenkontrolle wieder. Für den Controller sollte eine Ausrichtung auf die Bedürfnisse der internen Kunden aber nicht nur eine Notwendigkeit des Kostendrucks, sondern auch ein Gebot zur Erfüllung seiner Funktion sein. Will er seine Aufgabe als Rationalitätssicherer der Führung wahrnehmen, so muss er Rationalitätsdefizite der Manager erkennen und entsprechende Lösungen erarbeiten. Somit ist eine Ausrichtung der Controllerleistungen auf die Bedürfnisse des Managements geradezu Grundvoraussetzung zur Erfüllung der Controllingfunktion.

Dennoch scheint in der Praxis die interne Kundenorientierung des Controllerbereichs gering ausgeprägt zu sein. Ein erstes Indiz hierfür sind die zahlreichen negativen Bilder vom Controller, wie z.B. das Bild als Erbsenzähler, Zahlenknecht oder Bremser.[5] Auch die bisherigen empirischen Arbeiten stützen diesen Eindruck. So konstatierte AUST (1999) in seiner empirischen Erhebung einen geringen Grad der internen Kun-

---

1 Vgl. Nieschlag/Dichtl/Hörschgen (2002), S. 3 ff.
2 Vgl. Künzel (1999), S. 1.
3 Vgl. die Arbeiten von Lukas/Maignan (1996); Conduit/Mavando (1999); Lings (2004).
4 Vgl. Weber/Schäffer (2000), S. 225; Mosiek (2002), S. 1.
5 Vgl. Weber/Schäffer (2000), S. 210; Mosiek (2002), S. 1.

denorientierung in der Kostenrechnung.[6] Auch die Untersuchung von WEBER/WILLAUER (2000) deutet auf eine wenig kundenfreundliche "Buchhaltermentalität" hin.[7]
WEBER (1997) merkt darüber hinaus an: "Das Denken in internen Kunden-Lieferanten-Beziehungen, das ständige Überlegen, ob die Leistungen noch genug 'value for money' stiften, das permanente Suchen nach neuen Lösungen und neuen Kunden, das Hinterfragen, ob nicht andere im oder außerhalb des Unternehmens einige Controllerleistungen besser und/oder billiger erstellen können, ist für Controller in den meisten Unternehmen weitgehend fremd."[8] AUST (1999) stellt in diesem Zusammenhang zusammenfassend fest, dass die interne Kundenorientierung für Controller bisher noch Neuland ist.[9]

Ein Defizit hinsichtlich der internen Kundenorientierung des Controllerbereichs besteht dabei nicht nur in der Praxis, sondern auch in der theoretischen Diskussion, wie in Kapitel 2.2.3 dargelegt. Die vorliegende Untersuchung will sich daher diesem Thema widmen.

6 Vgl. Aust (1999), S. 184; vgl. auch Homburg et al. (1998), S. 25 ff.
7 Vgl. Weber/Willauer (2000), S. 8.
8 Weber (1997), S. 6.
9 Vgl. Aust (1999), S. 5.

1.2 Zielsetzung der Arbeit

Grundlegendes Ziel der Arbeit ist es, zum einen ein umfassendes Verständnis darüber zu schaffen, was unter interner Kundenorientierung des Controllerbereichs zu verstehen ist, und zum anderen Erfolgsauswirkungen sowie Determinanten der internen Kundenorientierung des Controllerbereichs aufzuzeigen. Aufbauend auf diesen Erkenntnissen sollen dann Handlungsimplikationen für die Praxis abgeleitet werden, mit denen die bestehende Lücke in der Ausrichtung auf die internen Kunden des Controllerbereichs geschlossen werden kann. Damit zielt die Arbeit nicht nur auf einen Erkenntnisfortschritt im Bereich der Controllingforschung, sondern durch seinen Fokus auf die interne Kundenorientierung auch im Bereich der Marketingforschung ab. Die beschriebene Fragestellung soll im Rahmen einer empirischen Untersuchung umfassend analysiert werden.

Aus der Zielsetzung der Arbeit lassen sich konkrete Forschungsfragen formulieren, die nachfolgend erläutert sind.

Die interne Kundenorientierung des Controllerbereichs, also die konsequente Ausrichtung des Controllerbereichs auf den internen Kunden, wird zwar in vielfältigen Arbeiten zum Controlling gefordert, jedoch liegen bisher, wie in Kapitel 2.2.3 aufgezeigt wird, nur unzureichende Erkenntnisse über das inhaltliche Verständnis des Begriffs der internen Kundenorientierung vor.
Auf Grund dieser Defizite liegt eine Kernaufgabe der Arbeit in einer theoriegeleiteten Präzisierung des Begriffs der internen Kundenorientierung des Controllerbereichs. Darüber hinaus soll ein Messmodell auf Basis der Theorie zur empirischen Erhebung der internen Kundenorientierung des Controllerbereichs entwickelt werden. Zur Entwicklung des Messmodells gilt es, den Begriff der internen Kundenorientierung des Controllerbereichs zu konzeptualisieren, also die inhaltlichen Dimensionen des Begriffs zu erarbeiten, und zu operationalisieren, also die inhaltlichen Dimensionen in ein geeignetes Messinstrument zu überführen.[10] Somit lautet die erste Forschungsfrage dieser Untersuchung wie folgt:

F1: Was bedeutet interne Kundenorientierung des Controllerbereichs und wie kann das Konstrukt konzeptualisiert und operationalisiert werden?

[10] Vgl. Homburg/Giering (1996), S. 5.

Die interne Kundenorientierung des Controllerbereichs ist nur dann praktisch relevant, wenn sie ein wichtiger Einflussfaktor des Controlling- bzw. Unternehmenserfolgs ist. In der Praxis stellt das Management die wichtigste Kundengruppe des Controllerbereichs dar.[11] Vor diesem Hintergrund sollen zum einen die Auswirkungen der internen Kundenorientierung des Controllerbereichs auf die Beziehung zwischen Management und Controllerbereich untersucht werden. Aber nur, wenn die verbesserte Beziehung zwischen Managern und Controllern auch eine positive Auswirkung auf den Erfolg des Controllings und letztlich der Unternehmung hat, ist die umfassende Umsetzung des Gedankens der internen Kundenorientierung sinnvoll. Aus diesem Grund sollen zum anderen die Auswirkungen der internen Kundenorientierung auf den Controlling- und Unternehmenserfolg analysiert werden. Diese Analyse soll auf Basis der empirisch erhobenen Daten erfolgen. Somit ergibt sich die zweite Forschungsfrage, welche die Auswirkungen der internen Kundenorientierung des Controllerbereichs umfasst:

F2: Welchen Einfluss hat die interne Kundenorientierung des Controllerbereichs auf die Beziehung zwischen Management und Controllerbereich, den Controllingerfolg sowie den Unternehmenserfolg?

Da davon auszugehen ist, dass der Grad der internen Kundenorientierung von Unternehmen zu Unternehmen unterschiedlich ist, stellt sich die Frage, welche Faktoren den Grad der internen Kundenorientierung des Controllerbereichs beeinflussen. Insbesondere sollen in dieser Untersuchung der Einfluss des Unternehmensumfelds und der organisationalen Merkmale des Controllerbereichs analysiert werden. Auch die Determinanten des Controllerbereichs sollen auf Basis der empirischen Daten untersucht werden. Somit ergibt sich die dritte Forschungsfrage:

F3: Welche situativen Einflussfaktoren der Unternehmensumwelt und der Controllerorganisation beeinflussen die interne Kundenorientierung des Controllerbereichs?

Abschließend gilt es, die Frage zu beantworten, welche Implikationen sich für die Controllerbereiche in der Praxis aus den Erkenntnissen dieser empirischen Untersuchung ergeben. Dies ist die vierte Forschungsfrage der Untersuchung:

---

[11] Vgl. hierzu die Ausführungen in Kapitel 2.2.1.2.

F4: Welche Handlungsimplikationen lassen sich für die Controllerbereiche in der Praxis aus dieser Untersuchung ableiten?

Nachdem die wesentlichen Forschungsfragen der Untersuchung dargelegt wurden, sollen nachfolgend der Aufbau der Arbeit und die Vorgehensweise zur Beantwortung der Forschungsfragen dargestellt werden.

1.3 Aufbau der Arbeit

Die vorliegende Arbeit gliedert sich in sieben Kapitel, die sich im Kern an den beschriebenen Forschungsfragen orientieren.

Im Anschluss an dieses Kapitel werden im *zweiten Kapitel* die Grundlagen der Untersuchung dargelegt. Hierzu wird zuerst das der Arbeit zu Grunde liegende Controllingverständnis skizziert. Anschließend folgt der umfangreichste Teil des zweiten Kapitels, der den aktuellen Stand der theoretischen und empirischen Forschung zu dem Forschungsgebiet der internen Kundenorientierung darlegt. Hierzu werden dann sowohl die Erkenntnisbeiträge der Marketingforschung als auch die Beiträge der Controllingforschung dargestellt. Die Erörterung der theoretischen Bezugspunkte dieser Arbeit beschließt das zweite Kapitel.

Im *dritten Kapitel* werden die methodischen Grundlagen der empirischen Untersuchung dargelegt; dabei werden zunächst der Ablauf der empirischen Untersuchung sowie die Datengrundlage beschrieben. Anschließend werden die verwendeten statistischen Verfahren zur Überprüfung der Güte der Messmodelle und zur Dependenzanalyse vorgestellt.

Im *vierten Kapitel* wird der Begriff der internen Kundenorientierung des Controllerbereichs präzisiert und in ein Messmodell überführt. Das entwickelte Messmodell wird anschließend auf Basis der empirischen Datengrundlage validiert. Abschließend erfolgt eine deskriptive Auswertung der Datenbasis, die den Status quo der internen Kundenorientierung des Controllerbereichs darlegt.

Das *fünfte Kapitel* beschäftigt sich mit den Auswirkungen der internen Kundenorientierung des Controllerbereichs. Hierzu wird die Wirkungskette der internen Kundenorientierung des Controllerbereichs theoriegeleitet entwickelt. Die darin enthaltenen Erfolgsauswirkungen werden konzeptualisiert, operationalisiert und auf Basis der Gütekriterien einer umfangreichen Prüfung unterzogen. Die abgeleiteten Hypothesen werden dann kausalanalytisch überprüft.

Das *sechste Kapitel* beschäftigt sich mit den Determinanten der internen Kundenorientierung des Controllerbereichs. Zuerst werden die Determinanten abgeleitet, die nachfolgend inhaltlich konkretisiert, in eine Messskala überführt sowie empirisch validiert werden. Anschließend werden Hypothesen zum Einfluss der Determinanten auf die interne Kundenorientierung des Controllerbereichs abgeleitet, die mittels der Kausalanalyse empirisch geprüft werden.

Das *siebte Kapitel* fasst die wesentlichen Erkenntnisbeiträge der Untersuchung zusammen und legt die Implikationen der Arbeit für Forschung und Praxis dar.

2 Grundlagen der Untersuchung

In diesem Kapitel werden die Grundlagen der Untersuchung vorgestellt. Zu Beginn wird das Controllingverständnis der Arbeit dargelegt und Kernbegriffe der Arbeit wie "Controlling" und "Controllerbereich" erläutert. Den Kern des Kapitels bildet die Darstellung der Erkenntnisbeiträge der Marketing- und der Controllingforschung zur internen Kundenorientierung des Controllerbereichs. Das Kapitel schließt mit einer Darstellung der theoretischen Bezugspunkte der Arbeit.

2.1 Controllingverständnis der Arbeit

Das Ziel des folgenden Abschnitts ist es, das der Arbeit zu Grunde liegende Controllingverständnis zu erläutern. Dabei wird zuerst das Verständnis der funktionalen Sichtweise des Controllings dargelegt. Darauf aufbauend wird der Begriff des Controllerbereichs erörtert, also die institutionale Sichtweise des Controllings.

2.1.1 Controlling als Sicherstellung der Rationalität der Führung

Die Controllingliteratur ist durch ein wahres "Definitionswirrwar"[12] gekennzeichnet. Es besteht in der Literatur noch immer kein einheitliches Controllingverständnis, obwohl wesentliche Fortschritte zur Ordnung der unterschiedlichen Ansätze erzielt wurden.[13] Treffend formuliert dies PREISSLER (2000): "Jeder hat seine eigene Vorstellung darüber, was Controlling bedeutet oder bedeuten soll, nur jeder meint etwas anderes."[14]

In Anlehnung an WEBER (2004) kann zwischen drei unterschiedlichen Definitionsansätzen des Controllings in der Literatur differenziert werden:[15]

- Insbesondere die frühen Definitionen des Controllings stellen im Kern auf die *Informationsversorgungsfunktion* des Controllings ab. Als Beispiele seien hier die Definitionen von HOFFMANN (1972) und HEIGL (1978) angeführt. So versteht HOFFMANN (1972) unter Controlling die "[...] Unterstützung der

12 Weber (2004), S. 22.
13 Vgl. Amshoff (1993), S. 1 ff.
14 Preißler (2000), S. 12.
15 Vgl. Weber (2004), S. 22 ff.; ähnlich Schmidt (1986), S. 4 ff.; Serfling (1992), S. 20 ff.

Steuerung der Unternehmung durch Information [...]".[16] HEIGL (1978) sieht Controlling als "[...] Beschaffung, Aufbereitung und Prüfung von Informationen für deren Anwendung zur Steuerung der Betriebswirtschaft auf deren Ziel hin [...]".[17]

- Die zweite Gruppe von Definitionsansätzen sieht das Controlling als eine *spezielle Form der Unternehmensführung*, die für eine konsequente Zielausrichtung der Unternehmung verantwortlich ist.[18] So sieht SIEGWART (1986) den Kern des Controllings in "[...] einer 'gewinnorientierten' Lenkung und Überwachung [...]"[19] auch MANN (1973) setzt Controlling mit "Gewinnsteuerung" gleich.[20] KRÜGER (1979) definiert Controlling ähnlich: "Controlling ist ein System aufeinander abgestimmter Maßnahmen, Prinzipien, Ziele, Methoden und Techniken, das der erfolgszielbezogenen systeminternen Steuerung und Kontrolle dient."[21] Somit stellen diese Ansätze die Notwendigkeit der systematischen Planung und Kontrolle in den Vordergrund. Die gemeinsame Basis dieser Ansätze bildet dabei der Regelkreisgedanke.[22]

- Im Kern des dritten Typus der Definitionen steht die *Koordinationsfunktion des Controllings*. Pionier der koordinationsbezogenen Sichtweise ist HORVÁTH (1978), der den systemtheoretischen Ansatz auf das Controlling überträgt.[23] Nach HORVÁTH (1978) liegt der Kern des Controllings in der Koordination der unterschiedlichen Teilsysteme der Unternehmensführung.[24] Dabei unterscheidet HORVÁTH (1978) das Informationssystem, das Planungs- und Kontrollsystem sowie das Controllingsystem, welches den Koordinationsbedarf zwischen den beiden anderen Führungsteilsystemen sowie innerhalb der Führungsteilsysteme deckt.[25] Der Ansatz wurde in den Folgejahren noch weiter de-

16 Hoffmann (1972), S. 85.
17 Heigl (1978), S. 2.
18 Weber (2004), S. 25.
19 Siegwart (1986), S. 109.
20 Mann (1973), S. 11.
21 Krüger (1979), S. 161.
22 Vgl. Weber (2004), S. 25 f.
23 Horváth (1978), S. 202; vgl. auch Horváth (2003), S. 116 ff.
24 Vgl. Horváth (1978), S. 195.
25 Vgl. Horváth (1978), S. 202; Weber (2004), S. 27.

tailliert. So bezog SCHMIDT (1986) das Organisationssystem mit ein, während KÜPPER (1987) den Ansatz um das Personalführungssystem erweiterte.[26]

Obwohl alle drei Ansätze zahlreiche Vertreter vorweisen, konnte sich keiner in der Literatur als "verbindlicher" Controllingansatz etablieren. Dies dürfte insbesondere daran liegen, dass jeder Definitionsansatz theoretische Defizite aufweist. So wurde z.B. der dritte Typus vor allem wegen des daraus abgeleiteten Anspruchs des Controllings als eine Art Metaführung stark kritisiert.[27]

WEBER/SCHÄFFER (1998a, b, c) stellen mit dem Ansatz der Rationalitätssicherung eine neue Controllingkonzeption vor, die die Integration der drei vorgestellten Definitionsansätze erlaubt. Dieser Ansatz bildet auch das Controllingverständnis der vorliegenden Untersuchung. Der Kerngedanke des Ansatzes ist die Sicherstellung der Rationalität der Führung durch das Controlling.[28]
Rationales Verhalten wird anhand einer Art "Soll-Fähigkeit" gemessen.[29] Das Abweichen vom Soll bedeutet ein Vorliegen von Rationalitätsdefiziten. Rationalitätsdefizite können aus zwei Quellen entstehen: zum einen durch mangelndes Können der handelnden Personen – Könnensdefizite – oder durch mangelndes Wollen der handelnden Personen – Wollensdefizite.
Potenzielle Rationalitätsdefizite können in jeder Phase des Führungszyklus auftreten.[30] Ziel des Controllings ist es, die auftretenden Rationalitätsdefizite zu begrenzen.[31] Der Führungszyklus wurde in der Literatur verschiedenartig strukturiert.[32] Hier wird auf den Führungszyklus in Anlehnung an WEBER/SCHÄFFER (1998a) verwiesen, der in

---

26 Vgl. Schmidt (1986), S. 56 f.; Küpper (1987), S. 97 f.

27 Vgl. Weber (2004), S. 30. Für eine umfassende kritische Würdigung vgl. Weber/Schäffer (1999), S. 3 ff.

28 Rationalität wird als Zweckrationalität verstanden, die an der effektiven Mittelverwendung bei gegebenen Zwecken gemessen wird; vgl. Weber/Schäffer/Prenzler (2001), S. 3. Zum Rationalitätskonzept vgl. ausführlich Weber/Schäffer/Langenbach (1999).

29 Vgl. Weber (2000), S. 5. Soll-Fähigkeiten ergeben sich nach Weber (2000) durch Erfahrung der Märkte, durch die Wissenschaft und durch einschlägige Gruppen von Fachleuten.

30 Vgl. Weber/Schäffer (1998c), S. 2 ff.

31 Maßnahmen zur Rationalitätssicherung sind dann zu ergreifen, wenn die Kosten der Maßnahmen geringer sind als der Nutzen der Rationalitätssicherung; vgl. Weber (2000), S. 5.

32 So unterscheidet Hahn/Hungenberg (2001), S. 36 z.B. die Phasen der Willensbildung, die er in die Unterphasen Problemerkennung, Alternativensuche, Beurteilung und Entscheidung gliedert, sowie die Willensdurchsetzung, die er in die Phasen der Veranlassung und Überwachung der Durchführung gliedert.

die Phasen der Willensbildung, Willensdurchsetzung, Ausführung und Kontrolle gegliedert wird.[33]

Startpunkt des Führungszyklus ist der *Willensbildungsprozess*. Das Ziel des Willensbildungsprozesses ist die Festlegung der betrieblichen Produktionsfunktion und der in ihr abgebildeten Zweck-Mittel-Relation.[34] Die Willensbildung kann reflexiv, also auf Basis von Erfahrung oder Informationssuche, oder intuitiv erfolgen.

Auf die Phase der Willensbildung folgt die Phase der *Willensdurchsetzung*. In dieser Phase werden die ausführenden Stellen über ihre Aufgaben angewiesen. In der Regel ist es hierbei nicht mit einer Anordnung getan, sondern es ist eine ganze Kette von Willensdurchsetzungshandlungen bzw. Willenskonkretisierungshandlungen erforderlich, damit die Willensbildung realisiert werden kann.

Die tatsächliche Umsetzung erfolgt dann in der *Ausführungsphase*.

Der letzte Schritt des Führungszyklus ist die *Kontrolle*. In der Kontrolle wird das Soll der Willensbildung mit dem Ist der Ausführung verglichen. Die aus dem Abgleich gewonnenen Erfahrungen fließen über eine Feedbackschleife wieder in die Willensbildung bzw. Willensdurchsetzung ein. Abbildung 1 illustriert den Führungszyklus graphisch.

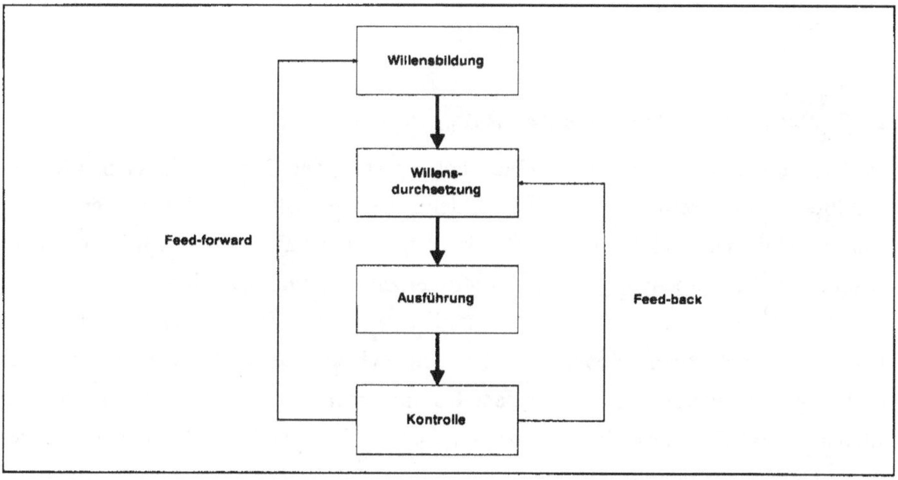

Abbildung 1: Führungszyklus

33 Vgl. Weber/Schäffer (1998a), S. 15.
34 Vgl. Weber/Schäffer (1998c), S. 2.

In welcher Phase des Führungszyklus in einem konkreten Fall Rationalitätsdefizite auftreten, hängt von den jeweiligen situativen Engpassfaktoren ab.[35] Die Rationalitätssicherung sollte sich demzufolge auf den bestehenden Engpass im Unternehmen fokussieren. Die vorher beschriebenen Controllingansätze lassen sich in den Controllingansatz von WEBER/SCHÄFFER (1998a, b, c) integrieren, da sie sich jeweils auf kontextspezifische Engpässe beziehen. So entstand WEBER/SCHÄFFER folgend z.B. der erste Controllingansatz – Controlling als Informationsversorgungsfunktion – in einer Zeit, in der das primäre Rationalitätsdefizit der Firmen in einer Versorgung des Top-Managements mit führungsrelevanten Informationen lag. Zentrales Rationalitätsdefizit in der zweiten Controllingauffassung stellen Lücken in den einzelnen Phasen des Führungszyklus dar (z.B. unscharfe Zielformulierung in der Planungsphase), während die dritte Controllingauffassung – Controlling als Koordinationsfunktion – auf Rationalitätsdefizite in der dynamischen Abstimmung der Führungsbereiche (z.B. des Planungs- und Kontrollsystems) abstellt.

Damit ist das Controllingverständnis der Arbeit beschrieben. In der vorliegenden Untersuchung steht aber nicht die Funktion des Controllings im Mittelpunkt, sondern die institutionale Sichtweise des Controllings. Der nächste Abschnitt stellt daher diese Perspektive vor.

2.1.2 Der Controllerbereich und seine Aufgaben

Im Kern der Betrachtung dieser Untersuchung steht der Controllerbereich, also die Institution, die primär mit dem Controlling betraut ist. Der Begriff des Controllerbereichs wird in der Praxis kaum verwendet. Dort wird von dem "Controlling" gesprochen, wenn der Controllerbereich gemeint ist. In der Theorie wird der Begriff des Controllerbereichs ähnlich wie der Begriff des Controllings keineswegs einheitlich verwendet.[36] Nachfolgend soll der Definition von DAVID (2004) gefolgt werden, der unter dem Controllerbereich diejenige organisatorische Einheit innerhalb eines Unternehmens versteht, "[...] die die Mitarbeiter mit der

---

35 Für eine ausführliche Beschreibung der Rationalitätsdefizite in den Phasen des Führungszyklus vgl. Weber/Schäffer (1998b), S. 5 ff.; Bauer (2002), S. 38 f.

36 Vgl. Mosiek (2002), S. 1; Horváth (2003), S. 831 ff.; David (2004), S. 12.

Bezeichnung 'Controller' umfasst, d.h. alle diejenigen Mitarbeiter, die in einer Abteilung 'Controlling' organisiert sind."[37]

Innerhalb eines Unternehmens kann es mehrere Controllerbereiche geben. So findet man in Großunternehmen häufig die Untergliederung in zentrale und mehrere dezentrale Controllerbereiche, die z.B. nach Funktions- oder Geschäftsbereichen gegliedert sind.[38] Auch wenn es zum Teil Weisungsbeziehungen zwischen dem zentralen und dem dezentralen Controllerbereich gibt, sollen diese, auf Grund der organisatorischen Trennung, als unterschiedliche Controllerbereiche aufgefasst werden. Zwischen Unternehmen kann es zu sehr unterschiedlichen Aufgaben der Controllerbereiche kommen. In sehr kleinen Unternehmen ist eine Spezialisierung der Controllingfunktion auf bestimmte Personen bzw. Personengruppen wirtschaftlich nicht vorteilhaft, so dass hier in der Regel kein Controllerbereich existiert. Das Controlling wird von anderen Aufgabenträgern, z.B. den Managern, selbst übernommen. In Großunternehmen gibt es hingegen zumeist eine mehrstufige Controllerbereichsorganisation.[39]

Das Aufgabenbündel, das der Controllerbereich übernimmt, wird als Controllership bezeichnet.[40] Die Aufgaben des Controllerbereichs lehnen sich dabei stark an der oben beschriebenen funktionalen Controllingauffassung an. Die Aufgaben des Controllerbereichs werden klassischerweise in die Bereiche Informationsversorgung, Planung, Kontrolle und sonstige Aufgaben gegliedert.[41] WEBER (2004) unterteilt die Controlleraufgaben zusätzlich in Entlastungs-, Ergänzungs- sowie Begrenzungsaufgaben.[42] Da beide Aufgabengliederungen in der Untersuchung zur Verwendung kommen, sollen sie nachfolgend jeweils kurz vorgestellt werden. Abschließend wird noch das Verhältnis der beiden Gliederungsarten zueinander diskutiert.

---

37 David (2004), S. 12; ähnlich auch Stoffel (1995), S. 19.

38 Vgl. Weber (2004), S. 84 f.; Küpper (2001), S. 497 ff.

39 Für eine ausführliche Beschreibung möglicher Controllerbereichsorganisationen vgl. Küpper (2001), S. 492 ff.; Horváth (2003), S. 843 ff.

40 Vgl. Weber (2004), S. 5.

41 Vgl. Weber (2004), S. 15 ff. Ähnlich auch Serfling (1992), S. 21; Hahn/Hungenberg (2001), S. 929.

42 Vgl. Weber (2004), S. 39 ff.

- Der erste Bereich der Controlleraufgaben stellt die Übernahme großer Teile der *Informationsversorgung* dar.[43] Die Informationsaufgaben des Controllerbereichs gliedert AMSHOFF (1993) in systemorientierte und prozessorientierte Teilaufgaben, wobei erstere die Entwicklung und den Betrieb des Informationsversorgungs- bzw. Berichtssystems und letztere den Prozess der Informationsversorgung – von der Ermittlung des Informationsbedarfs über die Suche und Aufbereitung der Informationen bis zur Speicherung und Übermittlung von Informationen – umfassen.[44]

- Der zweite wesentliche Teil der Controlleraufgaben liegt im Bereich der *Planung*[45], wobei die Aufgaben der Planung in Planungsunterstützung und Planungsmanagement untergliedert werden können.[46] Planungsunterstützung bezieht sich hierbei auf die Übernahme von Planungsaufgaben, während Planungsmanagement die Koordination und Gestaltung des Planungssystems beschreibt.[47] Unter Planungsunterstützung fallen die Aufgaben der Suche und Aufbereitung von entscheidungsrelevanten Informationen, der Erarbeitung von Entscheidungsalternativen, der Bewertung vorliegender Entscheidungsalternativen sowie der Vorabstimmung von Lösungen.[48] Das Planungsmanagement gliedert sich in drei Teilaufgaben: in die Gestaltung des Planungssystems, die

---

43 Vgl. Weber/Schäffer/Prenzler (2001), S. 5 f. Zur ausführlichen Erläuterung der Informationsversorgung siehe Schmidt (1995), S. 110 ff.; Küpper (2001), S. 109 ff.; Horváth (2003), S. 345 ff.; Weber (2004), S. 99 ff.

44 Vgl. Amshoff (1993), S. 267; vgl. auch Küpper (2001), S. 110; Horváth (2003), S. 347.

45 Szyperski (1974), S. 670 f. stellt fest, dass "[...] der Planungsbegriff sehr unterschiedlich und oft recht unscharf verwendet" wird. Trotz einer Vielzahl von unterschiedlichen Planungsdefinitionen findet sich doch bei den meisten Autoren ein Konsens über Merkmale der Planung; vgl. Goeldel (1997), S. 10. Gutenberg (1952), S. 675 f. stellt die aktive Gestaltung der Zukunft als ein zentrales Wesensmerkmal der Planung heraus. Eine umfassende Definition stammt von Bircher (1989), Sp. 1505. Er definiert Planung als einen „[...] systematischen, informationsverarbeitenden, von Führungskräften getragenen und soziale Interaktionsprozesse einschließenden Prozeß der qualitativen, quantitativen und zeitlichen Bestimmung zukünftiger Ziele, Mittel und Verfahren zur mittelbaren Gestaltung und Lenkung des operationellen Systems." Für weitere Definitionen vgl. Szyperski/Winand (1980), S. 4 f.; Hamprecht (1996), S. 286 ff.; Reihlen (1997), S. 11 f.; Horváth (2003), S. 168.

46 Vgl. Weber/Schäffer/Prenzler (2001), S. 6 f.

47 Andere Autoren nehmen ähnliche Gliederungen der Planung vor und trennen zwischen Planungsinhalten und Planungsgestaltung bzw. materiellen und formalen Planungsteilaufgaben; vgl. z.B. Amshoff (1993), S. 249.

48 Vgl. Weber (2004), S. 338.

methodische und instrumentelle Unterstützung der Planer und die Unterstützung des Planungsablaufs durch Übernahme prozessualer Teilaufgaben.[49]

- Den dritten Bereich, die *Kontrolle*,[50] charakterisiert WEBER (2004) mit der rein technischen Soll-Ist-Abweichungsanalyse, der Analyse der Abweichungsursachen sowie der Unterbreitung von Anpassungsvorschlägen.[51] In dieser Untersuchung soll die Unterbreitung von Anpassungsvorschlägen nicht mehr unter Kontrolle subsumiert werden, um so die Überschneidungsfreiheit zur Funktion der internen Beratung zu gewährleisten.[52]

- Unter die *sonstigen Aufgaben* des Controllings fallen im Wesentlichen Sonderaufgaben wie z.B. die Durchführung von Beratungsprojekten, die Übernahme des Projektmanagements oder das Risikomanagement.

Eine weitere Gliederungsmöglichkeit des Aufgabenbereichs der Controller ergibt sich in Abhängigkeit von Rationalitätsdefiziten. Dabei können Entlastungs-, Ergänzungs- sowie Begrenzungsaufgaben unterschieden werden.[53]

- Die *Entlastungsaufgaben* zielen auf die "Verminderung von quantitativen oder qualitativen Könnensdefiziten eines Akteurs" ab.[54] Der Manager delegiert die Aufgabe an einen Controller, weil er keine Kapazität hat, die Aufgabe selbst zu

49 Vgl. Weber (2004), S. 343 f.

50 In Anlehnung an Schäffer (2001), S. 13 und Osterloh (1974), S. 11 lassen sich die Kontrolldefinitionen grundsätzlich in drei Gruppen gliedern: die enge, mittlere und weite Kontrolldefinition. Die enge Kontrolldefinition beinhaltet nach Schäffer (2001), S. 14 nur die "Gegenüberstellung von Werten mit der Feststellung einer möglichen Abweichung"; vgl. auch Osterloh (1974), S. 11. Von einer mittleren Kontrolldefinition wird nach Osterloh (1974), S. 11 gesprochen, wenn "[...] neben der Durchführung eines Vergleiches auch die Ursachenanalyse von festgestellten Abweichungen zwischen den Vergleichsobjekten (Auswertung des Vergleichsergebnisses) als Teil der Kontrolle angesehen" wird. Von einer weiten Kontrolldefinition kann nach Osterloh (1974), S. 12 dann gesprochen werden, "[...] wenn der Kontrollbegriff zusätzlich zu den beiden bisher genannten Stufen (Vergleich und Abweichungsursachenanalyse) auch die Planung und Durchführung von Korrekturmaßnahmen umfasst". Schäffer (2001), S. 15 hingegen beschränkt diese weite Kontrolldefinition etwas, indem er nur die "Ableitung von ggf. erforderlichen Anpassungsmaßnahmen" als enthalten betrachtet, nicht aber auch deren Durchführung. In der vorliegenden Arbeit wird einer mittleren Kontrolldefinition gefolgt.

51 Vgl. Weber (2004), S. 352 ff. Amshoff (1993), S. 259 ff. gliedert die Kontrollaufgaben analog zu den Planungsaufgaben; vgl. auch Gaydoul (1980), S. 131 f. Horváth (2003), S. 173 sieht eine Trennung von Planung und Kontrolle als nicht zweckmäßig an und betrachtet sie als funktionale Einheit.

52 Vgl. Weber/Schäffer/Prenzler (2001), S. 9.

53 David (2004), S. 52 ff.

54 Vgl. David (2004), S. 52.

erledigen, weil der Controller auf Grund seiner Spezialisierung die Aufgabe besser erfüllen kann oder weil der Controller schlichtweg "billiger" in Bezug auf seine Arbeitszeit ist. [55] Bei den Entlastungsaufgaben übernimmt der Controller eine Art Zuliefer- und Servicefunktion.[56] Die Aufgaben dieser Kategorie sind vollständig durch den Manager beurteilbar. Eine Abgabe der Aufgabe an den Controllerbereich erfolgt lediglich zur "Entlastung" des Managers.[57] Als Beispiel einer Entlastungsaufgabe kann die Aufbereitung von Wettbewerbsinformationen, wie z.B. Marktanteile, herangezogen werden.

- Die *Ergänzungsaufgaben* zielen dagegen ausschließlich auf die Verminderung von qualitativen Könnensdefiziten eines Managers. Hierbei handelt es sich um Aufgaben, die der Manager "[...] nicht in toto hinsichtlich Umfang, Inhalt und Ergebnis einzuschätzen [vermag]."[58] Es sind zwei Arten von Ergänzungsaufgaben zu unterscheiden. Im ersten Fall kann der Manager die Wichtigkeit einer Ergänzung einschätzen und beauftragt seinerseits einen Controller, um eine "zweite Meinung" einzuholen. So kann er z.B. die Bewertung einer Investitionsrechnung oder die Prüfung von Annahmen an einen Controller abgeben. Der Controller "ergänzt" den Manager um Fähigkeiten, die er nicht hat. Die zweite Art der Ergänzungsaufgabe besteht in der Beauftragung eines Controllers zur Ergänzung eines Managers durch einen hierarchisch übergeordneten Manager. WEBER/SCHÄFFER/PRENZLER (2001) subsumieren unter den Ergänzungsaufgaben vor allem die Arbeit des Controllers als kritischer Counterpart des Managements sowie als Berater des Managers.[59] Die Funktion des kritischen Counterparts besteht im differenzierten, konstruktiven Hinterfragen und Herausfordern des Managements. Der Controllerbereich soll so falsche Grundannahmen, Fehlplanungen, Bewertungsfehler etc. aufdecken und korrigieren.[60] In der Funktion des internen Beraters übernimmt der Controller einen aktiven Part in der Erarbeitung von Lösungs- und Verfahrenskonzepten.[61] So kann es z.B.

55 Vgl. Weber (2004), S. 39.
56 Vgl. Weber (2004), S. 41. Vgl. auch Schmidt (1986), S. 44; Küpper/Weber/Zünd (1990), S. 282 f.; Serfling (1992), S. 25.
57 Vgl. Herzog (1999), S. 119 ff.; Niedermayr (1994), S. 74.
58 Weber (2004), S. 41.
59 Vgl. Weber/Schäffer/Prenzler (2001), S. 7 ff.
60 Vgl. Weber/Schäffer/Prenzler (2001), S. 8.
61 Vgl. Weber/Schäffer/Prenzler (2001), S. 9.

sein, dass der Vorstand die Bewilligung von Investitionen ab einer bestimmten Größenordnung durch den Controllerbereich vorschreibt.

- *Begrenzungsaufgaben* treten dann auf, "[...] wenn beim Manager Wollensprobleme auftreten, er also den ihm von der übergeordneten Instanz gesteckten Rahmen verlassen will."[62] Begrenzungsaufgaben stellen folglich die Funktion des kritischen Counterparts als "Hüter der ökonomischen Moral"[63] dar. Dabei liegt auf Seiten des Managers nicht wie bei den Ergänzungsaufgaben ein Könnensproblem vor, beispielsweise die versehentliche Nutzung einer ungeeigneten Investitionsrechnungsart, sondern ein Wollensproblem, also z.B. die absichtliche Wahl der für seine Zwecke positiveren Investitionsrechnungsart.

WEBER (2004) selbst merkt an, dass der Übergang zwischen den jeweiligen Aufgabenarten fließend ist und dass erst durch die situativen Begleitumstände der Aufgabentyp determiniert werden kann.

---

62 Weber (2004), S. 42.
63 Vgl. Weber (2004), S. 42.

2.2 Bestandsaufnahme der bisherigen Forschung

Ziel der Bestandsaufnahme der bisherigen Forschung ist es, die wesentlichen Erkenntnisbeiträge der Marketing- und Controllingforschung zur internen Kundenorientierung des Controllerbereichs darzustellen.
Im folgenden Abschnitt wird daher zunächst der Begriff der Kundenorientierung von verwandten Begriffen abgegrenzt, um die relevante Literatur identifizieren zu können. Zusätzlich wird ein Gliederungsansatz zur Systematisierung der Darstellung der Literatur der internen Kundenorientierung vorgestellt.
Im zweiten Abschnitt werden dann die Arbeiten der Marketingforschung zur Kundenorientierung und zur internen Kundenorientierung vorgestellt. Hierbei wird auf Grund der Vielzahl der Veröffentlichungen keine umfassende Literaturübersicht gegeben, sondern es werden nur die aus Sicht des Autors wichtigsten Arbeiten vorgestellt.[64]
Im dritten Abschnitt werden die Erkenntnisbeiträge der Controllingforschung zur internen Kundenorientierung des Controllerbereichs dargestellt.

2.2.1 Systematik der Darstellung

Um das Vorgehen und die Systematik der Literaturdiskussion aufzuzeigen, gilt es zunächst, den Begriff der Kundenorientierung von den inhaltlich verwandten Begriffen Marktorientierung und Kundennähe abzugrenzen, die teilweise synonym verwendet werden.[65] Anschließend werden die Perspektiven der Kundenorientierung eingeführt, die zur Strukturierung der Forschungsarbeiten verwendet werden. Hierbei werden die Perspektiven jeweils kurz erläutert. Eine ausführliche Beschreibung erfolgt im Rahmen der Literaturdarstellung.

Der Begriff der *Marktorientierung* kann dahingehend von Kundenorientierung unterschieden werden, als es sich bei der Marktorientierung um eine Erweiterung des Konzeptes der Kundenorientierung um den Aspekt der Wettbewerbsorientierung handelt. Die Kundenorientierung beschreibt nur die dyadische Beziehung zwischen einem Un-

---

[64] Für eine umfassende Literaturübersicht vgl. Pflesser (1999), S. 30 ff.; Homburg (2000), S. 7 ff.; Lafferty/Hult (2001), S. 95.

[65] So verwenden z.B. Shapiro (1988), S. 120; Kühn (1991), S. 97; Deshpandé/Farley/Webster (1993), S. 27 Markt- und Kundenorientierung als Synonyme.

ternehmen und einem Kunden, während der Marktorientierung eine triadische Sichtweise mit Unternehmen, Kunden und Wettbewerbern innewohnt.[66]
Neben der Kunden- und Marktorientierung wird insbesondere in der deutschsprachigen Literatur der Begriff *Kundennähe* verwendet.[67] Auch wenn beide Begriffe sehr eng verwandt sind, so bezeichnen sie doch unterschiedliche Sachverhalte. Während die Kundenorientierung auf das Verhalten des Anbieters abstellt, bezeichnet die Kundennähe das Ergebnis dieses Verhaltens. Kundenorientierung kann daher als Mittel beschrieben werden, um den Zweck der Kundennähe zu erreichen.[68]
Da Kundenorientierung ein konstitutives Element der Marktorientierung darstellt,[69] ist es zur Darstellung der Erkenntnisbeiträge der Marketingforschung erforderlich, wesentliche Arbeiten sowohl zur Kunden- als auch zur Marktorientierung in die Literaturanalyse mit einzubeziehen. Eine zusätzliche systematische Bestandsaufnahme der Literatur zur Kundennähe würde den Rahmen sprengen. Die relevanten Teilaspekte hierzu werden jedoch in den weiteren Kapiteln aufgegriffen.

Sowohl für die Kundenorientierung als auch für die Marktorientierung findet sich in der Literatur keine einheitliche Definition. In Anlehnung an LAFFERTY/HULT (2001) können aber vier unterschiedliche Perspektiven identifiziert werden, mit denen die Literatur zur Kunden- bzw. Marktorientierung systematisiert werden kann. Es handelt sich dabei um die entscheidungsorientierte, die informationsbezogene, die kulturelle und die strategische Perspektive.[70]
Die *entscheidungsorientierte Perspektive* versteht Kundenorientierung bzw. Marktorientierung als einen Entscheidungsprozess in einer Organisation. Dabei stellt die

---

66 Vgl. Plinke (1992), S. 835 f.; Kohli/Jaworski/Kumar (1993), S. 474 f.; Homburg (2000), S. 8. Narver/Slater (1990), S. 21 definieren die Marktorientierung als Kundenorientierung plus Wettbewerbsorientierung und interfunktionale Zusammenarbeit. Zollner (1995), S. 12 ff. sieht neben der Einbeziehung von Wettbewerbern auch den Unterschied, dass sich Kundenorientierung auf einen einzelnen Kunden und Marktorientierung auf einen Teilmarkt oder einen Gesamtmarkt fokussiert.

67 So z.B. bei Eggert (1993); Zollner (1995); Albers/Eggert (1998); Homburg (2000).

68 Vgl. Zollner (1995), S. 15. Trotz der getroffenen Unterscheidung verwendet Zollner beide Begriffe in seiner Untersuchung als Synonyme.

69 Homburg (2000), S. 28.

70 Lafferty/Hult (2001), S. 94 nennen als fünfte Sichtweise noch die kundenbezogene Perspektive. Die Autoren dieser Kategorie werden hier der kulturellen Perspektive zugerechnet, da sie Kundenorientierung als Teil der Unternehmenskultur verstehen. Abweichend von Lafferty/Hult (2001) werden die Perspektiven zur Strukturierung sowohl für die Literatur zur Markt- und Kundenorientierung verwendet. Die beiden Autoren nutzen sie ausschließlich zur Strukturierung der Literatur der Marktorientierung.

Sichtweise insbesondere auf den Prozess der Entscheidungsvorbereitung und Entscheidungsfindung ab.

Die *informationsbezogene Perspektive* versteht unter Kundenorientierung bzw. Marktorientierung einen Prozess der Generierung von kundenbezogenen bzw. marktbezogenen Informationen, ihrer Verteilung in der Organisation und die Reaktion auf die verteilten Informationen.

Die *kulturelle Perspektive* fasst Kundenorientierung bzw. Marktorientierung als einen Teil der Unternehmenskultur auf, der die Mitarbeiter des Unternehmens zu kundenorientiertem bzw. marktorientiertem Handeln veranlasst.

Die *strategische Perspektive* wiederum sieht Kundenorientierung bzw. Marktorientierung als eine Unternehmensstrategie. Dabei wird der Prozess der Informationsgewinnung, der Strategieformulierung und der Strategieimplementierung betrachtet.

2.2.2 *Erkenntnisbeiträge der Marketingforschung*

Bei der Darstellung der Erkenntnisbeiträge der Marketingforschung werden zuerst die Arbeiten zur Kunden- und Marktorientierung vorgestellt. Anschließend werden die Arbeiten zur internen Kunden- und Marktorientierung besprochen.

2.2.2.1 *Arbeiten zur Kunden- und Marktorientierung*

Nachfolgend werden jeweils die wesentlichen Arbeiten der Kunden- und Marktorientierung entlang der vier Perspektiven vorgestellt. Um Erkenntnisse für die in Kapitel 1.1 vorgestellten Forschungsfragen zu erlangen und eine eigene Sichtweise zu entwickeln, erfolgt die Diskussion der Literatur anhand von drei Leitfragen:

- Was wird in dem Beitrag unter Kundenorientierung verstanden?
- Wie ist das Konstrukt konzeptualisiert/operationalisiert?
- Auf welcher theoretischen Fundierung basiert die Darstellung?

Bei der Literaturdiskussion wird zuerst das Hauptwerk der jeweiligen Perspektive entlang der drei Leitfragen diskutiert. Somit wird auch noch einmal die Perspektive ausführlicher beschrieben. Anschließend werden dann jeweils weitere wesentliche Arbeiten der jeweiligen Perspektive, soweit vorhanden, vorgestellt. Dabei werden jedoch die Leitfragen nicht vollständig besprochen, sondern es finden nur die für die Studie relevanten Ergebnisse in Bezug auf die Leitfragen Erwähnung.

2.2.2.1.1 *Entscheidungsorientierte Perspektive*

Die entscheidungsorientierte Perspektive konzeptualisiert Marktorientierung als einen Entscheidungsprozess in einer Organisation. Der Kern dieser Perspektive ist "a strong commitment by management to share information interdepartmentally and practice open decision making between functional and divisional personnel."[71]

Als wesentlicher Vertreter dieser Sichtweise kann SHAPIRO (1988) angesehen werden.[72] Er konzeptualisiert Marktorientierung mit den drei folgenden Charakteristika:

- "Information on all important buying influences permeates every corporate function."[73]
- "Strategic and tactical decisions are made interfunctionally and interdivisionally."[74]
- "Divisions and functions make well-coordinated decisions and execute them with a sense of commitment."[75]

Eine empirische Untersuchung erfolgt durch SHAPIRO (1988) nicht. Kritisch anzumerken ist, dass SHAPIRO (1988) eine gründliche theoretische Fundierung vermissen lässt.[76]

2.2.2.1.2 *Informationsbezogene Perspektive*

Zwei Jahre nach der Studie von SHAPIRO (1988) veröffentlichten KOHLI/JAWORSKI (1990) ihre Konzeptualisierung der Marktorientierung, die sowohl auf einer Literaturanalyse als auch auf 62 Praktikerinterviews basiert und als zentrale Arbeit der informationsbezogenen Perspektive erachtet werden kann. Marktorientierung definieren sie als "[...] the organizationwide *generation* of market intelligence pertaining to current and future customer needs, *dissemination* of the intelligence across departments, and organizationwide *responsiveness* to it."[77] Marktorientierung besteht somit aus drei Dimensionen:

- Intelligence Generation,

---

[71] Lafferty/Hult (2001), S. 92.
[72] Vgl. Lafferty/Hult (2001), S. 92.
[73] Shapiro (1988), S. 120.
[74] Shapiro (1988), S. 121.
[75] Shapiro (1988), S. 122.
[76] Als weitere Vertreter dieser Sichtweise können Glazer (1991) sowie Glazer/Weiss (1993) genannt werden; vgl. Lafferty/Hult (2001), S. 95.
[77] Kohli/Jaworski (1990), S. 6.

- Intelligence Dissemination und
- Responsiveness.

"Intelligence generation" bezieht sich auf die Erhebung und Bewertung aktueller und zukünftiger Kundenbedürfnisse, Wettbewerberinformationen sowie exogener Faktoren.[78] "Intelligence dissemination" beschreibt das Ausmaß und den Prozess der Verteilung der gesammelten Informationen in der Organisation.[79] Das letzte Konstrukt "responsiveness" beschreibt den Umfang der Maßnahmen, der auf Grund der generierten und verteilten Kundeninformationen eingeleitet wurde.[80]

In weiteren Veröffentlichungen entwickeln die Autoren auch ein Messmodell der Marktorientierung. Bei der Operationalisierung ist auffällig, dass KOHLI/JAWORSKI (1993) "responsiveness" noch in "response design" und "response implementation" unterteilen, wobei sich "response design" auf die Planung der Maßnahmen und "response implementation" auf die Umsetzung derselbigen bezieht.[81] Des Weiteren ist kritisch anzumerken, dass die Methoden der zweiten Generation zur Prüfung der Güte des Messmodells nicht angewendet werden. Darüber hinaus unterlassen die Autoren eine Prüfung des übergeordneten Konstrukts der Marktorientierung.[82]

In einem weiteren Schritt entwickeln KOHLI/JAWORSKI/KUMAR (1993) mittels eines mehrstufigen Analyseverfahrens eine vereinfachte Messskala (MARKOR). In der MARKOR-Skala sind die Faktoren "intelligence dissemination" und "responsiveness" zu einem Faktor verschmolzen und es wird ein genereller Marktorientierungsfaktor eingeführt.[83] Die Verschmelzung der beiden Faktoren deutet auf Probleme mit der Diskriminanzvalidität hin.[84] Solche Probleme ergaben sich auch bei der Untersuchung von SCHLÜTER (1997), der versuchte, das Messmodell von KOHLI/JAWORSKI (1990) zu replizieren.[85]

Zur dritten Leitfrage finden sich nur wenige Erkenntnisse, auch wenn Bezüge zur Organisations- und strategischen Managementliteratur erwähnt werden, so basiert die Entwicklung des Konzeptes vor allem auf Feldinterviews und einer Analyse der Marketingliteratur.

---

78 Kohli/Jaworski (1990), S. 4.
79 Kohli/Jaworski (1990), S. 5.
80 Kohli/Jaworski (1990), S. 6.
81 Kohli/Jaworski (1993), S. 66.
82 Vgl. Homburg (2000), S. 17.
83 Kohli/Jaworski/Kumar (1993), S. 471.
84 Auch Kohli/Jaworski/Kumar (1993), S. 473 sehen Validitätsprobleme: "Overall, these findings are moderately supportive of the validity of the market orientation construct." Vgl. auch Pflesser (1999), S. 41.
85 Vgl. Schlüter (1997), S. 145.

Zahlreiche Autoren bauen auf der informationsbezogenen Sichtweise der Kundenorientierung nach KOHLI/JAWORSKI (1990) auf. Als Beispiele seien hier DIAMANTOPOULOS/HART (1993), SINKULA/BAKER/NOORDEWIER (1997) und UTZIG (1997) erwähnt.

DIAMANTOPOULOS/HART (1993) leisten einen Beitrag zur informationsbezogenen Perspektive, indem sie eine eigene Messskala auf Basis der Konzeptualisierung von KOHLI/JAWORSKI (1990) entwickeln.[86] Allerdings unterlassen die beiden Autoren eine Validitäts- und Reliabilitätsprüfung ihres Konstrukts, so dass die Konstruktgüte nicht beurteilt werden kann.

SINKULA/BAKER/NOORDEWIER (1997) erweitern die Sichtweise von KOHLI/JAWORSKI (1990) im Bereich der Informationsverarbeitung und -verteilung. Dabei konzeptualisieren sie marktorientierte Informationsverarbeitung mit vier Dimensionen: Information Generation, Dissemination, Interpretation and Organizational Memory.[87] Da die letzten beiden Konstrukte empirisch schwer greifbar sind, nutzen sie in der Operationalisierung nur die beiden erstgenannten Konstrukte und weichen somit in der empirischen Analyse nicht von der Konzeptualisierung von KOHLI/JAWORSKI (1990) ab.

UTZIG (1997) leistet insbesondere einen Erkenntnisbeitrag in Bezug auf die theoretische Fundierung. So konzeptualisiert und operationalisiert er Kundenorientierung von Business Units auf Basis der Ressourcenabhängigkeitsperspektive.[88] Dabei leitet er vier Dimensionen der Kundenorientierung ab: Kenntnis der Interessen, Abwägen der Interessen, Vorgabe der SollGröße und Umsetzung der Soll-Größe.[89] Als Schwäche der Arbeit kann die teilweise fragliche Inhaltsvalidität der Konstrukte angesehen werden.[90]

86 Diamantopoulos/Hart (1993), S. 105 f.
87 Vgl. Sinkula/Baker/Noordewier (1997), S. 308.
88 Ähnlich auch Plinke (1992), dessen Untersuchung ebenfalls auf der Ressourcenabhängigkeitsperspektive basiert.
89 Vgl. Utzig (1997), S. 95.
90 Vgl. Homburg (2000), S. 34.

2.2.2.1.3 *Kulturelle Perspektive*

NARVER/SLATER (1990) können als zentrale Vertreter der kulturellen Perspektive[91] erachtet werden. Sie definieren Marktorientierung als "[...] the organization culture [...] that most effectively and efficiently creates the necessary behaviors for the creation of superior value for buyers and, thus, continuous superior performance for the business."[92] Bei der Definition ist kritisch die Einbeziehung der Erfolgsauswirkung anzumerken.[93] Bei der Konzeptualisierung gehen NARVER/SLATER (1990) von drei Dimensionen der Marktorientierung aus:

- Customer Orientation,
- Competitor Orientation und
- Interfunctional Coordination.[94]

Demnach bildet die Kundenorientierung eine Dimension der Marktorientierung. Dabei wird "customer orientation" definiert als "[...] sufficient understanding of one's target buyers to be able to create superior value for them continuously [...]".[95] Die Operationalisierung erfolgt über sechs Items, die jedoch inhaltlich nicht abgeleitet werden. So ergeben sich für die Konzeptualisierung der Kundenorientierung keine tieferen Erkenntnisse. Darüber hinaus ist kritisch anzumerken, dass die Gütekriterien der zweiten Generation nicht angewendet werden. Auch die theoretische Fundierung der Arbeit ist begrenzt und bietet keine Ansatzpunkte für die vorliegende Studie.

Auf der Arbeit von NARVER/SLATER (1990) basieren zahlreiche Folgearbeiten. So entwickeln z.B. DENG/DART (1994) eine weitere Messskala zur Marktorientierung, die große Ähnlichkeit zu der Arbeit von NARVER/SLATER (1990) aufweist.[96] Sie erweitern dabei die drei Dimensionen von NARVER/SLATER (1990) um die Dimension der Gewinnorientierung.[97] Die Validitäts- und Reliabilitätsprüfung weisen zufrieden stellende Werte auf.

---

91 Laffert/Hult (2001), S. 98 sprechen von "the culturally based behavioral perspective" und heben dabei die Verhaltensorientierung bei der Operationalisierung der Konstrukte von Narver/Slater (1990) hervor.

92 Narver/Slater (1990), S. 21.

93 Vgl. Homburg (2000), S. 18.

94 Vgl. Narver/Slater (1990), S. 21.

95 Narver/Slater (1990), S. 21.

96 Deng/Dart (1994) nehmen in der Definition der Marktorientierung die informationsbezogene Perspektive ein. Die Konzeptualisierung und Operationalisierung des Konstrukts erfolgen dann aber in Anlehnung an Narver/Slater (1990).

97 Vgl. Deng/Dart (1994), S. 727 f.

SIGUAW/DIAMANTOPOULOS (1995) leisten einen Erkenntnisbeitrag insbesondere in Bezug auf die Messung der Marktorientierung. So untersuchen sie die Operationalisierung von NARVER/SLATER (1990) mittels dreier unterschiedlicher Messmodelle, jedoch ergibt kein Modell zufrieden stellende Ergebnisse. Die Validität der Konzeptualisierung von NARVER/SLATER (1990) ist somit in Frage gestellt.[98]

In der deutschsprachigen Literatur zur Marktorientierung ist in der kulturellen Perspektive insbesondere die Arbeit von PFLESSER (1999) zu erwähnen, der einen wesentlichen Beitrag zum Verständnis der Marktorientierung leistet. PFLESSER (1999) entwickelt ein Mehrebenen-Modell der marktorientierten Unternehmenskultur, indem er die marktorientierte Unternehmenskultur mit den Ebenen Werte, Normen und Artefakte sowie marktorientierte Verhaltensweise, die er mit dem Konstrukt von KOHLI/JAWORSKI (1990) operationalisiert, strukturiert.[99] Er zeigt, dass die marktorientierte Unternehmenskultur die marktorientierte Verhaltensweise positiv beeinflusst.[100] Kritisch ist anzumerken, dass das Messmodell mit 78 Indikatoren sehr umfangreich und daher für weitere Studie nur wenig geeignet ist.[101]

DESHPANDÉ/FARLEY/WEBSTER (1993) setzen im Unterschied zu NARVER/SLATER (1990) Marktorientierung mit Kundenorientierung gleich.[102] Sie definieren Kundenorientierung als "[...] the set of beliefs that puts customer's interest first, while not excluding those of all other stakeholders such as owners, managers, and employees, in order to develop a long-term profitable enterprise [...]"[103] und operationalisieren die Kundenorientierung über eine Multi-Item-Skala. Allerdings unterlassen die Autoren eine Güteprüfung mit den Kriterien der zweiten Generation sowie eine Diskriminanzvaliditätsanalyse, so dass der Erkenntnisbeitrag zur Entwicklung eines Messmodells begrenzt ist.[104] Interessanterweise erheben sie Marktorientierung sowohl aus Managersicht als auch aus Kundensicht, wobei nur bei der Verwendung der Er-

---

98 Vgl. Siguaw/Diamantopoulos (1995), S. 83; vgl. auch Pflesser (1999), S. 40.

99 Vgl. Pflesser (1999), S. 68.

100 Vgl. Pflesser (1999), S. 168.

101 Fragebögen für empirische Umfragen sollten auf 4 bis 12 Seiten begrenzt sein; vgl. Bourque/Fiedler (2003), S. 98. Daher sind knappe Messmodelle wünschenswert.

102 Lafferty/Hult (2001), S. 99 f. sprechen deshalb auch von der "customer orientation perspective".

103 Deshpandé/Farley/Webster (1993), S. 27.

104 Vgl. auch die Kritik von Utzig (1997), S. 19.

gebnisse aus Kundensicht signifikante Zusammenhänge zu Erfolgsgrößen erkennbar werden.[105]

In der Literatur der Kundenorientierung wird die kulturelle Sichtweise schon vor NARVER/SLATER (1990) diskutiert. So beschreibt PARASURAMAN (1987) in einem konzeptionellen Beitrag vier Charakteristika einer kundenorientierten Unternehmenskultur: Focus on Customer Satisfaction, Willigness to be Flexible, Quest for Creativity und Respect for Employees.[106] Eine theoretische Fundierung dieser Dimensionen bleibt jedoch aus.

In der deutschsprachigen Literatur zur Kundenorientierung in der kulturellen Sichtweise ist insbesondere KÜHN (1991) zu erwähnen. Er definiert Kundenorientierung als eine "[...] variable, situativ zu beurteilende Grundeinstellung der Mitarbeiter einer Unternehmung zu den Kunden und Kundenbedürfnissen [...]. Es liegt damit nahe, sie [die Kundenorientierung] als eine jener grundsätzlichen Werthaltungen aufzufassen, die die Unternehmungskultur prägen."[107] Zur Operationalisierung unterscheidet KÜHN (1991) zwischen einer kundenorientierten und einer produkt- bzw. technologieorientierten Unternehmenskultur. Diese strikte Trennung und Gegenüberstellung der beiden Orientierungen erscheint jedoch nicht zwingend.[108]

FRITZ (1996) versteht unter Marktorientierung einen Basiswert bzw. ein Basisziel des Unternehmens und kann somit ebenfalls der kulturellen Perspektive zugeordnet werden. Zusätzlich sieht er Marktorientierung aber auch als eine mögliche Unternehmensstrategie.[109] Er bezeichnet seine Definition selbst als Erweiterung der Definition von DESHPANDÉ/FARLEY/WEBSTER (1993).[110] FRITZ (1996) konzeptualisiert und operationalisiert Marktorientierung mit drei Items: dem Grad der Kunden-, Wettbewerbs- und Verkaufsorientierung. Auf Grund der wenig validen Messung der Kundenorientierung mittels eines Items ergeben sich keine Ansatzpunkte für die Konzeptualisierung der Kundenorientierung.

---

105 Steinman/Deshpandé/Farley (2000) zeigen ebenfalls eine deutliche Lücke zwischen der Einschätzung der Marktorientierung aus Unternehmenssicht und aus Kundensicht. Es zeigt sich, dass Unternehmen ihre Kundenorientierung teilweise deutlich überschätzen.

106 Vgl. Parasuraman (1987), S. 41 ff.

107 Kühn (1991), S. 99.

108 Vgl. Homburg (2000), S. 16.

109 Somit besteht auch eine Parallele zur strategischen Perspektive. Vgl. Fritz (1996), S. 62.

110 Vgl. Fritz (1996), S. 62.

2.2.2.1.4 Strategische Perspektive

Die strategische Perspektive, die im Wesentlichen durch RUEKERT (1992) in die Literatur zur Markt- und Kundenorientierung eingeführt wurde, ist zwar an die Ansätze von NARVER/SLATER (1990) und KOHLI/JAWORSKI (1990) angelehnt, unterscheidet sich aber dennoch deutlich von den beiden Autoren.[111] RUEKERT (1992) versteht unter Marktorientierung einer Business Unit "[...] the degree to which the business unit

- (1) obtains and uses information from customers,
- (2) develops a strategy which will meet customer needs, and
- (3) implements that strategy by being responsive to customer needs and wants."[112]

RUEKERT (1992) bezieht dabei die strategische Perspektive auf die Ebene der Geschäftseinheit. RUEKERT (1992) operationalisiert die Marktorientierung der Geschäftseinheit mit 23 Items, die gute Werte bei der Reliabilitätsprüfung erzielen. Er stellt bei der empirischen Analyse fest, dass die Marktorientierung von Business Units innerhalb eines Unternehmens deutlich variieren kann.

Auch DAY (1994) nimmt eine strategische Perspektive ein und betrachtet Marktorientierung aus Sicht der ressourcenbasierten Theorie. Marktorientierung basiert für ihn auf drei Fähigkeiten "superior market sensing", "customer linking" und "channel bonding".[113] Je besser es einem Unternehmen gelingt, diese Fähigkeiten auf- und auszubauen, desto höher ist der Grad der Marktorientierung des Unternehmens.

Einen weiteren Beitrag zur strategischen Perspektive der Markt- und Kundenorientierung leisten die Arbeiten deutscher Organisationswissenschaftler, wie z.B. FRESE/NOETEL (1992). Sie fassen Kundenorientierung als Wettbewerbsstrategie auf, die unter stärkerer Einbeziehung des Kunden in den Leistungserstellungsprozess Vorteile bringen soll.[114] Als Beispiel seien hier FRESE/NOETEL (1992) erwähnt, die zur Konzeptualisierung der Kundenorientierung den Begriff in zwei Dimensionen zerlegen: die endogene Strategiedimension, eine strategische Orientierung analog zu PORTER

---

[111] Vgl. Lafferty/Hult (2001), S. 99.
[112] Ruekert (1992), S. 228.
[113] Day (1994), S. 41.
[114] Vgl. für eine Zusammenfassung der Kernaussagen auch Utzig (1997), S. 15.

(1980) (Kostenführerschaft vs. Differenzierung),[115] und die exogene Dimension mit drei idealtypischen Strategieformen, nach dem Ausmaß der Einbindung des Kunden in den Leistungserstellungsprozess.[116] Eine empirische Validierung erfolgt nicht.[117] Darüber hinaus ist anzumerken, dass die Konzeptualisierung wesentliche Aspekte der Kundeninteraktion nicht abdeckt.[118]

Tabelle 1 fasst die wichtigsten Aussagen der obigen Literaturdiskussion noch einmal in einer Übersicht zusammen.

[115] Vgl. Porter (1980), S. 35.

[116] Vgl. Frese/Noetel (1992), S. 84.

[117] Als weitere Arbeiten aus dem Bereich der Organisationsforschung zur Kundenorientierung können u.a. Frese/Hüsch (1991), Frese/Werder (1989) und Werder/Gemünden (1989) genannt werden.

[118] Vgl. Homburg (2000), S. 15.

Autor(en)	Typ	Definition	Konzeptualisierung/ Operationalisierung	Theoretische Fundierung	Empirische Analyse	
					Datengrundlage	Methode(n)
Entscheidungsorientierte Perspektive						
Shapiro (1988)	MO	"[...] the term 'market oriented' represents a set of processes touching on all aspects of the company."	Drei Dimensionen: • Information on all important buying influences permeates every corporate function • Strategic and tactical decisions are made interfunctionally and interdivisionally • Divisions and functions make well-coordinated decisions and execute them with a sense of commitment	Keine	-	-
Informationsbezogene Perspektive						
Kohli/Jaworski (1990); Jaworski/Kohli (1993); Kohli/Jaworski/ Kumar (1993)	MO	"Market orientation is the organizationwide *generation* of market intelligence pertaining to current and future customer needs, *dissemination* of the intelligence across departments, and organizationwide *responsiveness* to it."	Drei Dimensionen: • Intelligence Generation • Intelligence Dissemination • Responsiveness (response design and implementation)	Begrenzte theoretische Fundierung: • Organisationstheorie • Strategische Managementtheorie	Schriftliche Befragung von 230 Mitgliedern der American Marketing Association sowie von 102 Mitgliedern (222 SBUs) des Marketing-Science-Institutes	• Multiple Regressionsanalyse • Reliabilitäts- und Validitätsanalysen
Diamantopoulos/ Hart (1993)	MO	Anlehnung an Kohli/Jaworski (1990)	Drei Dimensionen: • Intelligence Generation • Intelligence Dissemination • Responsiveness	Keine	Persönliche Interviews mit 89 Managern von UK-Industrieunternehmen	• Faktorenanalyse • Korrelationsanalyse • T-Test • Chi-Quadrat-Test
Sinkula/Baker/ Noordewier (1997)	MO	-	Vier Dimensionen der marktorientierten Informationsverarbeitung: • Intelligence Generation • Intelligence Dissemination • Interpretation • Organizational Memory	Keine	Schriftliche Befragung von 125 amerikanischen Marketing-managern	• Faktorenanalyse • Kausalanalyse

Autor(en)	Typ	Definition	Konzeptualisierung/ Operationalisierung	Theoretische Fundierung	Empirische Analyse	
					Datengrundlage	Methode(n)
Utzig (1997)	KO	"All diese notwendigen Aktivitäten, die eine ausreichende Versorgung mit von Kunden bereitgestellten Ressourcen sichern sollen, fassen wir mit dem Begriff 'Kundenorientierung' zusammen."	Vier Dimensionen: • Kenntnis der Interessen • Abwägen der Interessen • Vorgabe der Soll-Größe • Umsetzung der Soll-Größen	Ressourcenabhängigkeitsperspektive	Schriftliche Befragung von 190 Geschäftseinheiten	• Faktorenanalyse • Kausalanalyse • Korrelationsanalyse
Kulturelle Perspektive						
Narver/Slater (1990); Slater/Narver (1994)	MO	"Market orientation is the organization culture (...) that most effectively and efficiently creates the necessary behaviors for the creation of superior value for buyers and, thus, continuous superior performance for the business."	Drei Dimensionen: • Customer Orientation • Competitor Orientation • Interfunctional Coordination	Begrenzte theoretische Fundierung: • Organisationstheorie • Strategische Managementtheorie • Industrial Organization	Schriftliche Befragung von 113 SBUs von Großunternehmen	• Faktorenanalyse • Multiple Regressionsanalyse
Deng/Dart (1994)	MO	"Market Orientation – the generation of appropriate market intelligence pertaining to current and future customer needs, and the relative abilities of competitive entities to satisfy these needs; the integration and dissemination of such intelligence across departments; and the coordinated design and execution of the organization's strategic response to market opportunities."	Vier Dimensionen: • Customer Orientation • Competitor Orientation • Interfunctional Coordination • Profit Emphasis	Keine	Schriftliche Befragung von Managern aus 248 kanadischen Firmen	• Faktorenanalyse • Korrelationsanalyse
Siguaw/ Diamantopoulos (1995)	MO	Anlehnung an Narver/Slater (1990)	Drei inhaltliche Dimensionen: • Customer Orientation • Competitor Orientation • Interfunctional Coordination • plus ein Faktor "generelle Marktorientierung"	Keine	Schriftliche Befragung von 303 Vertriebspersonen in der Informations- und Bildmanagementindustrie	• Faktorenanalyse

Autor(en)	Typ	Definition	Konzeptualisierung/ Operationalisierung	Theoretische Fundierung	Empirische Analyse	
					Datengrundlage	Methode(n)
Pflesser (1999)	MO	Keine	23-Faktoren-Modell mit vier Ebenen: • Grundlegende Werte • Normen • Artefakte • Marktorientierte Verhaltensweise	• Systemsozial-psychologische Theorie von Katz/Kahn • Theorie der Unternehmenskultur	Schriftliche Befragung von 160 Managern von deutschen Industriegüterherstellern	• Faktorenanalyse • Kausalanalyse
Deshpandé/ Farley/Webster (1993)	KO	"[...] the set of beliefs that puts the customer's interest first, while not excluding those of all other stakeholders such as managers and employees, in order to develop a long-term profitable enterprise."	Eindimensionales Konstrukt	• Organisations-theorie • Theorie der Unternemenskultur	Dyadische schriftliche Befragung von 50 Lieferanten- und Kundenunternehmen in Japan	• Faktorenanalyse • Diskriminanz-analyse
Parasuraman (1987)	KO	Keine	Fünf Dimensionen: • Focus on Customer Satisfaction • Excellence in Service Delivery Process • Willingness to be Flexible • Quest for Creativity • Respect for Employees	Keine	-	-
Fritz (1996)	MO	"[...] a comprehensive organized set of customer and competitor-oriented basic values and attitudes, corporate goals like customer satisfaction and competitiveness, and basic strategies like market segmentation, quantity leadership, differentiation and customer-oriented product innovation."	Drei Dimensionen: • Kundenorientierung • Verkaufsorientierung • Wettbewerbsorientierung	• St. Gallener Management-Modell • Koalitionstheorie	Schriftliche Befragung von 144 Managern aus Industrieunternehmen	• Faktorenanalyse • Kausalanalyse
Kühn (1991)	KO	"[...] variable, situativ zu beurteilende Grundeinstellung der Mitarbeiter zu den Kunden und Kundenbedürfnissen [...]"	Keine Ableitung von allgemeinen Dimensionen	Theorie zur Unternehmenskultur	Fallstudien	• Rein qualitative Analyse

Autor(en)	Typ	Definition	Konzeptualisierung/ Operationalisierung	Theoretische Fundierung	Empirische Analyse	
					Datengrundlage	Methode(n)
Strategische Perspektive						
Ruekert (1992)	MO	"[...] the degree to which the business unit (1) obtains and uses information from customers, (2) develops a strategy which will meet customer needs, and (3) implements that strategy by being responsive to customer needs and wants"	Drei Dimensionen: • Use of Information • Development of Market-Oriented Strategy • Implementation of a Market-Oriented Strategy	Keine	Schriftliche Befragung mit zwei Stichproben mit jeweils 400 Befragten aus fünf Business Units eines High-Tech-Unternehmens	• Faktorenanalyse • Korrelationsanalyse • Diskriminanzanalyse
Day (1994)	MO	"[...] market orientation represents superior skills in understanding and satisfying customers."	Drei Dimensionen: • Market Sensing • Customer Linking • Channel Bonding	Resource-Based Theory	-	-
Frese/Noetel (1992)	KO	"Kundenorientierte Strategien zeichnen sich dadurch aus, dass für die Unternehmung nicht die Effizienz interner Prozesse im Vordergrund steht, sondern eine umfassende Orientierung an heterogenen Kundenbedürfnissen erfolgt."	Zwei Dimensionen • Endogene Strategiedimension: Kostenführerschaft vs. Differenzierung • Exogene Strategiedimension: drei idealtypische Strategieformen, die sich nach dem Grad der Kundeneinbindung in den Leistungserstellungsprozess unterscheiden	Organisationstheorie	Fallstudie mit 16 Unternehmen	Qualitative Analyse

Tabelle 1: Ausgewählte Untersuchungen zur externen Kunden- und Marktorientierung

2.2.2.2 Arbeiten zur internen Kunden- und Marktorientierung

Im Anschluss an die Arbeiten zur externen Kunden- und Marktorientierung soll nun die Literatur zur internen Kunden- und Marktorientierung vorgestellt werden.[119] Es existiert wenig wissenschaftliche Literatur zur internen Kunden- und Marktorientierung.[120] Die Beiträge zu diesem Themenkomplex stammen zumeist aus dem Bereich des internen Marketings. In der Diskussion um das interne Marketing können im Kern zwei Sichtweisen unterschieden werden: die personalorientierte Perspektive und die abteilungsbezogene Perspektive.[121]

Ziel der *personalorientierten* Perspektive ist es, mit den Mitteln des Marketings die Motivation und Zufriedenheit der Mitarbeiter zu fördern.[122] Die Kernannahme ist, dass der Erfolg am Markt wesentlich dadurch bestimmt wird, ob das Unternehmen zufriedene und motivierte Mitarbeiter hat. In der personalorientierten Perspektive wird der Arbeitsplatz als Produkt verstanden, während die Mitarbeiter als Kunden interpretiert werden. Dabei gilt es, den Arbeitsplatz möglichst attraktiv zu gestalten, damit neue Mitarbeiter angezogen und derzeitige Mitarbeiter motiviert werden. Am prägnantesten fasst diese Sichtweise BERRY (1981) zusammen: "[...] viewing employees as internal customers, viewing jobs as internal products, and then endeavoring to offer internal products that satisfy the needs and wants of these internal customers while addressing the objectives of the organization."[123]

Die zweite Sichtweise – die *abteilungsbezogene* Sichtweise – sieht alle Mitarbeiter bzw. Abteilungen als interne Dienstleister von anderen Mitarbeitern bzw. Abteilungen an.[124] Die Kernannahme ist, dass die Steigerung der Qualität in jedem internen Prozessschritt letztendlich die Qualität der kundenbezogenen Leistung erhöht. Dieser

119 Autoren, die das Konzept der internen Marketingorientierung beschreiben, werden nicht berücksichtigt. Zur internen Marketingorientierung vgl. Foreman/Money (1995); Naudé/Desai/Murphy (2002).

120 So stellen z.B. Foreman/Money (1995) fest, dass aus dem Bereich des internen Marketings nichts in den führenden Marketing Journals (Journal of Marketing, Journal of Marketing Research und Journal of Consumer Research) veröffentlicht wurde; vgl. auch Lings (2004), S. 405.

121 Vgl. für nachfolgende Ausführungen Weber/Paefgen/Spillecke (2004), S. 11; vgl. auch Neuhaus (1996), S. 10 ff.; Stauss (2001), S. 698 f.; Lings (2004), S. 407 spricht in diesem Zusammenhang von Human Resource und Process Perspective.

122 Vgl. zur personalorientierten Perspektive Neuhaus (1996), S. 10 ff.; Stauss (2001), S. 698; Lings (2004), S. 407 ff.

123 Berry (1981), S. 34.

124 Vgl. Lings/Greenley (2001), S. 3; Lings (2004), S. 407.

Grundgedanke ist identisch mit dem des Total-Quality-Managements. Dieser zweiten Sichtweise folgt die vorliegende Untersuchung.

LINGS (2004) bezeichnet die erste Sichtweise mit "internal market orientation" und die zweite Sichtweise mit "internal customer orientation".[125] Diese Nomenklatur überrascht und ist wenig intuitiv, da sich aus der Literatur zur externen Kundenorientierung eine Unterscheidung hinsichtlich der Einbeziehung von internen Wettbewerbern als Differenzierungsmerkmal angeboten hätte. Diese von LINGS (2004) vorgenommene Trennung ist in der Literatur keineswegs konsequent durchgehalten.[126] So spricht z.B. NEUHAUS (1996) von der Maxime der internen Kundenorientierung im Zusammenhang mit dem personalorientierten internen Marketing.[127]

In der Literatur zur internen Kunden- bzw. Marktorientierung können außerdem die informationsbezogene, die kulturelle und die strategische Perspektive unterschieden werden.[128] Somit kann die Literatur zur internen Kunden- und Marktorientierung in einer Matrix mit den beiden Dimensionen des internen Marketings und den Perspektiven der Kunden- bzw. Marktorientierung abgebildet werden (vgl. Tabelle 2).

Perspektive des internen Marketings **Perspektive der Kunden- bzw. Marktorientierung**	**Personalorientierte Perspektive**	**Abteilungsorientierte Perspektive**
Informationsbezogene Perspektive	• Ackermann/Meyer (1998) • Lings (1999, 2000a, 2004) • Lings/Greenley (2001, 2005)	• Mohr-Jackson (1991) • Batsching (1995) • Reynoso/Moores (1996) • Neuhaus (1996)
Kulturelle Perspektive		• Pfau/Detzel/Geller (1991) • Lukas/Maignan (1996) • Biermann/Dehr (1998) • Conduit/Mavondo (1999) • Künzel (1999, 2002) • Kennedy/Lassk/Goolsby (2002)
Strategische Perspektive	• Lengnick-Hall/Lengnick-Hall (1999)	• Stauss (1995)

Tabelle 2: Klassifizierung der Literatur zur internen Kunden- und Marktorientierung

125 Vgl. Lings (2004), S. 407; vgl. auch Lukas/Maignan (1996); Lings/Greenley (2001).
126 Vgl. Naudé/Desai/Murphy (2002), S. 1205.
127 Vgl. Neuhaus (1996), S. 17.
128 Literatur zur entscheidungsorientierten Perspektive ist dem Autor nicht bekannt.

Die nachfolgende Literaturdiskussion stellt die wesentlichen Erkenntnisbeiträge der genannten Autoren zu den drei Leitfragen dar.[129] Vorab ist anzumerken, dass es sich im Bereich der Literatur zur internen Kundenorientierung oftmals um "Praktikerliteratur" handelt, die eine wissenschaftliche Fundierung vermissen lässt und vor allem Handlungsrichtlinien zur Implementierung der internen Kundenorientierung bereitstellt.

2.2.2.2.1 *Informationsbezogene Perspektive*

Die umfassendste Arbeit zur informationsbezogenen Perspektive im Bereich der internen Kunden- bzw. Marktorientierung findet sich bei LINGS (1999, 2000a, 2004). LINGS (2004) definiert interne Marktorientierung wie folgt: "Internal market orientation is about identifying and satisfying the wants and needs of employees as a prerequisite to satisfying the wants and needs of customers."[130] Er konzeptualisiert interne Marktorientierung als ein eigenständiges Konstrukt mit den folgenden drei Dimensionen:

- Internal Market Research,
- Internal Communication und
- Internal Responsiveness.[131]

Diese drei Ebenen sind ähnlich zu der Konzeptualisierung der externen Marktorientierung nach KOHLI/JAWORSKI (1990). In der internen Marktforschung sind nach LINGS (2004) vor allem Informationen über wichtige Eigenschaften des Arbeitsplatzes, die Zufriedenheit der Mitarbeiter, die Einflussfaktoren auf die Mitarbeiterzufriedenheit sowie den externen Arbeitsmarkt zu erlangen.[132] Im Bereich der internen Kommunikation differenziert LINGS (2004) sowohl zwischen der Kommunikation zwischen den Mitarbeitern und dem Management als auch zwischen Managern. Die Reaktion auf solche Informationen kann verschiedene Maßnahmen, wie z.B. Gehaltsgestaltung oder Training, auslösen. Kritisch anzumerken ist der fehlende theoretische Bezugsrahmen.

---

129 Vgl. zu den Leitfragen Kapitel 2.2.1.
130 Lings (2004), S. 408.
131 Vgl. Lings (2004), S. 409 f.; vgl. auch Lings (2000a).
132 Vgl. Lings (2004), S. 410.

LINGS/GREENLEY (2001) entwickeln auf dieser konzeptionellen Basis die IMOR-Messskala (Internal Market Orientation).[133] Zwar konzeptualisieren LINGS/GREENLEY (2001) interne Marktorientierung mit der gleichen Faktorenstruktur wie KOHLI/JAWORSKI (1990), jedoch zeigt ihre explorative empirische Analyse, dass eine Sechsfaktorenstruktur signifikant bessere Gütekriterien aufweist. Die IMOR-Messskala besteht aus den Faktoren

- Collegial Interaction,
- Formal Interaction,
- Group Interaction,
- External Environment,
- Wage Flexibility und
- Job Flexibility,

wobei die ersten vier Faktoren der inhaltlichen Dimension "intelligence generation/dissemination" zugerechnet werden können und die letzten beiden dem Bereich "responsiveness". Es zeigt sich somit, dass die "intelligence dissemination" in dieser Untersuchung keine eigenständige Dimension darstellt.[134]

In einer weiteren Veröffentlichung überarbeiten die beiden Autoren ihre Messskala und kommen zu einer fünfstufigen Messskala, die näher an der Konzeptualisierung von KOHLI/JAWORSKI (1990) liegt und die auch die Informationsverteilung umfasst:[135]

- Formal Face-To-Face Information Generation,
- Formal Written Information Generation,
- Informal Information Generation,
- Information Dissemination und
- Responsiveness.[136]

---

133 Vgl. Lings/Greenley (2001), S. 28 f.

134 Die Autoren erklären dies über die relativ kleine Größe der Untersuchungseinheiten, die es nicht erforderlich macht, formale Kommunikationsverfahren einzusetzen.

135 Vgl. Lings/Greenley (2005), S. 296. Die Analysen basieren auf dem Datensatz der Untersuchung von Lings/Greenley (2001).

136 Die Indikatoren der drei Faktoren der Informationsgenerierung ("formal face-to-face information generation", "formal written information generation" und "informal information generation") entsprechen denen der ersten Untersuchung ("group interaction", "formal interaction" und "collegial interaction") weitestgehend. Der Faktor "external environment" wurde eliminiert. Die beiden Dimensionen "information dissemination" und "responsiveness" sind vollstädnig neu operationalisert.

Als Kernergebnis der Arbeiten von LINGS/GREENLEY (2001, 2005) kann die Erweiterung der Konzeptualisierung von KOHLI/JAWORSKI (1990) um die Untergliederung der Informationsgenerierung in formelle und informelle Methoden festgehalten werden. Positiv an den beiden Arbeiten ist die umfassende Güteprüfung der Konstrukte anzumerken.

Während LINGS/GREENLEY (2005) ihre Ausführungen nur auf die internen Kunden beziehen, verstehen ACKERMANN/MEYER (1998) unter Kundenorientierung des Personalmanagements "[...] eine verstärkte Außenorientierung der Personalabteilung sowohl gegenüber externen als auch internen Kunden."[137] Sie erweitern den Fokus der internen Kundenorientierung der Personalabteilung also um die externe Kundenorientierung. Eine theoretische Fundierung ihrer Ausführungen erfolgt nicht.

Im Gegensatz zu den bisher genannten Autoren beschäftigt sich MOHR-JACKSON (1991) mit der abteilungsorientierten Sichtweise des internen Marketings. Sie führt keinen eigenständigen Begriff der internen Kundenorientierung ein, sondern erweitert die Definition der externen Kundenorientierung um den "internal customer focus"[138]. Sie ergänzt das Verständnis der externen Kundenorientierung dahingehend, "[...] that a customer orientation further entails (a) understanding internal customers' requirements that affect external customer needs and preferences, (b) obtain information about external customer needs and preferences through internal customers, and (c) creating additional buyer value by increasing internal customer benefits."[139] Um die externe Markt- und Kundenorientierung der Unternehmung zu fördern, sieht MOHR-JACKSON (1991) vier Bereiche, in denen Manager aktiv werden können: "education and training", "involvement and contribution", "empowerment" und "reward structure". Eine theoretische Fundierung nimmt MOHR-JACKSON (1991) nicht vor.

BATSCHING (1995) stellt eine Fallstudie im Bereich der internen Kundenorientierung im Personalwesen vor. Er unterlässt dabei jedoch ebenso eine Definition der internen Kundenorientierung wie eine Beschreibung der Dimensionen der internen Kundenorientierung. In seiner Prozessbeschreibung wird deutlich, dass er unter interner Kundenorientierung eine Zieldefinition und Leistungsvereinbarung mit den internen

---

137 Ackermann/Meyer (1998), S. 8.
138 Vgl. Mohr-Jackson (1991), S. 459.
139 Mohr-Jackson (1991), S. 459 f.

Kunden versteht.[140] Diese Auffassung von interner Kundenorientierung greift jedoch im Vergleich zu KOHLI/JAWORSKI (1990) zu kurz.

REYNOSO/MOORES (1996) sprechen von einem "internal customer approach". Sie unterlassen dabei jedoch eine Definition des Begriffs, beschreiben aber einen Prozess der Implementierung, der sehr an die Konzeptualisierung von KOHLI/JAWORSKI (1990) erinnert:

- "The creation of internal awareness.
- The identification of internal customers and suppliers.
- The identification of the expectations of internal customers.
- The communication of these expectations to internal suppliers in order to discuss their own capabilities and/or obstacles to meeting these requirements.
- As a result of the previous point, internal suppliers should work to make the necessary changes so as to be able to deliver the level of services required.
- And finally, obtain a measure for internal customer satisfaction."[141]

Die Arbeit leistet somit eine weitgehende Beschreibung dessen, was unter dem Begriff der internen Kundenorientierung verstanden werden kann.[142]

NEUHAUS (1996) definiert interne Kundenorientierung als "[...] die implementierte Prädisposition und Fähigkeit des internen Lieferanten [...], die auf die Gestaltung der internen Kunden-Lieferanten-Beziehung aus der Perspektive des internen Kunden abstellt."[143] Zur Umsetzung der internen Kundenorientierung sieht sie die interne Kundenzufriedenheit als maßgebliche Steuerungsgröße an. Als zentrale Aktivitäten zur Erhöhung der internen Kundenorientierung und -zufriedenheit nennt sie Erwartungsmessung, Zufriedenheitsmessung, Management der Kundenbeziehung[144] und Kundenbindungsmaßnahmen[145]. Die ersten beiden Aktivitäten können analog zu KOH-

---

140 Vgl. Batsching (1995), S. 316 f.

141 Vgl. Reynoso/Moores (1996), S. 58.

142 Die Arbeit von Reynoso/Moores (1996) stellt eine Zusammenfassung und Erweiterung der Arbeiten von Cirasuolo/Scheuing (1991) sowie Vandermerwe/Gilbert (1991) dar. Beide Arbeiten sollen hier aber nicht weiter vorgestellt werden, da die Arbeit von Reynoso/Moores (1996) die wesentlichen Erkenntnisse in Bezug auf die interne Kundenorientierung zusammenfasst.

143 Neuhaus (1996), S. 161.

144 Darunter versteht Neuhaus (1996), S. 54 die systematische Gestaltung der internen Kunden-Lieferanten-Beziehung auf Basis interner Informationen.

145 Darunter versteht Neuhaus (1996), S. 54 die Übernahme von Verpflichtungen gegenüber dem internen Kunden, z.B. in Form von Garantien. Neuhaus (1996) lehnt ihre Maßnahmen an den Dimensionen des Malcom Bridge Quality Awards an.

LI/JAWORSKI (1990) dem Bereich der Informationsgenerierung zugeordnet werden. Letztere können als Reaktion angesehen werden.[146]

2.2.2.2.2 *Kulturelle Perspektive*

Ebenfalls mit der abteilungsorientierten Pespektive des internen Marketings beschäftigen sich die Beiträge zur kulturellen Perspektive.

PFAU/DETZEL/GELLER (1991) stellen Maßnahmen zur Schaffung einer Kultur der internen Kundenorientierung vor.[147] Die beschriebenen Maßnahmen werden fünf Bereichen zugeordnet: "information systems", "formal and informal communication channels", "management style", "objectives and rewards", "leadership compatibility". Kritisch ist anzumerken, dass die Autoren bei ihrer Darstellung auf eine präzise Definition des Begriffs der internen Kundenorientierung verzichten. Des Weiteren entbehren die Vorschläge einer theoretischen und konzeptionellen Fundierung und sind aus einzelnen Beispielen abgeleitet.

LUKAS/MAIGNAN (1996) untersuchen die Bedeutung der internen Kundenorientierung im Qualitätsmanagement. Dabei verstehen sie interne Kundenorientierung als Teil der Unternehmenskultur.[148] Auf Basis von 18 Interviews mit Managern aus dem Bereich der Qualitätssicherung schlussfolgern sie, dass eine "[...] acculturation of employees to an internal customer orientation [...]"[149] zu höheren Qualitätsstandards führt. Zusätzlich identifizieren sie sechs Kernhebel für das Management, um eine Kultur der internen Kundenorientierung in der Unternehmung zu verankern: "dedicated leadership", "rotation of employees", "process-based organization", "design

---

146 Damit die zentralen Aktivitäten zur Implementierung der internen Kundenorientierung greifen, ermittelt Neuhaus (1996) fünf Voraussetzungen. Zum einen muss der interne Anbieter seine Kunden kennen (Kundenevidenz) und zum anderen muss der Kunde den Lieferanten und sein Angebot kennen (Angebotsevidenz). Des Weiteren muss der Kunde sein Problem erkennen (Problemevidenz), dies verbal beschreiben können (Spezifizierbarkeit) sowie eine Bereitschaft zur Zufriedenheitsartikulation vorweisen können. Ähnlich auch bei Stauss (1995).

147 Die Autoren nutzen die Begriffe Internal Service Focus und Internal Customer Orientation als Synonyme.

148 Vgl. Lukas/Maignan (1996), S. 178. Sie verweisen dabei auf Deshpandé/Webster (1989). Zur Erläuterung der internen Kundenorientierung verweisen sie jedoch wieder auf Mohr-Jackson (1991) und nehmen somit Bezug auf die informationsorientierte Perspektive.

149 Lukas/Maignan (1996), S. 179.

teams/centers", "performance evaluation", "rewards".[150] Auch LUKAS/MAIGNAN (1996) unterlassen eine theoretische Fundierung.

BIERMANN/DEHR (1998) sehen externe Kundenorientierung als die "Bereitschaft, Produkte und Prozesse an Kundenwünschen auszurichten".[151] Die interne Kundenorientierung verstehen sie als ein Set von Verhaltensregeln: "Der einfachste Weg zum Erfolg besteht wohl darin, die bei externer Kundenorientierung geltenden Verhaltensregeln ebenso auf die internen Kunden-Lieferanten-Beziehungen anzuwenden."[152] Es ist jedoch wenig einsichtig, warum die Autoren Kundenorientierung auf Verhaltensnormen einschränken und andere Ebenen der Unternehmenskultur, wie z.B. Werte oder Artefakte, vollkommen ausklammern.[153] Als Beispiele zur Implementierung der internen Kundenorientierung führen sie die qualitative interne Marktforschung, das interne Beschwerdemanagement und interne Servicegarantien an.[154] Diese Aufzählung bleibt jedoch eher beispielhaft und entbehrt einer theoretischen Fundierung. Zusätzlich benennen sie als Voraussetzungen zur Entwicklung der internen Kundenorientierung die Abnehmerautonomie in der Entscheidung des Lieferanten sowie einen Wandel im Führungsverhalten (z.B. Prozessdenken). Auch die Voraussetzungen sind nicht eingängig, da die Forderung nach Abnehmerautonomie z.B. interne Kundenorientierung in der Fließbandproduktion ausschließen würde.[155]

CONDUIT/MAVONDO (1999) untersuchen den Zusammenhang zwischen interner Kundenorientierung und externer Marktorientierung. Dabei verstehen sie interne Kundenorientierung als Teil der Organisationskultur: "An internal customer orientation should be part of an organisational culture, and guide the attitudes and behaviours of organisation members to deliver quality to other employees."[156] Die Operationalisierung erfolgt als eindimensionales Konstrukt und weist Ähnlichkeiten mit dem Konstrukt der Kundenorientierung von NARVER/SLATER (1990) auf. Die Reliabilitäts- und Validitätsprüfung weist gute Werte auf. Sie können bei ihrer Untersuchung einen

---

150 Lukas/Maignan (1996), S. 179 ff.
151 Biermann/Dehr (1998), S. 94
152 Biermann/Dehr (1998), S. 94.
153 Für eine umfassendere Konzeptualisierung der Kundenorientierung in der kulturellen Perspektive vgl. Pflesser (1999).
154 Biermann/Dehr (1998), S. 94 f.
155 So sieht z.B. auch Stauss (1995) sequenzintegrierte Dienstleistungen für die Anwendung der internen Kundenorientierung als geeignet an.
156 Conduit/Mavondo (2001), S. 12.

stark positiven Zusammenhang zwischen interner Kundenorientierung und externer Marktorientierung aufzeigen.[157] Kritisch ist anzumerken, dass die Autoren jedoch eine Definition sowie eine Beschreibung der Konzeptualisierung der internen Kundenorientierung vermissen lassen.

KÜNZEL (1999, 2002) beschäftigt sich wie NEUHAUS (1996) mit internen Kunden-Lieferanten-Beziehungen. Bezüglich der externen Kundenorientierung nimmt er eine kulturelle Perspektive ein.[158] Auch er sieht das Ziel der Kundenorientierung wie NEUHAUS (1996) darin, die Kunden "[...] in höchstmöglichstem Maße zufrieden zu stellen [...]"[159]. Bezogen auf die interne Kundenorientierung findet sich keine Definition. Er identifiziert jedoch durch eine qualitativ-explorative Analyse 18 Kategorien zur Messung der internen Kundenzufriedenheit. In einer späteren Veröffentlichung reduziert er den Katalog auf neun Kategorien: Sachkompetenz, soziale Kompetenz, Schnelligkeit und Termintreue, Erreichbarkeit, Flexibilität, Passung von Angebot auf Bedürfnis, Atmosphäre bei der Zusammenarbeit, Information und Kommunikation sowie Preis-Leistungs-Verhältnis.[160] Diese Kategorien können eine Anregung für Dimensionen der internen Kundenorientierung in der kulturellen Perspektive darstellen. Allerdings ist einschränkend anzumerken, dass die Ableitung ohne einen theoretischen Bezugspunkt erfolgte.

KENNEDY/LASSK/GOOLSBY (2002) verstehen Kundenorientierung als "[...] a belief system of all employees [...] " und können somit der kulturellen Perspektive zugerechnet werden. Sie untersuchen Kundenorientierung nicht auf übergreifender Unternehmensebene, sondern auf individueller Ebene. Das von ihnen entwickelte Konstrukt "customer mindset" ist ein zweidimensionales Konstrukt, welches in internen und externen "customer mindset" unterteilt werden kann.[161] "Internal customer mindset" wird mit vier Items operationalisiert: Grad der Wahrnehmung der Mitarbeiter als Kunden, wahrgenommene Wichtigkeit der Bedarfserfüllung der internen Kunden, wahrgenommene Wichtigkeit von Feedback der internen Kunden, Grad der Fokussierung auf die Anforderung der internen Kunden.[162] Das Konstrukt weist zufrieden stellende Gütekri-

[157] Vgl. Conduit/Mavondo (2001), S. 18.
[158] Vgl. Künzel (1999), S. 63.
[159] Künzel (1999), S. 308.
[160] Vgl. Künzel (2002), S. 121 ff.
[161] Vgl. Kennedy/Lassk/Goolsby (2002), S. 162.
[162] Vgl. Kennedy/Lassk/Goolsby (2002), S. 169.

terien auf. Eine Erläuterung der Konzeptualisierung des "internal customer mindset" unterlassen die Autoren jedoch.

2.2.2.2.3 Strategische Perspektive

LENGNICK-HALL/LENGNICK-HALL (1999) nehmen die personalorientierte Sichtweise und die strategische Perspektive ein und erweitern die interne Kundenorientierung der Personalabteilung auf die externen Kunden der Personalabteilung. Dabei leiten sie einen aus fünf Schritten bestehenden strategischen Prozess der Kundenorientierung der Personalabteilung ab:[163]

- Identifikation derzeitiger und zukünftiger externer Kunden,
- Priorisierung der externen Kunden nach ihrem strategischen Erfolgspotenzial,
- Identifikation der Rolle, die jeder priorisierte externe Kunde derzeit ausfüllt,
- Identifikation zusätzlicher Rollen, die jeder externe Kunde zusätzlich ausfüllen könnte und
- Entwicklung von entsprechenden und attraktiven Personaldienstleistungen.

Eine Definition der internen Kundenorientierung unterbleibt ebenso wie eine theoretische Fundierung ihrer Ausführungen.

STAUSS (1995) unterscheidet drei Arten interner Servicetypen: sequenzintegrierte Dienstleistungen, sequenzunabhängige Dienstleistungen mit Unterstützungscharakter und mit Kontrollcharakter,[164] wobei das Konzept der internen Kundenorientierung nach STAUSS (1995) nur auf die ersten beiden Typen angewendet werden kann. Bei Dienstleistungen mit Kontrollcharakter ist die Anwendung der internen Kundenorientierung zwischen dem Kontrolleur und dem Kontrollierten nach STAUSS (1995) nicht möglich, da der Kontrolleur eine Überwachungs- bzw. Überprüfungsaufgabe gegen-

[163] Lengnick-Hall/Lengnick-Hall (1999), S. 202.

[164] Vgl. Stauss (1995), S. 66; vgl. auch Neuhaus (1996), S. 50. Sequenzintegrierte Dienstleistungen sind Dienstleistungen, die in einer Prozesskette erbracht werden. Stauss (1995), S. 67 bemerkt hierzu: "Departments are dependent on those performing work in the preceding stages and are subject to pressures and demands by departments that follow." Als Beispiel kann eine Fließbandproduktion genannt werden. Bei sequenzunabhängigen Dienstleistungen mit Unterstützungscharakter erbringt eine Abteilung einen Service für einen anderen Bereich, ohne dass von einer Prozesskette gesprochen werden kann. Als Beispiel kann eine Instandhaltungsabteilung genannt werden. Als Beispiel für eine sequenzunabhängige Dienstleistung mit Kontrollcharakter kann die interne Revision oder die Qualitätssicherung angeführt werden, die andere Leistungsersteller überprüfen.

über dem Kontrollierten hat.[165] Bei Dienstleistungen mit Kontrollcharakter bietet es sich daher an, die Beziehung zwischen dem Kontrollauftraggeber und dem Kontrolleur im Sinne einer Dienstleistung mit Unterstützungscharakter zu betrachten, um das Konzept der internen Kundenorientierung wieder sinnvoll anzuwenden.[166] Bei den sequenzunabhängigen Dienstleistungen, zu denen auch die Leistungen des Controllerbereichs gezählt werden können, versteht STAUSS (1995) interne Kundenorientierung als eine mögliche Strategie, die Position des internen Dienstleisters im Unternehmen zu stärken: "Internal customer orientation could be the core of a strategy which helps to distract from outsourcing ideas and to improve intraorganizational position."[167] Zur Umsetzung der internen Kundenorientierung verweist er auf den Malcome Bridge National Quality Award und nennt sechs Kategorien, in denen Maßnahmen ergriffen werden können: "customer expectations determination", "customer relationship management", "commitment to customers", "customer satisfaction determination", "customer satisfaction results" sowie "customer satisfaction comparison". Bei den Maßnahmenkategorien zeigt sich die Nähe zur informationsbezogenen Sichtweise.[168] Ein theoretischer Bezugsrahmen seiner Ausführungen ist jedoch nicht erkennbar.

2.2.2.3 *Zusammenfassung der Erkenntnisbeiträge der Marketingforschung*

Bezogen auf die Forschungsfragen lassen sich folgende Erkenntnisse aus der Marketingforschung ableiten:

1. Es gibt in der Literatur kein einheitliches Verständnis über Kundenorientierung bzw. interne Kundenorientierung.

---

165 Entgegen der Sicht von Stauss (1995) ist die interne Kundenorientierung auch bei Aufgaben mit Kontrollcharakter möglich, denn eine Kontrolle erfolgt nicht nur zur Begrenzung von Opportunismus, sondern kann auch zur Ergänzung im Falle von Könnensdefiziten durchgeführt werden. Diese Art von Kontrolle kann sehr wohl im Sinne des Kontrollierten sein. So kann der Manager z.B. eine Fremdkontrolle in Auftrag geben, um mögliche Fehler in seiner Arbeit aufzudecken ("Selbstbindung").

166 Vgl. Stauss (1995), S. 68; vgl. auch Neuhaus (1996), S. 52 f.

167 Stauss (1995), S. 67. Er bricht dabei das Hauptziel noch in folgende Subziele herunter: "[...] provision and communication of specific value for customers and the entire organization; improvement of the competitive position compared to external suppliers; increasing the demand from internal customers to legitimize the existence of the department, utilize its capacity and avoid the cutting of resources; improvement of the resource base by obtaining adequate compensation in return; increasing the efficiency of the allocated resources."

168 Insbesondere die Arbeiten von Neuhaus (1996) und Stauss (1995) sind inhaltlich eng verwandt. Dennoch setzen sie unterschiedliche Schwerpunkte in der Beschreibung der internen Kundenorientierung.

2. Die Literatur zur Kundenorientierung kann in vier Perspektiven gegliedert werden, wobei die überwiegende Zahl der empirischen Untersuchungen auf die kulturelle oder die informationsbezogene Sichtweise zurückgreift. Auch die Diskussion der internen Kundenorientierung fokussiert sich bisher vor allem auf diese zwei Perspektiven.
3. In Bezug auf die informationsbezogene Perspektive kann festgehalten werden, dass die Konzeptualisierung der drei Schritte "intelligence generation", "dissemination" und "responsiveness" in empirischen Untersuchungen oft zur Anwendung kommt, aber empirisch nicht immer bestätigt werden kann.
4. LINGS/GREENLEY (2001, 2005) führen eine inhaltliche Weiterentwicklung der informationsbezogenen Sichtweise ein. Sie unterscheiden zwischen der formelle und informelle Informationsgenerierung.
5. Die Mehrzahl der Untersuchungen misst Kundenorientierung aus Unternehmenssicht. DESHPANDÉ/FARLEY/WEBSTER (1993) zeigen aber, dass die Unternehmensvertreter den Grad ihrer Kundenorientierung oftmals überschätzen.
6. Die überwiegende Mehrzahl der Arbeiten – insbesondere im Bereich der internen Kundenorientierung – weist eine unzureichende theoretische Fundierung auf.

Autor(en)	Typ	Definition	Konzeptualisierung/ Operationalisierung	Theoretische Fundierung	Empirische Analyse	
					Datengrundlage	Methode(n)
Informationsbezogene Perspektive						
Mohr-Jackson (1991)	MO/ KO	Erweiterung der Kundenorientierung um den "internal customer focus"; keine eigenständiges Konstrukt interne Kundenorientierung	-	Keine	54 Interviews mit Managern aus 50 verschiedenen Unternehmen	• Rein qualitative Analyse
Batsching (1995)	IKO	Verständnis der internen Kundenorientierung als Zieldefinition und Leistungsvereinbarung mit dem Kunden (keine explizite Definition)	-	Keine	-	-
Neuhaus (1996)	KO	"[...] die implementierte Prädisposition und Fähigkeit des internen Lieferanten zu verstehen, die auf die Gestaltung der internen Kunden-Lieferanten-Beziehung aus der Perspektive des internen Kunden abstellt."	Vier Aktivitäten zur Umsetzung der internen Kundenorientierung: • Erwartungsmessung • Zufriedenheitsmessung • Management der Kundenbeziehung • Kundenbindungsmaßnahmen	Interaktionsansatz	-	-
Reynoso/Moores (1996)	IKO	Keine	Sechs Aktivitäten zur Umsetzung der internen Kundenorientierung: • Creation of Internal Awareness • Identification of Internal Customers • Identification of Expectations • Internal Communication of Expectations • Responsiveness to Expectations • Measurement of Satisfaction	Keine	-	-
Ackermann/ Meyer (1998)	IKO	"[...] eine verstärkte Außenorientierung der Personalabteilung sowohl gegenüber externen als auch internen Kunden."	-	Keine	-	-

Autor(en)	Typ	Definition	Konzeptualisierung/ Operationalisierung	Theoretische Fundierung	Empirische Analyse	
					Datengrundlage	Methode(n)
Lings (1999, 2000a, 2004)	IMO	"IMO is about identifying and satisfying the wants and needs of employees as a prerequisite to satisfying the wants and needs of customers."	Drei Dimensionen: • Internal Market Research • Internal Communications • Internal Responsiveness	Keine	-	-
Lings/Greenley (2001, 2005)	IMO	"[...] the marketing like behaviours involved in ensuring that employees' wants and needs are met by the emloyment on offer from the firm"	Fünf Dimensionen: • Formal Face-To-Face Information Generation • Formal Written Information Generation • Informal Information Generation • Information Dissemination • Responsiveness	Keine	Schriftliche Befragung von 766 Leitern von Handelsgeschäften	• Faktorenanalyse • Kausalanalyse
Kulturelle Perspektive						
Pfau/Detzel/ Geller (1991)	ICO	Kein	Fünf Maßnahmenkategorien: • Information Systems • Formal and Informal Communication Channels • Management Style • Objectives and Rewards • Leadership Compatibility	Keine	-	-
Lukas/Maignan (1996)	IKO	"[...] part of an organization culture, defined [...] as the assumptions and understandings shared by employees regarding organizational functioning."	Sechs Maßnahmenkategorien zur Erhöhung der internen Kundenorientierung: • Dedicated Leadership • Rotation of Employees • Process-Based Organization • Design Teams/Centers • Performance Evaluation • Rewards	Keine	18 persönliche Interviews mit Managern aus einem Unternehmen	• Qualitative Analyse

Autor(en)	Typ	Definition	Konzeptualisierung/ Operationalisierung	Theoretische Fundierung	Empirische Analyse	
					Datengrundlage	Methode(n)
Biermann/Dehr (1998)	IKO	Verständnis der internen Kundenorientierung als Verhaltensnorm (keine explizite Definition)	-	Keine	-	-
Conduit/ Mavondo (1999)	IKO	Keine	Eindimensionales Konstrukt	Keine	Schriftliche Befragung von 368 Managern aus drei unterschiedlichen australischen Unternehmen	• Faktorenanalyse • Kausalanalyse
Künzel (1999, 2002)	IKO	Keine	Neun Kategorien der internen Kundenzufriedenheit: • Sachkompetenz • Soziale Kompetenz • Schnelligkeit und Termintreue • Erreichbarkeit • Flexibilität • Passung von Angebot auf Bedürfnis • Atmosphäre bei der Zusammenarbeit • Information und Kommunikation • Preis-Leistungs-Verhältnis	Keine	Zwei qualitative Workshops mit insgesamt 60 Teilnehmern	Rein qualitative Analyse
Kennedy/Lassk/ Goolsby (2002)	IC MS	"Customer mind-set (CMS) is defined as an individual's belief that understanding and satisfying customers, whether internal or external to the organization, is central to the proper execution of his or her job."	Vier items des internal customer mind-set: • Wahrnehmung der Mitarbeiter als Kunden • Wahrgenommene Wichtigkeit der Bedarfserfüllung meiner internen Kunden • Wahrgenommene Wichtigkeit von Feedback meiner internen Kunden • Grad der Fokussierung auf die Anforderung meiner internen Kunden	Keine	• Schriftliche Befragung von 138 Marketingmanagern und 135 Qualitätsmanagern • Schriftliche Befragung von 233 Mitarbeitern eines Pharmaunternehmens	• Faktorenanalyse • Kausalanalyse

Autor(en)	Typ	Definition	Konzeptualisierung/ Operationalisierung	Theoretische Fundierung	Empirische Analyse	
					Datengrundlage	Methode(n)
Strategische Perspektive						
Stauss (1995)	IKO	"Internal customer orientation could be the core of a strategy which helps to distract from outsourcing ideas and to improve the intraorganizational position."	Maßnahmenkategorien zur Erhöhung der Kundenorientierung: • Customer Expectations Determination • Customer Relationship Management • Commitment to Customers • Customer Satisfaction Determination • Customer Satisfaction Results • Customer Satisfaction Comparison	Keine	-	-
Lengnick-Hall/ Lengnick-Hall (1999)	IKO	Erweiterung um den Fokus auf den externen Kunden (keine explizite Definition)	-	Keine	-	-

Tabelle 3: Ausgewählte Untersuchungen zur internen Kundenorientierung

2.2.3 Erkenntnisbeiträge der Controllingforschung

Erste Ansätze einer Kundenorientierung finden sich in der Controllingliteratur bereits in dem Kontext der Adressatengerechtigkeit der Berichterstattung.[169] Die Diskussion um die interne Kundenorientierung des Controllerbereichs setzte jedoch erst ab Mitte der 90er Jahre ein, wobei die wenigen Publikationen zu diesem Thema stark durch "Praktikerliteratur" bzw. praxisnahe Literatur geprägt sind und oftmals einen tieferen wissenschaftlichen Durchdringungsgrad vermissen lassen. Die Erkenntnisbeiträge der Controllingforschung zur internen Kundenorientierung lassen sich in die Perspektiven der informationsbezogenen, kulturellen und strategischen Perspektive aufteilen. Entlang dieser Strukturierung werden die Beiträge der Controllingforschung nachfolgend vorgestellt.

2.2.3.1 Arbeiten zur internen Kundenorientierung des Controllerbereichs

2.2.3.1.1 Informationsbezogene Perspektive

WEBER (1997) beschäftigte sich als erster mit der Fragestellung der internen Kundenorientierung des Controllerbereichs.[170] Er versteht unter marktorientiertem Controlling die "Kunden- und Wettbewerbsorientierung [des Controllings] – nach innen wie nach außen [...]".[171] Das marktorientierte Controlling umfasst somit nicht nur die interne Kunden- und Wettbewerbsorientierung, sondern auch die Einbeziehung einer "Outside-in-Sicht"[172], also das Einbeziehen externer Sichtweisen beispielsweise durch Benchmarking. In seinen Ausführungen zur internen Kundenorientierung nutzt WEBER (1997) die Begriffe Kundenorientierung und Kundennähe als Synonyme. Für WEBER (1997) ist ein "kundennahes Verhalten" des Controllerbereichs im Bereich der Informationsversorgung durch folgende drei Charakteristika gekennzeichnet: (1) Erkennen und Erfüllen des Informationsbedarfs, (2) Flexible Anpassung an Bedarfsänderungen und (3) Intensive Interaktion mit den Kostenrechnungsadressaten.[173] Kritisch kann in Bezug auf diese drei Schritte angemerkt werden, dass die intensive Kun-

---

169 Vgl. z.B. Blohm (1974), S. 45 ff.; Berthel (1975), S. 27 ff.; Mertens/Griese (1988), S. 71 f.; Weber (2004), S. 106.

170 Eine überarbeitete und erweiterte Darstellung der Ausführungen findet sich bei Weber/Schäffer (2000), S. 223 ff.

171 Weber (1997), S. 6.

172 Weber (1997), S. 5.

173 Weber (1997), S. 10 ff.; Weber/Schäffer (2000), S. 226 ff.; Weber (1997) lehnt sich in seiner Beschreibung an Homburg (2000) an.

deninteraktion Teil der Bedarfserkennung ist und dass die flexible Anpassung Teil der Erfüllung des Informationsbedarfs ist, so dass die vorgenommene Unterteilung nicht trennscharf ist.

Aufbauend auf WEBER (1997) präsentieren GLEICH/BROKEMPER (1998) einen Siebenstufenprozess "für einen kunden- und marktorientierten Controllerdienst".[174] Jedoch werden die Begriffe der Kunden- und Marktorientierung weder definiert noch inhaltlich konkretisiert. Zur internen Kundenorientierung lässt sich nur entnehmen, dass "[...] die vom Controllerbereich im 'internen Markt' erbrachten Leistungen [...] den Anforderungen der verschiedenen Anspruchsgruppen genügen [müssen]."[175] Außerdem sehen GLEICH/BROKEMPER (1998) nicht nur die Wünsche der internen Kunden als wichtig an, sondern beziehen in die Marktorientierung des Controllerbereichs auch "Anregungen für Verbesserungspotenziale von außen" ein.[176] Sowohl in Bezug auf WEBER (1997) als auch GLEICH/BROKEMPER (1998) ist anzumerken, dass sie sich vornehmlich an Praktiker wenden und somit eine theoretische Fundierung und eine genaue Definition des Begriffs vermissen lassen.

Die Arbeiten von AUST (1999) und KARLSHAUS (2000) basieren beide auf der so genannten Koblenzer Studie. Während AUST (1999) analysiert, welche Gestaltungsparameter[177] der Kostenrechnung die Dienstleistungsqualität positiv beeinflussen,[178] untersucht KARLSHAUS (2000), welche Faktoren auf die Nutzung von Kostenrechnungsinformationen wirken und welche Auswirkungen sich aus den verschiedenen Nutzungsarten von Informationen auf den Unternehmenserfolg ergeben.[179]
AUST (1999) geht nur am Rande auf den Begriff der internen Kundenorientierung ein. Er definiert kundennahes Verhalten dabei als "[...] eine konsequente Orientierung an den Informationsbedürfnissen des Managements".[180] Er stellt darüber hinaus fest, dass

174 Gleich/Brokemper (1998), S. 148; vgl. auch Brokemper (2000), S. 163 ff.
175 Gleich/Brokemper (1998), S. 149.
176 Vgl. Gleich/Brokemper (1998), S. 149.
177 Als Gestaltungsparameter analysiert Aust (1999), S. 121 ff. die Konstrukte Systemkomplexität, Systemdynamik, Kontakthäufigkeit, User Involvement sowie Konfliktausmaß.
178 Vgl. Aust (1999), S. 11 ff.
179 Karlshaus (2000), S. 6 ff. untersucht in seinem Forschungsmodell den Einfluss der Charakteristika der Umwelt, der Information, der internen Kunden-Lieferanten-Beziehung sowie des Nutzers auf die Nutzung von Kostenrechnungsinformationen; vgl. auch Karlshaus (2000) S. 115 ff.
180 Aust (1999), S. 5.

das Bewusstsein für die Bedeutung der internen Kundenorientierung des Controllerbereichs wenig ausgeprägt ist.[181]

KARLSHAUS (2000) definiert interne Kundenorientierung der Kostenrechnung wie folgt: "Diese erfasst das Ausmaß, in dem sich die Kostenrechner bei der Erstellung und der Bereitstellung der Kostenrechnungsinformationen an den Bedürfnissen der Informationsempfänger orientieren."[182] KARLSHAUS (2000) entwickelt auch ein Konstrukt "interne Kundenorientierung der Kostenrechnung". Jedoch lässt er dabei eine ausführliche Diskussion der Konzeptualisierung vermissen. Er operationalisiert die interne Kundenorientierung als eindimensionales Konstrukt mit vier Items, wobei zwei jedoch auf Grund der Gütekriterien eliminiert werden müssen.[183]

2.2.3.1.2 Kulturelle Perspektive

TONNESEN (1998) beschreibt in seinem Beitrag ein kundenorientiertes Personalcontrolling. Dabei folgt er dem systemtheoretischen Ansatz und argumentiert im Sinne der koordinationsbezogenen Sichtweise des Controllings. Er sieht Kundenorientierung dabei als Teil des Wertesystems der Unternehmung. Zur Verankerung der Kundenorientierung im Wertesystem nennt TONNESEN (1998) vier Maßnahmen: Definition eines Leitbildes, Ausrichtung der personalwirtschaftlichen Instrumente auf das Leitbild, kundenorientierte Prozessanalyse und Verbreitung der Kundenorientierungsphilosophie durch Workshops und Schulungen. Die Aufgabe eines kundenorientierten Personalcontrollings sieht er in der (1) "Prüfung der Eignung des Wertesystems [der Kundenorientierung]" und (2) in der "Verknüpfung der spezifischen Interpretation einer personalwirtschaftlichen Kundenorientierung mit der Unternehmensinterpretation".[184] Als Instrumente des kundenorientierten Personalcontrollings werden die Prozesskostenrechnung und die Balanced Scorecard vorgeschlagen.[185]

Kritisch ist bei TONNESEN (1998) anzumerken, dass er auf eine Definition des Begriffs verzichtet. Außerdem sind die systemtheoretischen Ausführungen zu den Aufgaben des kundenorientierten Personalcontrollings sehr abstrakt gehalten, so dass sie an praktischer Relevanz verlieren.

---

181 Vgl. Aust (1999), S. 5.
182 Karlshaus (2000), S. 139.
183 Vgl. Karlshaus (2000), S. 139.
184 Tonnesen (1981), S. 271.
185 Vgl. Tonnesen (1981), S. 271.

2.2.3.1.3 Strategische Perspektive

Den umfassendsten Beitrag zur Kundenorientierung des Controllings liefert MOSIEK (2002). Er sieht das Ziel der externen Kundenorientierung einer Unternehmung in der Verbesserung des Kundennutzens.[186] In der Übertragung auf den Controllerbereich stellt er fest, dass das Ziel der internen Kundenorientierung die sachgerechte Lösung der hinter der Bedarfsartikulation der Controllingkunden stehenden Probleme sein muss.[187] Er versteht hierbei Kundenorientierung aber nicht im informationsbezogenen Sinne, sondern sieht in Anlehnung an STAUSS (1995) die interne Kundenorientierung des Controllerbereichs als eine Strategie, die nicht nur einen positiven Nutzen für den Controllingkunden schafft, sondern gleichzeitig die Ressourcensituation sowie die Wettbewerbssituation des Controllerbereichs stärkt: "Kundenorientierung kann [...] im Controlling als eine Strategie verstanden werden, sich im Unternehmenskontext über den Nachweis eines einzigartigen Nutzens zu behaupten und damit seine Stellung in der Organisation zu stärken."[188] Er nennt die Kundenorientierung auch "Denkfigur bei der Führungsaufgabenwahrnehmung im Controllerbereich".[189] Darüber hinaus leistet MOSIEK (2002) eine Beschreibung des Gestaltungsraums des kundenorientierten Controllings entlang der Dimensionen leistungs-, organisations- und kundenbezogene Charakteristika.[190] Außerdem beschreibt MOSIEK (2002) einen Prozess der strategischen Controllerbereichsplanung sowie der operativen Leistungsanalyse, der allerdings stark auf den Arbeiten von WEBER (1997) und GLEICH/BROKEMPER (1998) aufbaut. Kritisch kann an dieser Untersuchung angemerkt werden, dass auch er auf eine theoretische Fundierung verzichtet.

2.2.3.2 Zusammenfassung der Erkenntnisbeiträge der Controllingforschung

Aus der Darstellung der Beiträge der Controllingforschung zur internen Kundenorientierung lässt sich für die vorliegende Untersuchung Folgendes ableiten:

1. Die interne Kundenorientierung des Controllerbereichs ist bisher theoretisch kaum durchdrungen. Die meisten Beiträge entstammen der "Praktikerliteratur"

[186] Vgl. Mosiek (2002), S. 45.
[187] Vgl. Mosiek (2002), S. 45.
[188] Mosiek (2002), S. 46. Vgl. für die interne Kundenorientierung Stauss (1995), S. 67. Für weitere Ausführungen zur Übertragung von Ideen des Strategischen Managements auf den Controllerbereich vgl. Weber/David/Prenzler (2001) sowie Weber/Paefgen/Spillecke (2004).
[189] Mosiek (2002), S. 47.
[190] Vgl. Mosiek (2002), S. 41 ff.

und lassen eine theoretische Fundierung vermissen. Darüber hinaus wurde das Konstrukt der internen Kundenorientierung der Kostenrechnung empirisch bisher einmal untersucht, wobei es sich dabei nur um ein inhaltlich wenig aussagekräftiges, eindimensionales Konstrukt handelte.

2. Die Nutzung der systemtheoretischen Sichtweise des Controllings scheint im Bereich der internen Kundenorientierung wenig hilfreich. Die Ausführungen von TONNESEN (1998) lassen die Nutzung dieses Ansatzes eher kritisch erscheinen.
3. Auch wenn MOSIEK (2002) ebenfalls eine theoretische Fundierung vermissen lässt, eröffnet er dennoch einen möglichen Ansatz für eine solche. In Anlehnung an STAUSS (1995) sieht er die interne Kundenorientierung als eine Möglichkeit, den Controllerbereich mit den notwendigen Ressourcen zu versorgen. Die Ressourcenabhängigkeitsperspektive könnte somit zur theoretischen Fundierung verwendet werden.
4. Die umfassendste Konzeptualisierung der internen Kundenorientierung liefert WEBER (1997). Die Konzeptualisierung ist nahe an den Ausführungen von KOHLI/JAWORSKI (1990) und intuitiv eingängig. Im vierten Kapitel wird insbesondere diese Sichtweise wieder aufgegriffen.

Autor(en)	Typ	Definition	Konzeptualisierung/ Operationalisierung	Theoretische Fundierung	Empirische Analyse	
					Datengrundlage	Methode(n)
Informationsbezogene Perspektive						
Weber (1997)/ Weber/Schäffer (2000)	IKO	Keine	Drei Charakteristika der internen Kundenorientierung des Controllings: • Erkennen und Erfüllen des Informationsbedarfs • Flexible Anpassung an Bedarfsänderungen • Intensive Interaktion mit dem Kostenrechnungsadressaten	Keine	-	-
Gleich/ Brokemper (1998)	KO, MO, (IKO)	Keine	Siebenschrittprozess für kunden- und marktorientiertes Controlling: • Zielkosten Controllerbereich • Leistungsdefinition • Leistungsbewertung • Schwachstellenanalyse • Produktzielkosten und Neugestaltung der Leistungen • Aufbau Performance Measurement-Konzept • Leistungsplanung und -messung	Keine	-	-
Aust (1999)	IKO	"[…] eine konsequente Orientierung an den Informationsbedürfnissen des Managements […]"	Nutzung der Dienstleistungsqualität der Kostenrechnung als Kernvariable; daher keine Konzeptualisierung	Keine	Schriftliche Befragung von 105 Triaden aus Kostenrechnern, Generalmanagern und Marketingmanagern	• Faktorenanalyse • Multiple Regression
Karlshaus (2000)	IKO	"Diese erfasst das Ausmaß, in dem sich die Kostenrechner bei der Erstellung und der Bereitstellung der Kostenrechnungsinformationen an den Bedürfnissen der Informationsempfänger orientieren."	Eindimensionales Konstrukt	Keine	Schriftliche Befragung von 105 Triaden aus Kostenrechnern, General Managern und Marketing Managern	• Faktorenanalyse • Multiple Regression

Autor(en)	Typ	Definition	Konzeptualisierung/ Operationalisierung	Theoretische Fundierung	Empirische Analyse	
					Datengrundlage	Methode(n)
Kulturelle Perspektive						
Tonnesen (1998)	IKO	Keine	Vier Maßnahmen zur Implementierung: • Definition eines Leitbildes • Ausrichtung der personalwirtschaftlichen Instrumente auf das Leitbild • Kundenorientierte Prozessanalyse • Verbreitung der Kundenorientierungsphilosophie durch Workshops und Schulungen	Systemtheoretischer Ansatz	-	-
Strategische Perspektive						
Mosiek (2002)	IKO	"Kundenorientierung kann [...] im Controlling als eine Strategie verstanden werden, sich im Unternehmenskontext über den Nachweis eines einzigartigen Nutzens zu behaupten und damit seine Stellung in der Organisation zu stärken."	Keine	Keine	-	-

Tabelle 4: Untersuchung zur internen Kundenorientierung des Controllerbereichs

2.3 Theoretische Bezugspunkte

Die vorliegende Studie möchte sowohl Aussagen in Bezug auf die organisationalen Determinanten der internen Kundenorientierung des Controllerbereichs als auch auf die psychologischen und die verhaltensbezogenen Auswirkungen der interne Kundenorientierung des Controllerbereichs treffen. Somit ergibt sich die Notwendigkeit einer umfassenden theoretischen Fundierung der Arbeit mittels organisationstheoretischer und verhaltenswissenschaftlicher Ansätze.

Im Bereich der Organisationstheorie existiert – auf Grund der Komplexität des Untersuchungsgegenstandes – keine geschlossene Theorie. Vielmehr decken verschiedene Theorieansätze einzelne Aspekte ab. So greift auch diese Arbeit auf mehrere theoretische Ansätze zurück, die jeweils spezifische Erkenntnisse für den Untersuchungsgegenstand der Studie liefern. Insbesondere kommen drei Organisationsansätze zum Tragen: die Ressourcenabhängigkeitsperspektive, der situative Ansatz sowie die Informationsökonomik aus dem Bereich der Neuen Institutionenökonomie.[191]

Neben den Ansätzen der Organisationstheorie werden verhaltenswissenschaftliche Theorien angewandt, um die psychologischen sowie verhaltensbezogenen Auswirkungen der internen Kundenorientierung zu erläutern. Im Rahmen der psychologischen und sozialpsychologischen Ansätze werden in dieser Arbeit die Dissonanz-, Risiko- und die soziale Austauschtheorie verwendet.

Nachfolgend werden jeweils die Theorien beschrieben und ihre Anwendung im Rahmen der vorliegenden Untersuchung dargelegt. Abschließend werden die theoretischen Bezugspunkte noch einmal zusammengefasst.

---

191 Theorien aus dem Bereich der neoklassischen Theorie kommen nicht zur Fundierung der Arbeit in Frage, da ihnen die Annahme vollständiger Rationalität und vollständiger Informationen zu Grunde liegt. Zur Neuen Insitutionenökonomie wird neben der Informationsökonomie vor allem die Transaktionskostentheorie und die Principal-Agent-Theorie subsumiert. Die Principal-Agent-Theorie befasst sich mit der Delegation von Handlungen bzw. Entscheidungen. Ziel der Principal-Agent-Theorie ist es, Verträge mittels Anreiz-, Informations- und Kontrollmechanismen so zu gestalten, dass der Agent im Sinne des Principals handelt. Da jedoch die Gestaltung eines ex-ante Vertrags vor Eingehen einer Beziehung nicht das Kernziel der Untersuchung ist, wird die Principal-Agent-Theorie in dieser Studie nicht angewandt. Die Transaktionskostentheorie untersucht, warum Transaktionen in bestimmten institutionellen Konstellationen effizienter sind als in anderen Konstellationen. Die Transaktionskostentheorie wurde in der Literatur bereits zur Erklärung des Phänomens der Kundennähe verwendet; vgl. Homburg (2000). Hierbei leistete die Transaktionskostentheorie zwei Erkenntnisbeiträge: zum einen konnte sie die Entstehung des Phänomens Kundennähe begründen und zum anderen konnte die Unsicherheit als Determinante abgeleitet werden. Beide Erkenntnisbeiträge werden u.a. auch mit der Ressourcenabhängigkeitsperspektive erzielt, so dass auf eine zusätzliche Einbindung der Transaktionskostentheorie verzichtet werden kann.

2.3.1 Ressourcenabhängigkeitsperspektive

Als wesentliche Arbeit der Ressourcenabhängigkeitsperspektive ist das Werk von PFEFFER/SALANCIK (1978) zu nennen, auf das nachfolgend hauptsächlich Bezug genommen wird. Daneben sind die Arbeiten von ALDRICH (1976), ALDRICH/ PFEFFER (1976), ANDERSON (1982) und MENDELOW (1983) hervorzuheben.[192]

Die Ressourcenabhängigkeitsperspektive fasst die Organisation als ein offenes System auf, welches von seiner Umwelt abhängig ist.[193] Die Beziehung der Organisation zu den Akteuren der Organisationsumwelt steht im Fokus der Betrachtung: "To understand organizational behavior, one must understand how the organization relates to other social actors in its environment."[194]

Die Ressourcenabhängigkeitsperspektive geht davon aus, dass Organisationen nicht in der Lage sind, alle benötigten Ressourcen von sich aus zu generieren und daher mit anderen Organisationen in Interaktion treten müssen, um die notwendigen Ressourcen zu erlangen.[195] Das Überleben einer Organisation hängt von ihrer Fähigkeit ab, die benötigten externen Ressourcen erfolgreich zu erwerben und zu behalten.[196] Als Ressourcen werden in der Ressourcenabhängigkeitsperspektive jedoch nicht nur finanzielle Mittel erachtet, sondern alles, was zum Überleben einer Organisation notwendig ist, sei es Know-how, Geld, Lizenzen, bestimmte Verhaltensweisen etc.[197]
Die Kernaufgabe einer Organisation ist es daher, ihr Überleben zu sichern und die durch Abhängigkeit induzierte Unsicherheit zu beherrschen:[198] "Survival of the organization is partially explained by the ability to cope with environmental contingencies; negotiating exchanges to ensure the continuation of needed resources is the focus

---

192 Für eine knappe Übersicht des Ansatzes siehe auch Utzig (1997), S. 74 ff.; Homburg (2000), S. 51 ff.

193 Pfeffer/Salancik (1978), S. 36 definieren dabei Organisation wie folgt: "The organization is a coalition of groups and interests, each attempting to obtain something from the collectivity by interacting with each others, and each with its own preferences and objectives. The result of these interactions and exchanges is the collectivity we call the organization." Vgl. auch Anderson (1982), S. 19; Utzig (1997), S. 76.

194 Pfeffer/Salancik (1978), S. 257.

195 Vgl. Aldrich/Pfeffer (1976), S. 83.

196 Hier weist der Ansatz Parallelen zur Systemtheorie auf; vgl. Utzig (1997), S. 77; Homburg (2000), S. 50.

197 Vgl. Pfeffer/Salancik (1978), S. 43; Utzig (1997), S. 78.

198 Vgl. Aldrich (1976), S. 420; Pfeffer/Salancik (1978), S. 258; Anderson (1982), S. 19; Homburg (2000), S. 52.

of much organizational action."[199] Unsicherheit für die Organisation ergibt sich aber nicht nur aus der Abhängigkeitsbeziehung, sondern zusätzlich aus der Tatsache, dass Umweltzustände an sich unsicher bzw. unvorhersehbar sind: "Problems arise not merely because organizations are dependent on their environment, but because this environment is not dependable. Environment can change, new organizations enter and exit, and the supply of resources becomes more or less scarce."[200]

Die Kernaussage der Ressourcenabhängigkeitsperspektive ist, dass die Organisationen am effektivsten sind, die am besten die Anforderungen der Interessengruppen, die über knappe Ressourcen verfügen, erfüllen können: "Our position is that organizations survive to the extent that they are effective. Their effectiveness derives from the management of demands, particularly the demands of interest groups upon which the organizations depend for resources and support."[201] Der Ressourcenabhängigkeitsansatz zeigt Möglichkeiten einer Organisation auf, die benötigten Ressourcen zu erlangen und erklärt damit Verhaltensweisen von Organisationen.

Eine wesentliche Annahme hierbei ist, dass nicht alle externen Ressourcen von gleicher Wichtigkeit für die Organisation sind, sondern dass die Abhängigkeit von bestimmten Ressourcen bzw. die daraus resultierende Macht bestimmter Interessengruppen unterschiedlich ausgeprägt ist: "In organizations [...] power organizes around critical and scare resources. To the extent participants furnish resources that are more critical and scarce, they obtain more control over the organization."[202] Der Grad der Macht bzw. Abhängigkeit der Organisation wird im Wesentlichen durch die folgenden drei Dimensionen bestimmt:[203]

- Bedeutung der Ressource für das Überleben der Organisation,
- Grad des Einflusses, den die Interessengruppe auf die Verteilung und die Verwendung der Ressource hat, und
- Konzentrationsgrad der Ressourcenkontrolle.[204]

---

199 Utzig (1997), S. 77.
200 Pfeffer/Salancik (1978), S. 3; vgl. auch Utzig (1997), S. 78.
201 Pfeffer/Salancik (1978), S. 2.
202 Pfeffer/Salancik (1978), S. 259.
203 Vgl. Pfeffer/Salancik (1978), S. 45 ff.; Mendelow (1983), S. 72 f.; Utzig (1997), S. 81; Homburg (2000), S. 52.
204 Der Konzentrationsgrad bezeichnet die Verfügbarkeit alternativer Bezugsquellen für die Ressource.

Der Ressourcenabhängigkeitsansatz modelliert Organisationen als aktive Einheiten, die sowohl die Umwelt in einem gewissen Rahmen selbst beeinflussen können als auch in gewisser Weise auf die Anforderungen der Unternehmen reagieren können: "The resource dependence model portrays the organization as active, and capable of changing as well as responding to the environment."[205] Das Verhalten bzw. die Reaktion der Organisation ist somit eine Reaktion auf die externe Unsicherheit mit dem Ziel, sowohl die Abhängigkeit als auch die Unsicherheit zu reduzieren. Dabei zählt HOMBURG (2000) folgende Maßnahmen zur Bewältigung dieser Aufgabe auf:[206]

- Erfüllung der Forderung
- Vermeidung der Einflussnahme
- Beeinflussung der Determinanten der Einflussnahme
- Veränderung der Abhängigkeitsstruktur durch Wachstum, Fusion oder Diversifikation
- Schaffung von Mustern interorganisationaler Verhaltensweisen
- Einflussnahme auf Gesetzgebung und Politik

Es gibt somit eine Vielzahl möglicher Antworten bzw. Reaktionen auf die Abhängigkeit von einer knappen Ressource, so dass es nicht den einen "one best way" gibt, sondern es können mehrere effektive Organisationsarten parallel existieren: "The possibility that there are a variety of internal structures and actions consistent with the survival of the organization means that while the organization may have the goal of survival, survival does not imply only a single or very limited set of social structural forms."[207]

Erklärungsgehalt im Rahmen der Studie

Der Ressourcenabhängigkeitsansatz wurde in der Diskussion zur externen Kundenorientierung von verschiedenen Autoren zur theoretischen Fundierung verwendet und soll in der vorliegenden Untersuchung den theoretischen Rahmen bilden.[208] Die Ressourcenabhängigkeitsperspektive leistet dabei drei wesentliche Erkenntnisbeiträge für die vorliegende Studie.[209] Die Ressourcenabhängigkeitsperspektive kann das Phänomen

---

[205] Aldrich/Pfeffer (1976), S. 83; vgl. auch Pfeffer (1982), S. 197.

[206] Vgl. Homburg (2000), S. 54; vgl. auch Pfeffer/Salancik (1978), S. 18 f. und S. 95 ff.; Mendelow (1983), S. 73 f.

[207] Aldrich/Pfeffer (1976), S. 84.

[208] Vgl. Utzig (1997), S. 74 ff.; Homburg (2000), S. 50 ff.

[209] Analog leitet Homburg (2000), S. 55 drei wichtige Erklärungsbeiträge für die externe Kundenorientierung aus der Ressourcenabhängigkeitsperspektive ab.

der internen Kundenorientierung erklären und seine Erfolgsauswirkungen begründen. Zusätzlich kann über die Ressourcenabhängigkeitsperspektive eine wichtige Determinante der internen Kundenorientierung abgeleitet werden. Im Folgenden sollen die drei Erkenntnisbeiträge kurz erläutert werden.

Die Ressourcenabhängigkeitsperspektive ist geeignet, das Auftreten des Phänomens der internen Kundenorientierung des Controllerbereichs zu erklären, indem die interne Kundenorientierung als eine mögliche Reaktion auf die Abhängigkeit vom Management verstanden wird. Manager kontrollieren die für den Controllerbereich wichtige Ressource der Nachfrage von Controllerleistungen bzw. das daraus resultierende Budget für den Controllerbereich. Je mehr Controllerleistungen nachgefragt werden, desto größer und wichtiger wird auch das Budget bzw. der Controllerbereich als solches. Werden jedoch keine Leistungen des Controllerbereichs mehr von den Managern nachgefragt, besteht kein Grund mehr, die Abteilung zu behalten und sie wird aufgelöst. Die Nachfrage nach Controllerleistungen ist somit wesentlich für die Existenz der Abteilung. Die interne Kundenorientierung ist nun eine mögliche Maßnahme des Controllerbereichs, mit der Abhängigkeit vom Management umzugehen und diese wichtige Ressource zu sichern.

Die Ressourcenabhängigkeitsperspektive ist darüber hinaus geeignet, die Erfolgsauswirkung der internen Kundenorientierung des Controllerbereichs zu begründen. Die Controllerbereiche, die am besten auf die Anforderungen der Interessengruppe der Manager reagieren, können eine hohe Nachfrage nach Controllerleistungen generieren und erhalten somit umfangreiche Ressourcen. Sie sollten gleichzeitig die erfolgreichsten Controllerbereiche sein, da ihre Möglichkeiten zur Rationalitätssicherung am besten sind.

Des Weiteren leitet die Ressourcenabhängigkeitsperspektive eine Determinante der internen Kundenorientierung, die Unsicherheit, ab. Da das Verhalten der Kundenorientierung als eine Möglichkeit zur Reduktion der Unsicherheit verstanden wird, sollte ihr Einsatz umso stärker sein, je größer die wahrgenommene Unsicherheit ist.

2.3.2 Informationsökonomik

Die Informationsökonomik befasst sich im Kern mit "[...] der Analyse von Märkten bei Unsicherheit und asymmetrischer Information unter den Marktteilnehmern."[210] In der Informationsökonomik werden insbesondere die Voraussetzungen für und Konsequenzen der Marktunsicherheit bzw. der asymmetrisch verteilten Informationen sowie Techniken zu ihrer Überwindung behandelt. Unsicherheit besteht in Märkten zum einen über die zukünftige Entwicklung (Ergebnisunsicherheit oder exogene Unsicherheit). Sie resultiert aus "[...] der unvollkommenen Information der Beteiligten über die möglichen Zustände der Welt, die insofern von den Vertragspartnern nicht beeinflusst werden können."[211] Zum anderen besteht Unsicherheit über die relevanten Daten der anderen Marktteilnehmer (Marktunsicherheit oder endogene Unsicherheit).[212] Diese Unsicherheit ist darauf zurückzuführen, dass asymmetrische Informationsverteilung im Markt besteht und jeder Marktteilnehmer hinsichtlich seiner eigenen Marktdaten Informationsvorsprünge hat.[213] Die Überwindung von Informationsasymmetrien kann im Kern durch zwei Formen der Informationsübertragung geschehen:[214] Screening, bei dem die nicht informierte Seite, der Nachfrager, die Initiative ergreift und Signaling, bei dem die informierte Seite, der Anbieter, aktiv wird.[215]

Beim *Screening* können zwei verschiedene Arten der Informationsaufnahme unterschieden werden.[216] Bei der Vorgabe eines *Selbstselektions-Schemas* wird die informierte Seite durch eine Wahlhandlung dazu gebracht, ihre Informationen offen zu legen. Die zweite Möglichkeit des Screenings ist die *Prüfung*. Die Möglichkeit einer Reduktion der Unsicherheit durch Prüfung hängt insbesondere von den Eigenschaften der Transaktionsgüter und -leistungen ab. Im Rahmen der Möglichkeiten und Maßnahmen zur Informationsbeschaffung hat insbesondere die maßgeblich von NELSON (1970) und DARBY/KARNI (1973) geprägte Unterscheidung in Such-, Erfahrungs-

210 Kaas (1995), Sp. 972.

211 Kleinaltenkamp (1992), S. 813.

212 Vgl. Kaas (1995), Sp. 972; Spremann (1988), S. 613 spricht von Qualitätsunsicherheit.

213 Vgl. Kleinaltenkamp (1992), S. 813; Kaas (1995), Sp. 972.

214 Die nachfolgend beschriebenen Maßnahmen beziehen sich nur auf die Überwindung der Marktunsicherheit.

215 Vgl. Kaas (1995), Sp. 974. Kaas (1990), S. 540 spricht auch von Leistungsfindung (Screening) und Leistungsbegründung (Signaling).

216 Vgl. zu den Methoden des Screenings auch Kaas (1991), S. 361 f.

und Vertrauensgüter Beachtung gefunden.[217] Diese Unterscheidung beschreibt das Ausmaß der Informationsasymmetrie zugunsten des Anbieters:

- Suchgüter können dabei bereits vor dem Kauf leicht beurteilt werden. NELSON (1970) nennt als Beispiele Kleidungsstücke und Möbel.[218]
- Erfahrungsgüter lassen sich vor dem Kauf relativ schwer, nach dem Konsum aber relativ leicht beurteilen. Als Beispiel können hier Fischkonserven angeführt werden, die vor dem Öffnen nicht, nach dem Verzehr aber durchaus beurteilt werden können.[219]
- Vertrauensgüter wiederum stellen eine Kategorie von Gütern dar, die sich weder vor noch nach dem Konsum hinsichtlich ihrer Qualität beurteilen lassen.[220] Ein Beispiel für ein Vertrauensgut stellt z.B. "Biogemüse" dar, welches mit dem Versprechen eines biologischen Anbaus verkauft wird.[221] KLEINALTENKAMP (1992) stellt dabei fest, dass ein Gut umso mehr Vertrauenseigenschaften hat, je integrativer der Leistungserstellungsprozess ist und je größer der Anteil immaterieller Komponenten ist. [222]

Wichtig ist dabei zu erwähnen, dass die Kategorisierung in Such-, Erfahrungs- und Vertrauensgüter keine trennscharfe Zuordnung realer Güter zu einer der Kategorien ermöglicht. Vielmehr zeigen die Kategorien Punkte eines Spektrums auf, auf dem reale Güter eingeordnet werden können. [223] Die Zuordnung ist subjektiv und von den individuellen Gegebenheiten des Nachfragers abhängig.[224]

Somit kann im Hinblick auf die Möglichkeit der Informationsbeschaffung auf Nachfragerseite durch Prüfung festgehalten werden, dass es für Such- und Erfahrungsgüter möglich ist, die Unsicherheit zu reduzieren, indem der Nachfrager alle ihm zur Verfügung stehenden externen und internen Informationsquellen nutzt, um Informationen über das Produkt zu sammeln.

Lässt sich jedoch aus Sicht des Nachfragers keine oder nur eine nicht ausreichende Sicherheit herstellen, so ist der Nachfrager auf Surrogate zur Urteilsfindung angewie-

---

217 Im englischen Orginaltext wird vor allem von Search, Experience and Credence Qualities gesprochen. Vgl. Nelson (1970), S. 318 f.; Darby/Karni (1973), S. 68 f.

218 Vgl. Nelson (1970), S. 319.

219 Vgl. Kaas (1990), S. 543.

220 Diese Kategorie wurde von Darby/Karni (1973), S. 68 f. ergänzt.

221 Vgl. Kaas (1990), S. 543.

222 Kleinaltenkamp (1992), S. 811.

223 Vgl. Kaas/Busch (1996), S. 244.

224 Vgl. Klee (2000), S. 58.

sen.[225] Hier spielen zum einen psychologische Inferenzeffekte eine wichtige Rolle.[226] Psychologische Inferenzeffekte umfassen z.B. die Extrapolation positiver Erfahrungen mit dem Anbieter.[227] Ein weiterer wichtiger und hier im Mittelpunkt stehender Beurteilungsmaßstab ist die Beurteilungssubstitution durch Vertrauen. So können Nachfrager z.B. Such- und Erfahrungsgüter als Basis nehmen, um die Vertrauensgüter eines Anbieters zu beurteilen.

Neben den Strategien auf der Nachfragerseite kann auch der Anbieter aktiv die Unsicherheit des Nachfragers über das Angebot und den Anbieter reduzieren (Signaling). Hierbei können drei potenzielle Signaling-Strategien unterschieden werden:[228]

- Die Bereitstellung glaubwürdiger Informationen über die Leistung bzw. den Dienstleister ist eine einfache Möglichkeit, die Unsicherheit zu reduzieren. Sie eignet sich insbesondere bei Suchgütern und Erfahrungsgütern.[229]
- Die Vergabe von Garantien ist ein weiteres glaubwürdiges Signal, welches gerade die Unsicherheit beim Kauf von Such- und Erfahrungsgütern reduziert.[230] Der Anbieter signalisiert dadurch, dass er von der Qualität seiner Ware überzeugt ist.[231] KAAS (1995) führt hierzu an, dass bereits weniger formale Methoden der Selbstbindung als die Garantie, wie z.B. die Kundenorientierung, Unsicherheit reduzieren.[232]
- Die dritte Option ist die Generierung von "Reputation" bzw. der Aufbau von "Vertrauen" zur Reduzierung der Unsicherheit.[233] Diese Option ist vor allem bei Vertrauensgütern eine effektive Strategie: "Je größer die Qualitätsunsicherheit ist, je unvollkommener die Informationen über gewisse Inhalte eines Finanzierungskontrakts, eines Kaufvertrages oder einer Dienstleistungsvereinbarung

---

225 Vgl. Kleinaltenkamp (1992), S. 819.
226 Vgl. Klee (2000), S. 61.
227 Vgl. Klee (2000), S. 61.
228 Vgl. Kleinaltenkamp (1992), S. 817; Kaas (1995), Sp. 976 f.; Klee (2000), S. 58 ff. Spremann (1988), S. 614 nennt die drei Strategien Informationspolitik, Garantiepolitik und Reputationspolitik.
229 Vgl. Kaas (1990), S. 544; Kaas (1995), Sp. 976 ist der Ansicht, dass die reine Kommunikation, wie z.B. Werbung, nicht ausreichend ist, da die Informationen auch strategisch falsch platziert werden können. Es ist daher notwendig, glaubwürdige Informationen z.B. mittels exogen teueren Signalen zu geben.
230 Kaas (1995), Sp. 976 spricht von bedingten Verträgen.
231 Vgl. Kaas (1990), S. 545.
232 Vgl. Kaas (1995), Sp. 976; vgl. auch Kaas (1990), S. 545.
233 Vgl. Kaas (1990), S. 545; Kleinaltenkamp (1992), S. 817.

sind, je vager die Verwirklichung bekundeter Absichten, desto ausgeprägter ist die positive Wirkung von Reputation."[234]

Erklärungsgehalt im Rahmen der Studie

Die Informationsökonomik leistet im Rahmen der vorliegenden Studie zwei wesentliche Erklärungsbeiträge.

Einerseits können Erfolgswirkungen der internen Kundenorientierung durch die Informationsökonomik abgeleitet werden. Die interne Kundenorientierung des Controllerbereichs kann als eine Signaling-Strategie interpretiert werden, die sich dazu eignet, die Informationsasymmetrie zwischen Managern und dem Controllerbereich abzubauen und somit die Nutzungsintensität von Controllerleistungen zu erhöhen. Andererseits ermöglicht die Informationsökonomik auch einen Ansatz, die Stärke der Wirkung der internen Kundenorientierung des Controllerbereichs auf die Nutzungsintensität der unterschiedlichen Controllerleistungen abzuleiten. Hierzu wird die Unterscheidung von Such-, Erfahrungs- und Vertrauensgütern auf die Controllerleistungen übertragen.

Der zweite wesentliche Erkenntnisbeitrag der Informationsökonomik liegt in der Ableitung der Unsicherheit als Determinante. Da die interne Kundenorientierung eine Technik zur Überwindung der Unsicherheit darstellt, sollte sie umso stärker zum Einsatz kommen, je größer die wahrgenommene Unsicherheit ist.

2.3.3 Der situative Ansatz

Der situative Ansatz, der auch Kontingenzansatz genannt wird, hat eine hohe Bedeutung in der Organisationsforschung und im Bereich des strategischen Managements erlangt.[235] So stellen z.B. ZEITHAML/VARADARAJAN/ZEITHAML (1988) fest: "The management sub-discipline of strategic management, a field closely related to marketing strategy, employs the contingency approach as the primary theory-building technique for its study of business strategy."[236] WOLF (2003) spricht gar von der am weitesten verbreiteten Organisations-, Management- und Unternehmensführungstheo-

---

234 Spreemann (1988), S. 613.

235 Für eine Kurzübersicht des situativen Ansatzes vgl. Bea/Göbel (2002), S. 83 ff.; Kieser/Walgenbach (2003), S. 43 ff.; Fassnacht (2003), S. 107.

236 Zeithaml/Varadarajan/Zeithaml (1988), S. 43.

rie.[237] Auch in der Controllingforschung hat der situative Ansatz eine weite Verbreitung gefunden.[238]

Der Ursprung des situativen Ansatzes wird in der Literatur auf das Ende der 50er Jahre datiert.[239] Der situative Ansatz entstand aus der Kritik an der damaligen Betriebswirtschaftslehre, die sich um die "Bereitstellung von generellen Gestaltungsprinzipien"[240] bemühte, die immer vorteilhaft sind.[241] In mehreren Studien dieser Zeit wurden signifikante Unterschiede in der Aufbauorganisation und in dem Verhalten der Organisationen entdeckt.[242] Die Kernaussage des situativen Ansatzes ist, dass es den "one best way of organizing" nicht gibt.[243] Vielmehr ist die optimale Strategie oder Organisationsform abhängig von den situativen Faktoren[244], also den vorherrschenden Situationsvariablen.[245] Die situativen Faktoren können dabei in Variablen der internen Situation der Organisation (z.B. Größe der Organisation, Fertigungstechnik) und Variablen der externen Situation (z.B. Umweltdynamik, Wettbewerbssituation) unterschieden werden.[246]

Ziel des situativen Ansatzes ist es somit, mittels "[...] empirischer Forschung Unterschiede zwischen den Organisationsstrukturen verschiedener Unternehmen durch Unterschiede in deren Kontext (Situation) zu erklären."[247] Zur Erreichung des Forschungsziels stützt sich der situative Ansatz vor allem auf die empirische Forschungsmethode.[248] Das in den empirischen Untersuchungen zumeist unterstellte Grundmodell kann Abbildung 2 entnommen werden.[249] Hierbei wird die Wirkung bestimmter organisationaler Merkmale auf die Effizienz unter der Gegebenheit situativer Faktoren analysiert.

---

237 Vgl. Wolf (2003), S. 148.

238 Vgl. Welge (1988), S. 56; vgl. auch exemplarisch die Arbeiten von Aust (1999); Karlshaus (2000); Hunold (2003).

239 Vgl. Kieser (2001), S. 170; Bea/Göbel (2002), S. 84; Wolf (2003), S. 149 ff.

240 Wolf (2003), S. 153. So z.B. der Bürokratieansatz von Max Weber oder der tayloristische Ansatz.

241 Vgl. Kieser (2001), S. 169.

242 Vgl. z.B. Hall (1962), S. 302 ff.; Hall (1963), S. 37 ff.

243 Vgl. Kieser (2001), S. 169; Bea/Göbel (2002), S. 86; Wolf (2003), S. 153.

244 Auch Kontext- oder Kontingenzvariablen genannt.

245 Vgl. Bea/Göbel (2002), S. 86; Kieser/Walgenbach (2003), S. 43 f.; Wolf (2003), S. 153.

246 Vgl. Kieser/Walgenbach (2003), S. 44.

247 Bea/Göbel (2002), S. 83.

248 Für einen Überblick empirischer Arbeiten im Bereich des situativen Ansatzes in der Organisationsforschung vgl. Kieser (2001), S. 176 ff.

249 Vgl. Kieser/Walgenbach (2003), S. 215; Dehler (2001), S. 57.

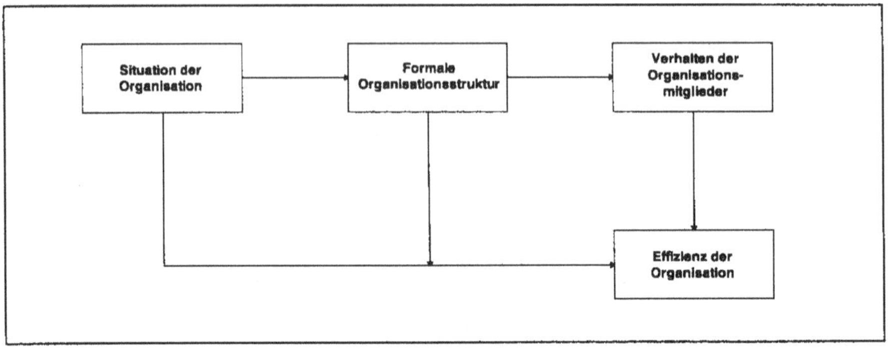

Abbildung 2: Grundmodell des situativen Ansatzes

So weit verbreitet der situative Ansatz in der Forschung auch ist, er wurde mitunter in der Literatur heftig kritisiert und zählt so "[...] zu den umstrittensten Theorierichtungen überhaupt."[250]

Ein Hauptkritikpunkt des situativen Ansatzes ist der Vorwurf der "Theorielosigkeit".[251] Es handle sich, so seine Kritiker, nur um ein "formalanalytisches Grundgerüst"[252]. Diesem Einwand wird in der vorliegenden Arbeit damit begegnet, dass die Entwicklung des Forschungsmodells auf Ansätze der Marketing- bzw. Controllingliteratur Bezug nimmt.

Die Annahmen des situativen Ansatzes stellen einen weiteren wesentlichen Kritikpunkt dar. SCHREYÖGG (1996) folgert, dass eine theoretische Fundierung von Zusammenhängen mittels des situativen Ansatzes auf drei Prämissen beruht:[253]

- Es gibt nur eine adäquate Organisationsstruktur für jede Situation.
- Die Organisation kann die Situation selbst nicht beeinflussen.
- Für jede Organisation ist ein bestimmtes Niveau ökonomischer Effizienz verbindlich. Dieses kann von der Organisation nicht beeinflusst werden.

Jedoch konnte empirisch gezeigt werden, dass unterschiedliche Organisationsstrukturen in vergleichbaren Situationen durchaus als adäquat angesehen werden können und

250 Wolf (2003), S. 148. Für eine umfassende Darstellung der Kritikpunkte des situativen Ansatzes siehe Wolf (2003), S. 169 ff.
251 Vgl. Hunold (2003), S. 40; Wolf (2003), S. 169 f.
252 Wolf (2003), S. 169.
253 Vgl. Schreyögg (1996), S. 348; vgl. auch Kieser (1999), S. 185.

dass Organisationen in einem gewissen Rahmen auch ihre Umwelt beeinflussen können.[254] Darüber hinaus ist die Annahme der Effizienz in unvollkommenen Märkten nicht immer gegeben, da sich hier durchaus suboptimale Organisationsstrukturen herausbilden können.[255] Es zeigt sich daher, dass die situativen Faktoren alleine nicht die Organisationsstruktur determinieren. Somit kann auch in dieser Studie nicht davon ausgegangen werden, dass die situativen Faktoren allein den Grad der internen Kundenorientierung des Controllerbereichs determinieren.

Ein zusätzlicher Kritikpunkt besteht darin, dass der situative Ansatz eine eher konservative Organisationsgestaltung fördert, da empirische Untersuchungen per se vergangenheitsorientiert sind und somit keine innovativen Lösungsansätze hervorbringen können.[256] Auch dieser Kritik entzieht sich die vorliegende Arbeit, da man bei der internen Kundenorientierung des Controllerbereichs bei weitem nicht von einem etablierten Ansatz und Gedankengut in der Praxis ausgehen kann und es sich somit sehr wohl um einen eher innovativen Ansatz für den Controllerbereich handelt.

Ein weiterer Kritikpunkt zielt auf methodische Mängel der empirischen Untersuchungen ab, wie z.B. mangelnde Repräsentativität der Stichproben, unzureichende Konzeptualisierungen der Variablen sowie unzureichende Validitäts- und Reliabilitätsprüfungen.[257] Um dieser Kritik entgegenzutreten, wird in dieser Untersuchung zum großen Teil auf bereits validierte Skalen zurückgegriffen und es werden zur Überprüfung der Skalen sowohl die Gütekriterien der ersten als auch der zweiten Generation verwendet.[258]

Erklärungsgehalt im Rahmen der Studie

In der vorliegenden Studie wird der situative Ansatz insbesondere bei der Analyse der Determinanten und der Erfolgsauswirkungen der internen Kundenorientierung des Controllerbereichs als Bezugsrahmen verwendet. Bei den Determinanten der internen Kundenorientierung werden situative Umweltfaktoren sowie Merkmale der Organisationsstruktur des Controllerbereichs in ihrem Einfluss auf das kundenorientierte Verhalten des Controllerbereichs untersucht. Darüber hinaus werden auf Basis des situati-

[254] Vgl. z.B. Child (1972), S. 18; Wood (1979), S. 353.
[255] Vgl. Dehler (2001), S. 58.
[256] Vgl. Wolf (2003), S. 175.
[257] Vgl. Kieser/Walgenbach (2003), S. 44.
[258] Vgl. Kapitel 3.1.

ven Ansatzes die Auswirkungen der internen Kundenorientierung auf den Controlling- und Unternehmenserfolg betrachtet.

2.3.4 *Psychologische und sozialpsychologische Ansätze*

Gegenstand der Psychologie ist das Erleben und Verhalten des Menschen.[259] Die psychologischen Ansätze sind somit grundsätzlich geeignet, eine Erklärung für die Auswirkungen der internen Kundenorientierung auf die Beziehung zwischen dem Manager und Controller sowie das Verhalten des Managers in Reaktion auf die interne Kundenorientierung zu liefern. Im Bereich der psychologischen Ansätze werden die Dissonanz- und die Risikotheorie kurz vorgestellt.[260]

Den Kern der sozialpsychologischen Ansätze bildet die Verbindung von sozialen Elementen wie Interaktion und Kommunikation mit dem individuellen Verhalten von Personen. Im Bereich der sozialpsychologischen Ansätze wird vor allem die soziale Austauschtheorie vorgestellt.[261]

2.3.4.1 *Dissonanztheorie*

Als Pionier der Dissonanztheorie[262] gilt FESTINGER (1957).[263] Die Dissonanztheorie wurde in zahlreichen empirischen Studien überprüft und gilt als eine der am besten erforschten Theorien der Psychologie. Kernannahme der Dissonanztheorie ist die Tatsache, dass "[...] Individuen ein dauerhaftes Gleichgewicht ihres kognitiven Systems

---

259 Vgl. Rosenstiel (2003), S. 2.

260 Zusätzlich zu den beiden genannten Theorien gehört die Lerntheorie in den Bereich der psychologischen Ansätze. Die Lerntheorie besagt im Kern, dass nutzenbringende Verhaltensweisen beibehalten werden und Verhaltensweisen, die wenig Nutzen bringen, angepasst werden. Geschäftsbeziehungen werden somit eher weitergeführt, je zufriedener das Individuum mit der Leistung ist bzw. desto höher der wahrgenommene Nutzen ist. Da sich hieraus keine neuen Erkenntnisbeiträge für Studie ergeben, die nicht bereits durch die Dissonanz- oder die Risikotheorie abgedeckt sind, wird auf eine Anwendung der Lerntheorie in dieser Studie verzichtet. Für Ausführungen zur Lerntheorie vgl. Bruhn (2001), S. 28.

261 Teilweise wird in der Marketingliteratur noch die Equity-Theorie als Erweiterung der sozialen Austauschtheorie aufgeführt. Die Equity-Theorie besagt im Kern, dass ein Individuum, wenn es ein Austauschverhältnis in einer Beziehung als unausgewogen bzw. ungerecht empfindet, Maßnahmen trifft, um den Spannungszustand zu beseitigen (z.B. Abbruch der Beziehung). Da aber die Entwicklung der Austauschbeziehung zwischen Manager und Controller mit der sozialen Austauschtheorie umfassend erklärt werden kann, wird auf die Darstellung der Equity-Theorie in dieser Studie verzichtet. Für Ausführungen zur Equity-Theorie vgl. Müller/Crott (1984), S. 218 ff.

262 Die Dissonanztheorie wird oftmals auch als Theorie der kognitiven Dissonanz bezeichnet.

263 Für eine ausführliche Darstellung der Dissonanztheorie vgl. Festinger (1957), S. 1; Frey (1984), S. 243; Frey/Benning (1994), S. 147 f.; Wallenburg (2004), S. 71 ff.

anstreben."[264] Unter Kognitionen werden dabei "[...] jede Art von Wissen, Überzeugung oder Meinung über die Umwelt, über sich selbst oder das eigene Verhalten" verstanden.[265] Die Beziehungen zwischen Kognitionen können entweder konsonant, also zusammenpassend, oder dissonant, also gegensätzlich, sein. Dissonanzen erzeugen negative psychologische Spannung. Die Spannungen motivieren Individuen, wieder konsonante Kognitionen herbeizuführen.[266] Individuen haben zwei Möglichkeiten, die Dissonanz zu mindern. Zum einen kann die betreffende Person ihr Verhalten ändern. Zum anderen kann das Individuum – insbesondere wenn eine Verhaltensänderung nicht mehr möglich ist – seine kognitiven Strukturen anpassen.[267] Dies kann durch Aufnahme dissonanzreduzierender Informationen (Addition von Kognitionen), Verdrängung von dissonanzerhöhenden Informationen (Substraktion von Kognitionen) oder beidem gleichzeitig (Substitution von Kognitionen) erfolgen.[268]

Bei konsonanten Kognitionen wiederum besteht kein Anlass für das Individuum, sein Verhalten zu ändern. D.h. also, bei konsonanten Kognitionen besteht für Kunden kein Grund, ihr Kaufverhalten zu ändern bzw. den Anbieter zu wechseln. Die Dissonanztheorie kann somit einen Erklärungsbeitrag für den Aufbau und die Entwicklung von Geschäftsbeziehungen leisten.

Erklärungsgehalt für die vorliegende Studie

Die Bedeutung für die vorliegende Studie ergibt sich insbesondere aus dem Erklärungsgehalt der Dissonanztheorie für die Konsequenzen der internen Kundenorientierung in Bezug auf das Nutzungsverhalten von Controllerleistungen. Auf Basis der Dissonanztheorie können Hypothesen über die Anpassung der Nutzungsintensität von Controllerleistungen bei Änderung der Zufriedenheit mit Controllerleistungen abgeleitet werden.

---

264 Bruhn (2001), S. 29; vgl. auch Frey/Benning (1994), S. 147; Stahlberg/Frey (1994), S. 214; Wallenburg (2004), S. 79.

265 Frey (1994), S. 53; vgl. auch Frey/Benning (1994),S. 147; Wallenburg (2004), S. 71. Kognitionen können dabei in relevanter Beziehung – die Kognitionen haben etwas miteinander zu tun – oder in irrelevanter Beziehung stehen. Nachfolgende Ausführungen beziehen sich dabei auf relevante Beziehungen.

266 Vgl. Frey (1994), S. 56; Frey/Benning (1994), S. 147; Bruhn (2001), S. 29.

267 Zu kognitiven Strukturen vgl. Frey (1994), S. 52.

268 Vgl. hierzu Frey (1984), S. 245; Frey/Benning (1994), S. 148; Bruhn (2001), S. 29; für eine ausführliche Beschreibung kognitiver Prozesse vgl. Kroeber-Riel/Weinberg (1999), S. 225 ff.

2.3.4.2 Risikotheorie

Die Risikotheorie geht im Wesentlichen auf BAUER (1960) zurück.[269] Sie rekurriert im Kern auf das wahrgenommene Kaufrisiko. Dabei besagt sie, dass "[...] Individuen versuchen, ihr subjektiv wahrgenommenes kaufspezifisches Risiko möglichst gering zu halten."[270] Das subjektiv empfundene Risiko einer Kaufsituation wird dadurch hervorgerufen, dass Menschen generell eine beschränkte Rationalität aufweisen und keine vollständigen Informationen über die Konsequenzen ihres Handelns vorliegen.[271] Hierbei sind fünf Arten von Risiken zu unterscheiden:[272] funktionelles, finanzielles, physisches, soziales und psychologisches Risiko.[273]
Kunden versuchen, das wahrgenommene Kaufrisiko durch geeignete Risikoreduktionsstrategie, beispielsweise durch den Kauf bereits konsumierter Produkte, zu reduzieren. Neben der Generierung von zusätzlichen Informationen über den Kauf eines Produktes kann der Kunde, falls er mit den bisher erhaltenen Leistungen zufrieden war, insbesondere durch repetitives Kaufverhalten sein Risiko reduzieren.[274] So wirken also die Zufriedenheit mit einem Produkt sowie das Vertrauen in einen Anbieter risikosenkend. Somit kann die Risikotheorie ebenfalls einen Erklärungsbeitrag zum Aufbau und zur Entwicklung von Geschäftsbeziehungen leisten.

Erklärungsgehalt für die vorliegende Studie

Die Risikotheorie kann die Anpassung der Nutzungsintensität von Controllerleistung bei Änderung der Zufriedenheit mit bzw. dem Vertrauen in den Controllerbereich erklären. Somit leistet die Risikotheorie einen Beitrag zur Ableitung der Erfolgsauswirkungen der internen Kundenorientierung des Controllerbereichs.

---

269 Vgl. Bauer (1960).

270 Bruhn (2001), S. 29.

271 Vgl. Kroeber-Riel/Weinberg (1999), S. 248 f.; Bruhn (2001), S. 28 f.; Wallenburg (2004), S. 73.

272 Stone/Mason (1995), S. 144 f. führen zusätzlich noch das zeitliche Risiko an.

273 Funktionales Risiko beschreibt die Gefahr, dass das Produkt die gewünschte Funktionalität nicht vorweist; finanzielles Risiko beschreibt die Gefahr, dass das Produkt die erwarteten wirtschaftlichen Ansprüche nicht erfüllt; physisches Risiko beschreibt die Gefahr, dass von dem Produkt eine körperliche Gefahr ausgeht; soziales Risiko beschreibt die Gefahr, dass von dem Produkt ein negativer Einfluss auf die soziale Stellung ausgeht; psychologisches Risiko beschreibt die Gefahr, dass das Produkt kognitive Dissonanzen hervorruft.

274 Vgl. Stauss/Hentschel (1991), S. 25.

2.3.4.3 Soziale Austauschtheorie

Die wesentlichen Arbeiten zur sozialen Austauschtheorie stammen von HOMANS (1961), EMERSON (1962), THIBAUT/KELLEY (1959) und BLAU (2002).[275] Das Ziel der sozialen Austauschtheorie liegt in der Erklärung der Entstehung sowie der Entwicklung menschlicher Austauschbeziehungen.[276] Der wesentliche Erklärungsfaktor ist der relationale Vertrag, der sich über Zeit durch die Interaktion der Austauschpartner ergibt.[277] Die wesentliche Annahme der sozialen Austauschtheorie ist die, dass Individuen nur so lange in eine neue oder bestehende Beziehung investieren, wie der erhaltene wirtschaftliche oder soziale Nutzen aus der Beziehung den Nutzen alternativer Beziehungen übersteigt.[278] Die Grundzüge der Theorie lassen sich in vier Punkten zusammenfassen:[279]

- Austauschbeziehungen generieren einen ökonomischen oder sozialen Nutzen.[280]
- Der Nutzen und die Kosten[281] der Austauschbeziehung werden über Zeit mit den Erträgen alternativer Austauschbeziehungen verglichen.
- Positiv bewertete Erträge verstärken das Vertrauen der Austauschpartner und das Engagement in die Austauschbeziehung.[282]
- Positive Austauschhandlungen führen über Zeit zu Normen des relationalen Austausches, die als Governance-Strukturen dienen.

Den Vergleichsprozess haben insbesondere THIBAUT/KELLEY (1959) mit dem Konzept der Comparison levels beschrieben.[283] Der Comparison Level wird dabei als Nutzenstandard interpretiert, den ein Individuum aus einer Beziehung erwartet und

275 Für die Entwicklung der sozialen Austauschtheorie siehe Lambe/Wittmann/Spekman (2001), S. 4.

276 Vgl. Bruhn (2001), S. 32.

277 Vgl. Lambe/Wittmann/Spekman (2001), S. 2.

278 Hierbei wird die Anlehnung an die allgemeine ökonomische Theorie deutlich. Vgl. Bierhoff (1994), S. 136; Klee (2000), S. 36; Lambe/Wittmann/Spekman (2001), S. 4; Bruhn (2001), S. 32; Blau (2002), S. 93.

279 Vgl. Lambe/Wittmann/Spekman (2001), S. 6; Wallenburg (2004), S. 76.

280 Der Ansatz definiert die Austauschobjekte bzw. die erhaltenen Erträge aus sozialen Austauschbezügen weit. Somit sind die betrachteten Erträge nicht nur materieller Art, sondern auch immaterieller Natur, wie z.B. soziale Anerkennungen. Vgl. Houston/Gassenheimer (1987), S. 6; Klee (2000), S. 36; Blau (2002), S. 14.

281 Die Kosten einer sozialen Austauschbeziehung dürfen nicht unterschätzt werden. So stellen Dwyer/Schurr/Oh (1987), S. 14 fest: "Parties with highly divergent goals may spend considerable economic and psychic resources in conflict and haggling processes. More important may be the opportunity costs of foregone exchange with alternative partners."

282 Vgl. auch Bierhoff (1994), S. 137; Blau (2002), S. 98 ff.

283 Vgl. Thibaut/Kelley (1959), S. 21 ff.

den das Individuum dann gegen den tatsächlichen Ertrag vergleicht.[284] Erträge über dem Comparison Level erzeugen Zufriedenheit, Erträge unterhalb desselben erzeugen Unzufriedenheit. Die Zufriedenheit determiniert jedoch noch nicht das Verhalten des Individuums im Hinblick auf die Beziehung. Hierzu wird ein zweiter Vergleichsstandard, der Comparison Level for Alternatives, verwendet.[285] Der Comparison Level for Alternatives entspricht dem gesamten Ertrag der besten Alternative. Wenn ein alternativer Anbieter also einen höheren Ertrag als der derzeitige Austauschpartner offeriert, wird das Individuum den Austauschpartner wechseln. Dies bedeutet, dass auch bei bestehender Unzufriedenheit eine Geschäftsbeziehung fortgeführt wird, wenn kein alternativer Austauschpartner mit höherem Erwartungswert existiert.
Positive Erträge jedoch erhöhen das Vertrauen der Austauschpartner ineinander. Das erzeugte Vertrauen stellt für die Austauschpartner auch eine Art soziale Verpflichtung dar und stärkt somit das Commitment in die Beziehung.[286] Positive Erträge aus einer Beziehung erzeugen jedoch nicht nur Vertrauen über Zeit, sondern auch Normen des relationalen Austausches. Diese stillschweigend beidseitig akzeptierten Normen sind insofern von Bedeutung, als sie die einer Transaktion innewohnende Unsicherheit signifikant reduzieren.[287]

Erklärungsgehalt für die vorliegende Studie
Bei der Beziehung zwischen dem Controller und dem Manager handelt es sich ebenfalls nicht um rein wirtschaftliche, sondern auch um soziale Austauschbeziehungen. Die soziale Austauschtheorie kann hier angewendet werden, um die Entwicklung von Austauschbeziehungen zu erklären. Sie kann somit erklären, wie Vertrauen aufgebaut wird und welche Auswirkungen sich hieraus auf die Geschäftsbeziehung ergeben.

2.3.5 Zusammenfassung der theoretischen Beiträge

Als theoretische Bezugspunkte der Arbeit werden die Ressourcenabhängigkeitsperspektive, die Informationsökonomik, der situative Ansatz, die Dissonanztheorie, die Risikotheorie und die soziale Austauschtheorie herangezogen. Die vorgestellten An-

---

[284] Vgl. Klee (2000), S. 38; Lambe/Wittmann/Spekman (2001), S. 8 f.; Wallenburg (2004), S. 77.
[285] Vgl. Lambe/Wittmann/Spekman (2001), S. 9.
[286] Vgl. Morgan/Hunt (1994), S. 23; Bruhn (2001), S. 29; Lambe/Wittmann/Spekman (2001), S. 10; Wallenburg (2004), S. 78.
[287] Vgl. Lambe/Wittmann/Spekman (2001), S. 12; Wallenburg (2004), S. 78.

sätze tragen zur theoretischen Fundierung der Forschungsfragen bei und leisten darüber hinaus Unterstützung bei der Ableitung wesentlicher Forschungshypothesen.

Die *Ressourcenabhängigkeitsperspektive* erklärt die Existenz des Phänomens der internen Kundenorientierung und dient darüber hinaus zur theoretischen Fundierung der Erfolgsauswirkungen sowie zur Ableitung der Forschungshypothese bezüglich der Determinante Unsicherheit.
Die *Informationsökonomik* bietet eine theoretische Fundierung zur Ableitung der Auswirkungen der internen Kundenorientierung auf die Nutzung von Controllerleistungen. Darüber hinaus unterstützt die Informationsökonomik die Ableitung der Forschungshypothese über die Unsicherheit.
Auf Basis des *situativen Ansatzes* wird die Ausprägung der internen Kundenorientierung in Abhängigkeit von den formalen Organisationsmerkmalen des Controllerbereichs untersucht. Des Weiteren bildet er auch den Bezugsrahmen für die Analyse der Wirkung der internen Kundenorientierung auf den Controlling- bzw. Unternehmenserfolg.
Zusätzlich leisten *psychologische und sozialpsychologische Ansätze* einen Erklärungsbeitrag zur Ableitung der Auswirkungen der internen Kundenorientierung des Controllerbereichs auf die Beziehungen zwischen Management und Controllerbereich sowie die daraus resultierende Verhaltenswirkung der Manager im Hinblick auf die Abnahme von Controllerleistungen. Dabei leistet die soziale Austauschtheorie einen Erklärungsbeitrag zum Aufbau einer hohen Qualität der Beziehung zwischen Manager und Controller; die Dissonanz- und die Risikotheorie erklären das Verhalten des Managers bezüglich der Nutzungsintensität von Controllerleistungen auf Grund der Änderungen von Zufriedenheit mit und Vertrauen in den Controllerbereich.

3 Methodische Konzeption der Untersuchung

Dieses Kapitel widmet sich der methodischen Konzeption der empirischen Untersuchung, die zur Beantwortung der Forschungsfragen verwendet wurde. Zunächst werden die methodischen Grundlagen vorgestellt, insbesondere die Untersuchungsmethode und der Untersuchungsbereich. Darauf aufbauend wird das Vorgehen der empirischen Untersuchung erläutert. Im zweiten Abschnitt wird die empirische Datengrundlage umfassend charakterisiert. Der Hauptteil des Kapitels stellt die in der Untersuchung verwendeten Analysemethoden vor, wobei sowohl die Verfahren zur Konstruktmessung als auch die Verfahren der Dependenzanalyse veranschaulicht werden.

3.1 Methodische Grundlagen und Ablauf der empirischen Untersuchung

Ein Kernziel der vorliegenden Untersuchung besteht in der Entwicklung eines branchenübergreifenden sowie kontextunabhängigen Messmodells für die interne Kundenorientierung des Controllerbereichs sowie in der empirischen Analyse der Wirkungsbeziehungen der untersuchten Determinanten und Erfolgsvariablen. Sowohl zur Überprüfung der Güte des Messkonzeptes als auch zur Analyse der Zusammenhänge zwischen den Variablen ist eine große Stichprobe erforderlich. Deshalb wurde als Untersuchungsmethode die standardisierte schriftliche Fragebogenerhebung ausgewählt.

Da die Möglichkeit der Verallgemeinerung der Erkenntnisse der Studie sichergestellt werden soll, wurde versucht, eine breite Auswahl an Wirtschaftszweigen abzudecken. Eine Fokussierung auf bestimmte Branchen fand nicht statt. So wurde nicht nur das produzierende Gewerbe in die Studie einbezogen, sondern auch Handel, Banken und Versicherungen.[288]

Als befragter Personenkreis kommen vor allem die Nutzer der Controllerbereichsleistungen in Frage. Nur diese können sowohl den Grad der internen Kundenorientierung als auch ihre Auswirkungen umfassend beurteilen. Zudem sind sie auch in der Lage, Auskünfte über die betrachteten Kontextfaktoren zu geben. Nutzer der Controllerbereichsleistungen sind insbesondere ergebnisverantwortliche Manager der ersten und zweiten Führungsebene. Manager in diesen Positionen können sich über alle Controllingleistungen hinweg – von der Informationsversorgung bis hin zu Beratungsleistun-

288 Eine genaue Übersicht der Datengrundlage ist Kapitel 3.1 zu entnehmen.

gen – ein umfassendes Bild über die interne Kundenorientierung des Controllerbereichs machen. Manager aus hierarchisch niedrigeren Positionen geben oftmals keine Kontroll- und Beratungsleistungen in Auftrag.

Der Ablauf der empirischen Untersuchung kann in die vier Phasen Literaturanalyse, Pre-Test, Datenerhebung und Datenanalyse gegliedert werden, die nachfolgend näher beschrieben werden.

Der Konzeption des Fragebogens ging eine intensive Literaturanalyse der relevanten Marketing- und Controllingliteratur voraus. Des Weiteren wurde vor der Konzeption des Fragebogens in einem Workshop zum Thema "Marketingstrategien für Controller" die interne Kundenorientierung des Controllerbereichs mit Controllern aus verschiedenen Industrien diskutiert. Auf dieser Basis wurde eine erste Version des Fragebogens entwickelt.

Die so entwickelten Messmodelle wurden vor der Durchführung der Befragung einem umfassenden Pre-Test unterzogen. Im Mittelpunkt des Pre-Tests stand die Überprüfung des Fragebogens in Bezug auf Verständlichkeit, Aufbau und Länge. Hierzu beurteilten fünf Praktiker sowie acht Wissenschaftler den Fragebogen. Die Anregungen aus den Interviews führten zu geringfügigen Anpassungen des Fragebogens. Insbesondere wurden dabei einige Indikatoren überarbeitet sowie zusätzlich notwendige Erklärungen im Fragebogen eingefügt. Darüber hinaus wurde das Konstrukt zur internen Kundenorientierung des Controllerbereichs in einem Pre-Test mit neunzehn Controllern überprüft. Auf Basis dieses Pre-Tests wurden zwei Items eliminiert und ein Reverse Coded Item positiv formuliert.

Als Datenbasis wurde die Hoppenstedt Firmendatenbank verwendet. Insgesamt wurden hieraus 5.000 ergebnisverantwortliche Manager ausgewählt. Zur Auswahl der Stichprobe wurde zuerst die Datenbasis auf die Unternehmen begrenzt, die über mehr als 200 Mitarbeiter verfügen. Bei diesen Unternehmen kann davon ausgegangen werden, dass sie über einen eigenständigen Controllerbereich verfügen. Nachfolgend wurden die Unternehmen nach Branchen und Größenklassen gegliedert. Innerhalb der so entstandenen Cluster wurde dann eine Zufallsstichprobe gezogen. So konnte sichergestellt werden, dass die gezogene Stichprobe der Grundgesamtheit in Bezug auf Verteilung nach Branchen und Größenklassen entsprach.

Anfang Januar 2005 erfolgte der Versand der Einladungen per Mail an den ausgewählten Personenkreis. Neben der Einladung zur Kooperation an dem Forschungsprojekt enthielt die Mail einen Link zum Online-Fragebogen. Der Inhalt der Mail umfasste eine kurze Erläuterung zur praktischen Relevanz der Untersuchung sowie die Zusicherung der streng vertraulichen Behandlung der Daten. Zur Erhöhung der Rücklaufquote wurden drei Anreize gesetzt:

- Alle Teilnehmer erhielten einen individuellen Benchmarking-Bericht, der einen Vergleich der internen Kundenorientierung des eigenen Controllerbereichs mit den anderen Unternehmen aus der jeweiligen Branche und Größenklasse ermöglicht.
- Darüber hinaus erhielten die Teilnehmer zwei Publikationen aus der Schriftenreihe Advanced Controlling der WHU.
- Eine Einladung zu einem eintägigen Seminar an der WHU, an der entweder der Teilnehmer oder ein von ihm benannter Controller teilnehmen konnte, stellte den dritten Anreiz dar.

Von den 5.000 versandten E-Mails konnten 1.688 Mails nicht zugestellt werden. Somit ergibt sich eine effektive Stichprobe von 3.312 Managern, die einen Link zum Fragebogen erhalten haben. Im Februar 2005 wurde eine Nachfassaktion gestartet. Die Manager, die bisher nicht geantwortet hatten, wurden noch einmal per Mail kontaktiert.

3.2 Datengrundlage

Insgesamt brachte die Fragebogenaktion einen Rücklauf von 435 Fragebögen. Dies entspricht einer Rücklaufquote von 13,1 Prozent. Von den erhaltenen Fragebögen waren 415 Fragebögen auswertbar, was einer effektiven Rücklaufquote von 12,5 Prozent entspricht. In Anbetracht der Länge des Fragebogens und der hohen hierarchischen Position der befragten Personengruppen ist die Rücklaufquote als sehr positiv zu bewerten.

Abbildung 3 zeigt die Charakteristika der Stichprobe im Hinblick auf die Branchenverteilung und die Unternehmensgröße. Der Branchensplit zeigt dabei eine heterogene Branchenzusammensetzung, die auf die Verteilung der Datenbasis der Hoppenstedt-Datenbank zurückgeführt werden kann. Der χ^2-Test zeigt keinen signifikanten Unterschied zwischen der Branchenverteilung in der Hoppenstedt-Datenbank und in den antwortenden Unternehmen. Dies stützt die Hypothese, dass die Datenbasis der Untersuchung repräsentativ ist.

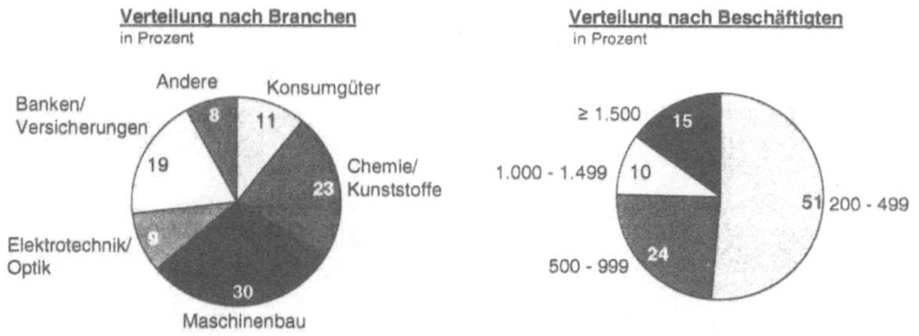

Hinsichtlich der befragten Personen ist anzumerken, dass rund 75 Prozent der Befragten Geschäftsführer oder Vorstände der Unternehmen sind. Weitere 20 Prozent der Befragten gehören der zweiten Führungsebene an und sind Sparten- oder Divisionsleiter. Die restlichen 5 Prozent sind Abteilungsleiter bzw. Produktmanager. Bezüglich des Funktionsbereichs der Begfragten lässt sich festhalten, dass 60 Prozent General Manager (z.B. Geschäftsführer) sind. Weitere 25 Prozent sind CFOs oder Leiter des

Finanzbereichs. Die restlichen Antworten kamen vor allem aus dem Marketing- und Produktionsbereich.

Des Weiteren ist die Frage von Interesse, ob systematische Unterschiede zwischen den befragten Geschäftseinheiten und den nichtbefragten Geschäftseinheiten existieren. Hierzu gibt der *Non-Response-Bias-Test* von ARMSTRONG/OVERTON (1977) Aufschluss. Mittels eines t-Tests wird untersucht, ob signifikante Unterschiede der Mittelwerte der Antworten von früh zurückgesandten Fragebögen und Fragebögen, die erst nach einiger Zeit zurückgesandt wurden, bestehen. Es wird bei dem Test unterstellt, dass die Unternehmen, die später antworten, tendenziell den Unternehmen im Antwortverhalten ähnlich sind, die nicht antworten. Die häufigste Form der Analyse ist die Untersuchung, ob zwischen den Antworten der Geschäftseinheiten der unterschiedlichen "Mailingwellen" signifikante Unterschiede vorliegen.[289] In der Datengrundlage dieser Studie konnte jedoch nur in Ausnahmefällen ein signifikanter Unterschied zwischen den Antworten der ersten und der zweiten Welle festgestellt werden.[290] Dieses Ergebnis deutet darauf hin, dass kein Non-Response-Bias vorliegt.

289 Amstrong/Overton (1977), S. 397: "The most common type of exploration is carried over successive waves of a questionnaire. 'Wave' refers to the response generated by a stimulus, e.g., a follow-up postcard. Persons who respond in later waves are assumed to have responded because of the increased stimulus and are expected to be similar to nonrespondents."

290 In der vorliegenden Untersuchung kam es nur bei fünf von 112 Variablen zu signifikanten Mittelwertunterschieden.

3.3 Grundlagen der quantitativen Analyse

Der folgende Abschnitt erläutert die Grundlagen der quantitativen Analyse, die zur Erreichung der Forschungsziele in den Kapiteln 4 bis 6 eingesetzt werden. In Anlehnung an ANDERSON/GERBING (1988) wird die quantitative Analyse in einem zweistufigen Verfahren durchgeführt.[291] Der erste Schritt beschäftigt sich mit der Ableitung valider und reliabler Skalen, der zweite Schritt besteht in der Überprüfung der Hypothesenstrukturen durch ein Verfahren der Dependenzanalyse. Analog dazu werden zunächst die Verfahren der Konstruktmessung (vgl. Abschnitt 3.3.1) und anschließend die Methoden der Dependenzanalyse (vgl. Abschnitt 3.3.2) dargestellt.

3.3.1 Konstruktmessung

3.3.1.1 Grundlegende Aspekte zur Konstruktmessung

Ein theoretisches Konstrukt kann nach BAGOZZI/FORNELL (1982) als "[...] an abstract entity which represents the 'true', nonobservational state or nature of a phenomenon" definiert werden.[292] Da ein Konstrukt eine nicht messbare Variable ist, spricht man in diesem Zusammenhang häufig von einer latenten Variable. Die Erkenntnisgenerierung über die zu untersuchenden Wirkungszusammenhänge ist aber nur dann möglich, wenn die theoretischen Konstrukte reliabel und valide gemessen werden. Trotz der wichtigen Funktion der Validitäts- und Reliabilitätsprobleme bei der Konstruktmessung spielten diese Fragen in der betriebswirtschaftlichen Literatur lange Zeit eine eher untergeordnete Rolle.[293] Erst Ende der 70er Jahre begann eine verstärkte Auseinandersetzung mit der Thematik, die als eines der Kernprobleme der Marketingforschung betrachtet werden kann.[294] Die hohen Anforderungen an die Güte einer empirischen Untersuchung, die seitdem in der Marketingliteratur entwickelt worden sind, stellen die Basis der Gütebeurteilung der vorliegenden empirischen Arbeit.

Zur Erstellung eines theoretischen Konstrukts sind zwei Schritte notwendig: die *Konzeptualisierung* und die *Operationalisierung*. In der Konzeptualisierung werden

---

291 Anderson/Gerbing (1988), S. 417 ff.

292 Bagozzi/Fornell (1982), S. 24.

293 Vgl. Homburg/Giering (1996), S. 5.

294 Vgl. Homburg/Giering (1996), S. 5; als Beispiele können Jacobi (1978), Bagozzi (1979), Churchill (1979) sowie Peter (1979) genannt werden.

die inhaltlichen Dimensionen erarbeitet, die das Konstrukt vollständig beschreiben. Im zweiten Schritt – der sogenannten Operationalisierung – wird ein Messinstrument für das inhaltlich beschriebene Konstrukt entwickelt.[295] Das Messinstrument besteht in der Regel aus mehreren Indikatoren, die das Konstrukt indirekt messen.

Nach Anzahl der Faktoren, auf die die Indikatoren eines Konstrukts verdichtet werden, lassen sich Konstrukte in ein- und mehrfaktorielle Konstrukte differenzieren.[296] Bei einem *einfaktoriellen Konstrukt* können alle Indikatoren auf einen Faktor aggregiert werden. Von einem *mehrfaktoriellen Konstrukt* wird hingegen dann gesprochen, wenn das Konstrukt aus mehreren Faktoren zusammengesetzt ist und somit ein Faktor zur Verdichtung der Indikatoren nicht ausreicht. In einem zweiten Schritt lassen sich die mehrfaktoriellen Konstrukte weiter an Hand der Zahl der zu Grunde liegenden theoretischen Dimensionen in eindimensionale und mehrdimensionale Konstrukte unterteilen. Ein *eindimensionales* Konstrukt ist dadurch gekennzeichnet, dass alle Faktoren Teil der gleichen theoretischen Dimension sind.[297] Gehören die Faktoren dagegen mehreren theoretischen Dimensionen an, so handelt es sich um ein *mehrdimensionales* Konstrukt.

Des Weiteren können die Konstrukte nach der Anzahl der Indikatoren unterschieden werden. Wird ein Konstrukt lediglich über einen Indikator gemessen, so spricht man vom *Single-Item-Ansatz*. Sind es mehrere Indikatoren, so kommt der *Multi-Item-Ansatz* zum Zug.[298] Durch die geforderte hohe Validität der Messung von komplexen Konstrukten wird in dieser Arbeit der Multi-Item-Ansatz verwendet, um Aussagen über die Güte der Messung treffen zu können.[299]

Bei der Messung von Konstrukten mittels Indikatoren können zwei Arten von Indikatoren unterschieden werden: *reflektive* und *formative* Indikatoren.[300] Formative Indikatoren wirken auf den Faktor. Der Faktor ist somit die Funktion bzw. der Effekt der Indikatoren.[301] Mit anderen Worten: "[...] a concept is assumed to be defined by,

295 Vgl. Homburg/Giering (1996), S. 5.
296 Vgl. Homburg/Giering (1996), S. 6.
297 Vgl. Homburg/Giering (1996), S. 6.
298 Vgl. Jacoby (1978), S. 93; Henseler (2005), S. 70 f.
299 Vgl. Churchill (1979), S. 66.
300 Vgl. Fornell (1986), S. 9; Bollen/Lenox (1991), S. 306; Homburg/Giering (1996), S. 6. Eine ausführliche Erläuterung der Unterschiede ist bei Eggert/Fassott (2003), S. 2 ff. zu finden.
301 Sie werden aus diesem Grunde in der englischen Literatur auch "cause indicators" genannt.

or to be a function of its measurements".[302] Reflektive Indikatoren hingegen werden von dem Faktor verursacht.[303] Die Wirkungsrichtung ist also entgegengesetzt. In der empirischen Forschung wurde den formativen Indikatoren im Vergleich zu den reflektiven Indikatoren kaum Aufmerksamkeit geschenkt:[304] "Most researchers in social sciences assume that indicators are effect indicators. Cause indicators are neglected despite their appropriateness in many instances."[305] In der vorliegenden Arbeit werden sowohl reflektive als auch formative Indikatoren verwendet. Da die Methoden zur Gütebeurteilung für formative und reflektive Indikatoren unterschiedlich sind, werden nach der Diskussion der allgemeinen Grundlagen der Gütebeurteilung von Messmodellen die Methoden der Gütebeurteilung für formative und reflektive Indikatoren getrennt behandelt.

Da der Erklärungsgehalt der quantitativen Analyse insbesondere von der Qualität der Messung der zu Grunde liegenden Konstrukte abhängt, wird nachfolgend die Gütebeurteilung in Form der Reliabilitäts- und Validitätsprüfung näher beleuchtet.
Reliabilität (Zuverlässigkeit) ist dabei definiert als "[...] the degree to which measures are free from random error and therefore yield consistent results".[306] Eine Messung ist daher als reliabel zu bezeichnen, wenn der Einfluss der Messfehlervariablen minimal ist. Oder anders ausgedrückt, wenn der wesentliche Anteil der Varianz der Indikatoren durch den zu Grunde liegenden Faktor determiniert wird.[307] Bei der Überprüfung der Reliabilität wird nicht kontrolliert ob, "[...] das 'Richtige' gemessen wird"[308], sondern lediglich die formale Genauigkeit der Messung. In der Literatur zur empirischen Forschung werden im Wesentlichen drei Formen der Reliabilität unterschieden:[309]

- "Test-Retest-Reliabilität: Korrelation mit einer Vergleichsmessung desselben Messinstruments zu einem zweiten Zeitpunkt
- Parallel-Test-Reliabilität: Korrelation mit einer Vergleichsmessung auf einem äquivalenten Messinstrument

302 Bagozzi/Fornell (1982), S. 34.
303 Sie werden deshalb in der englischen Literatur auch "effect indicators" genannt.
304 Vgl. Eggert/Fassott (2003), S. 1.
305 Bollen (1989), S. 65; Jarvis/MacKenzie/Podsakoff (2003), S. 203 listen Kriterien zur Unterscheidung von formativen und reflektiven Indikatoren auf.
306 Peter (1979), S. 6; vgl. auch Peter/Churchill (1986), S. 4.
307 Vgl. Homburg/Giering (1996), S. 6.
308 Wallenburg (2004), S. 138.
309 Vgl. Stier (1999), S. 53.

- Interne-Konsistenz-Reliabilität: Korrelation zwischen zwei Hälften der Items eines Messinstruments."[310]

Da die ersten beiden Formen der Reliabilität nur mit sehr hohem Aufwand quantitativ überprüft werden können, kommt der letzten Reliabilitätsform eine besondere Bedeutung bei der Gütebeurteilung von reflektiven Messmodellen zu.[311] Die Grundidee der Überprüfung der internen Konsistenz-Reliabilität bei reflektiven Indikatoren liegt in der Überprüfung der Korrelationen der einzelnen Indikatoren eines Konstrukts. Je höher die Korrelationen, desto besser wird die interne Konsistenz reflektiver Messmodelle beurteilt.

Ein Messinstrument ist darüber hinaus als *valide* anzusehen, wenn es das misst, was es messen soll[312] oder wie es CHURCHILL (1979) formuliert "[...] when the differences in observed scores reflect the true differences on the characteristic one is attempting to measure and nothing else [...]"[313]. Bei vollkommener Validität (Gültigkeit) treten also weder systematische noch zufällige Messfehler auf. Reliabilität kann somit als notwendige, aber nicht als hinreichende Bedingung für Validität verstanden werden.[314] Bei der Überprüfung der Validität können die Inhaltsvalidität und die Konstruktvalidität unterschieden werden:

- Die *Inhaltsvalidität* beschreibt den Grad, mit dem die Indikatoren eines Konstrukts die in der Konzeptualisierung festgelegten inhaltlichen Dimensionen bzw. Aspekte auch tatsächlich abbilden.[315] Inhaltsvalidität bezeichnet somit den Grad der inhaltlichen Übereinstimmung zwischen dem Konstrukt und seinem Messinstrument.[316] Die Bewertung der Inhaltsvalidität unterliegt einer subjektiven Einschätzung.
- Die *Konstruktvalidität*, die sich mit der Beziehung zwischen dem Messinstrument und dem Konstrukt beschäftigt, kann in drei Bereiche untergliedert werden.

310 Hildebrandt (1998), S. 88.
311 Vgl. Hildebrandt (1998), S. 88.
312 Vgl. Stier (1999), S. 56; Homburg/Giering (1996), S. 7.
313 Churchill (1979), S. 65.
314 Peter (1979), S. 6 ff.; Carmines/Zeller (1979), S. 13; Homburg/Giering (1996), S. 7.
315 Vgl. Bohrnstedt (1970), S. 92; Homburg/Giering (1996), S. 7; Stier (1999), S. 57 f.; Pflesser (1999), S. 99.
316 Vgl. Homburg/Giering (1996), S. 7.

- *Konvergenzvalidität* "[...] is the degree to which two or more attempts to measure the same concept through maximally dissimilar methods are in agreement."[317] Die Konvergenzvalidität fordert bei reflektiven Messmodellen somit, dass zwischen den Indikatoren, die ein Konstrukt messen, ein hoher Zusammenhang besteht.[318]
- *Diskriminanzvalidität* "[...] is the degree to which measures of distinct concepts differ."[319] Die Diskriminanzvalidität fordert bei reflektiven Messmodellen also, dass die Assoziation zwischen zwei Indikatoren, die unterschiedlichen Faktoren zugeordnet sind, geringer ist als die Assoziation zwischen zwei Faktoren, die dem gleichen Faktor zugeordnet sind. [320]
- *Nomologische Validität* ist dann gegeben, "[...] if the construct behaves as expected with respect to the other constructs to which it is theoretically related [...]".[321] Wenn eine Beziehung zwischen zwei Konstrukten sich in der empirischen Analyse wie in der vorher abgeleiteten Theorie ergibt, wird die nomologische Validität gestützt.[322] Voraussetzung für die nomologische Validität ist somit die Ableitung der Zusammenhänge aus einem theoretischen Rahmen.[323]

Die Inhaltsvalidität ist, wie schon angedeutet, vor allem qualitativ zu beurteilen. Hierbei sollte der Fokus auf einer inhaltlich präzisen Konzeptualisierung und Operationalisierung liegen. HOMBURG/GIERING (1996) zeigen aber, dass auch im Bereich der Inhaltsvalidität quantitative Methoden zum Einsatz kommen können. Ebenfalls vor allem qualitativ hat die Überprüfung der nomologischen Validität zu erfolgen. Hierbei ist einschränkend anzumerken, dass die Hypothesen in der vorliegenden Studie nicht nur aus einer Theorie abgeleitet werden, sondern sich auf mehrere theoretische Konzeptionen stützen. Dies erschwert eine Bewertung der nomologischen Validität. Die Konvergenz- und Diskriminanzvalidität können insbesondere bei reflektiven Indikatoren gut quantitativ überprüft werden. Die Methoden zur Überprüfung der Validität und

317 Bagozzi/Phillips (1982), S. 468.
318 Vgl. Homburg/Giering (1996), S. 7; Stier (1999), S. 60.
319 Bagozzi/Phillips (1982), S. 469.
320 Vgl. Homburg/Giering (1996), S. 7; Stier (1999), S. 60.
321 Churchill (1999), S. 457.
322 Vgl. Ruekert/Churchill (1984), S. 231.
323 Vgl. Ruekert/Churchill (1984), S. 231 f.

Reliabilität sollen nun nachfolgend getrennt für reflektive und formative Indikatoren vorgestellt werden.

3.3.1.2 Gütebeurteilung für reflektive Messmodelle

Die Methoden, die in der vorliegenden Untersuchung zur Reliabilitäts- und Validitätsmessung zum Einsatz kommen, lassen sich in Methoden der ersten und der zweiten Generation einteilen.[324] Zu den Kriterien der ersten Generation, die sich ausschließlich auf die Beurteilung der Messmodelle beziehen, zählen vor allem die explorative Faktorenanalyse, das Cronbachsche Alpha sowie die Item-to-Total-Korrelation.[325] Die Ansätze der zweiten Generation basieren auf der Kovarianzstrukturanalyse. Die Gütekriterien der zweiten Generation sind insofern leistungsfähiger, als Messfehler explizit berücksichtigt werden können.[326]

Nachfolgend sollen die drei Gütekriterien der ersten Generation vorgestellt werden, die bei der Beurteilung der reflektiven Messmodelle verwendet werden:[327]

- o die explorative Faktorenanalyse,
- o das Cronbachsche Alpha und
- o die Item-to-Total-Korrelation.

Die erste Methode, die *explorative Faktorenanalyse*, wird zur Ermittlung der Faktorenstruktur des Messmodells verwendet.[328] Wie der Name bereits andeutet, erfolgt die Analyse ohne vorherige Hypothesenbildung über die zu Grunde liegende Faktorenstruktur – also explorativ. Auf diese Weise wird versucht, die Indikatoren eines Messmodells auf eine möglichst geringe Zahl an Faktoren zu reduzieren, die aber die Gesamtheit der Indikatoren gut wiedergeben.[329] Die explorativ generierte Faktorenstruktur wird dann mit der theoretisch abgeleiteten Faktorenstruktur verglichen und somit überprüft. Obwohl auf eine ausführliche Darstellung der Methodik verzichtet wird,

---

[324] Für eine knappe Übersicht zu den Gütekriterien der ersten und zweiten Generation vgl. auch Homburg/Giering (1996), S. 7 ff.; Pflesser (1999), S. 100 ff.; Dehler (2001), S. 74 ff.; Hunold (2003), S. 122 ff.; Sandt (2004), S. 92 ff.; Wallenburg (2004), S. 141 ff.

[325] Vgl. Churchill (1979), S. 66; Gerbing/Anderson (1988), S. 188 ff.; Homburg/Giering (1996), S. 8.

[326] Vgl. Homburg (2000), S. 90.

[327] Vgl. auch Pflesser (1999), S. 100 ff.; Hunold (2003), S. 122 ff.; Wallenburg (2004), S. 141.

[328] Vgl. Backhaus et al. (2003), S. 259 ff.

[329] Vgl. Hartung/Elpelt (1986), S. 505.

sind im Folgenden kurz die Grundzüge und die wesentlichen methodischen Aspekte angeführt.

Die Korrelationsmatrix bildet die Basis der Faktorenanalyse. Zur Prüfung der Eignung der Korrelationsmatrix für die Faktorenanalyse bieten sich zahlreiche Verfahren an. Als wesentliche Methoden sind die Prüfung der Signifikanzniveaus der Korrelationen, Prüfung der Inversen der Korrelationsmatrix, der Barlett-Test, die Anti-Image-Kovarianz-Matrix oder das Kaiser-Meyer-Olkin-Kriterium zu nennen.[330]

Das Fundamentaltheorem der Faktorenanalyse besagt, "[...] dass sich die Korrelationsmatrix durch die Faktorladungen und die Korrelationen zwischen den Faktoren reproduzieren lässt."[331] Zur Extraktion der Faktoren stehen die Hauptkomponenten- und die Hauptachsenanalyse zur Verfügung.[332] In dieser Untersuchung wurde die Hauptachsenanalyse zur Ermittlung der Faktorenstruktur der reflektiven Messmodelle verwendet. Mit Hilfe der Darstellung der ermittelten Faktoren in der Faktorladungsmatrix kann die Assoziation eines einzelnen Indikators mit einem Faktor abgelesen werden. Die Faktorladungen, die als Korrelationen interpretiert werden können, geben "[...] ein Maß für die Stärke und die Richtung der Zusammenhänge zwischen Faktoren und ursprünglichen Variablen [...]" an.[333] In dieser Studie wird das Koordinatenkreuz der Faktoren noch mittels des so genannten OBLIMIN-Verfahrens in seinem Ursprung rotiert, um die Interpretation der Faktorladungsmatrix zu erleichtern.[334]

Im folgenden Schritt muss über die Anzahl der zu extrahierenden Faktoren entschieden werden. Hierfür stehen zwei Verfahren zur Verfügung: das Kaiser-Kriterium und der Scree-Test, wobei der Scree-Test üblicherweise nur als zusätzliche Entscheidungshilfe in Grenzfällen eingesetzt wird.

Nach dem Kaiser-Kriterium entspricht die Anzahl der zu extrahierenden Faktoren der Anzahl der Faktoren, deren Eigenwerte größer eins sind.[335] Der Eigenwert eines Indikators ist ein Maß für den Beitrag eines Faktors zur Varianzerklärung der Indikatoren. Der Eigenwert ergibt sich aus der "[...] Summe der quadrierten Faktorladungen eines

330 Eine Erläuterung dieser Prüfkriterien findet sich bei Backhaus et al. (2003), S. 273 ff.

331 Backhaus et al. (2003), S. 279; vgl. auch Thurstone (1947).

332 Vgl. Backhaus et al. (2003), S. 291.

333 Backhaus et al. (2003), S. 266.

334 Hierzu stehen zwei Verfahren zur Verfügung: das VARIMAX- und das OBLIMIN-Verfahren. Das VARIMAX-Verfahren geht dabei von unabhängigen Faktoren aus, während das OBLIMIN-Verfahren einen beliebigen Winkel zwischen den Faktoren zulässt. Da nicht allgemein unabhängige Faktoren vorausgesetzt werden können, wird hier das zuletzt genannte Verfahren verwendet.

335 Vgl. Kaiser (1974); Backhaus et al. (2003), S. 295.

Faktors über alle Variablen."[336] In Grenzfällen – bei Eigenwerten nahe eins – wird der Scree-Test als weiteres Entscheidungskriterium verwendet. Bei dem Scree-Test werden die Eigenwerte absteigend angeordnet und graphisch dargestellt. Die Stelle, an der die Differenz der Eigenwerte zweier Faktoren sehr hoch ist, ergibt sich ein steiler Abfall des Graphen. Der Punkt vor dem steilen Abfall, gibt die Anzahl der zu extrahierenden Faktoren an.[337]

Nach der Durchführung der explorativen Faktorenanalyse können bereits "[...] erste Aussagen bezüglich Konvergenz- und Diskriminanzvalidität getroffen werden."[338] Wenn sich alle Indikatoren einer latenten Variable auf einen Faktor eindeutig verdichten lassen, kann von Konvergenzvalidität ausgegangen werden. In der Literatur zur Konstruktmessung wird von einer eindeutigen Zuordnung ab einem Mindestwert der Faktorladung von 0,4 ausgegangen.[339] Diskriminanzvalidität kann in diesem Zusammenhang unterstellt werden, wenn die Faktorladungen der eben betrachteten Indikatoren auf andere Faktoren geringer laden.

Darüber hinaus kann die Beurteilung der Güte der Messung des gesamten Faktors mittels der erklärten Varianz der Indikatoren erfolgen. HOMBURG/GIERING (1996) fordern, dass der Faktor mindestens 50 Prozent der Varianz einer Indikatormenge erklären sollte.[340]

Das *Cronbachsche Alpha* misst die Interne-Konsistenz-Reliabilität der Indikatoren eines Faktors.[341] In der empirischen Forschung hat das Cronbachsche Alpha als Reliabilitätsmaß eine große Zustimmung gefunden: "Whether by acclamation or citation, coefficient alpha has effectively become the measure of choice for estimating the reliability of multi-item scale."[342] Die Kernidee basiert auf der "Split-Half-Methode", bei der die Indikatoren in zwei Teile getrennt werden und die Korrelation zwischen der ersten Hälfte der Indikatoren und der zweiten Hälfte der Indikatoren ermittelt wird. Das Cronbachsche Alpha kann nun als arithmetisches Mittel aller potenziellen Split-

336 Backhaus et al. (2003), S. 295.
337 Vgl. Backhaus et al. (2003), S. 296.
338 Homburg/Giering (1996), S. 8.
339 Vgl. Homburg (1995), S. 93. Backhaus et al. (2003), S. 295 f. fordert gar einen Schwellenwert von 0,5.
340 Vgl. Homburg/Giering (1996), S. 13.
341 Vgl. Cronbach (1951), S. 297; Nunnally (1978), S. 229 ff.; Carmines/Zeller (1979), S. 44 ff.; Churchill (1979), S. 68; Peter (1979), S. 8 f.; Gerbing/Anderson (1988), S. 190.
342 Peterson (1994), S. 382; vgl. auch Homburg/Giering (1996), S. 8.

Half Koeffizienten aufgefasst werden.[343] Das Cronbachsche Alpha kann Werte zwischen null und eins annehmen, wobei hohe Werte auf eine hohe interne Konsistenz hindeuten. Ab welchem Schwellenwert man von einer ausreichenden Reliabilität ausgehen kann, ist in der Literatur umstritten. In Anlehnung an NUNNALLY (1978) wird in der Literatur häufig ein Mindestwert von 0,7 gefordert.[344] In dieser Untersuchung soll ebenfalls ein Mindestwert von 0,7 zu Grunde gelegt werden. Allerdings gilt es bei der Beurteilung des Cronbachschen Alphas am Schwellenwert zu beachten, dass die Anzahl der Indikatoren das Cronbachsche Alpha positiv beeinflusst.[345]

Das dritte Gütekriterium, die *Item-to-Total-Korrelation*, wird im Gegensatz zu den beiden erstgenannten auf Ebene der einzelnen Indikatoren ermittelt. Die Item-to-Total-Korrelation eines Indikators ist definiert als "[...] die Korrelation dieses Indikators mit der Summe aller Indikatoren, die demselben Faktor zugeordnet sind."[346] Falls ein Faktor nicht das geforderte Mindestmaß des Cronbachschen Alphas erreicht, wird die Item-to-Total-Korrelation als Richtschnur zur Elimination von Indikatoren eingesetzt.[347] Durch Elimination des Indikators mit der geringsten Item-to-Total-Korrelation, kann in der Regel eine Erhöhung der Reliabilität des Messmodells erzielt werden.

Zusätzlich zu den Methoden der ersten Generation werden zur Gütebeurteilung noch Verfahren der zweiten Generation herangezogen, da die Methoden der ersten Generation "einige gravierende Nachteile"[348] aufweisen. So werden die Kriterien der ersten Generation vor allem auf Grund ihrer restriktiven Annahmen sowie der Verwendung von Faustregeln zur Validitätsprüfung, die keine Schätzungen von Messfehlern erlauben, kritisiert.

---

343 Vgl. hierzu Stier (1999), S. 53. Das Cronbachsche Alpha wird durch folgende Formel errechnet:

$$\alpha = \left(\frac{N}{N-1}\right) \cdot \left(1 - \frac{\sum_{i=1}^{N} \sigma_i^2}{\sigma_t^2}\right)$$ mit N = Anzahl der Indikatoren des Faktors, σ_i^2 = Varianz des Indikators i und σ_t^2 = Varianz der Summe aller Indikatoren des Faktors.

344 Nunnally (1978), S. 245.

345 Vgl. Peterson (1994), S. 384.

346 Homburg/Giering (1996), S. 8. Wird die Korrelation eines Indikators mit der Summe aller übrigen Indikatoren berechnet, so wird dies als corrected Item-to-Total-Korrelation bezeichnet.

347 Vgl. Churchill (1979), S. 68.

348 Homburg/Giering (1996), S. 9; vgl. auch Bagozzi/Yi/Phillips (1991), S. 429 ff.

Diese wesentlichen Nachteile können mittels der konfirmatorischen Faktorenanalyse überwunden werden, die die Basis für die Gütekriterien der zweiten Generation bildet. Dabei stellt die konfirmatorische Faktorenanalyse einen Spezialfall der Kausalanalyse, auch Kovarianzstrukturanalyse genannt, dar. Ein Kausalmodell wird aus zwei Teilen gebildet: einem Mess- und einem Strukturmodell.[349] Das Messmodell beschreibt die Erfassung der latenten Variablen als fehlerbehaftete Messung durch die zugeordneten Indikatoren. Das Strukturmodell beschreibt die Abhängigkeitsbeziehungen zwischen den latenten Variablen und wird zur Analyse dieser verwendet.[350]
Im Gegensatz zu der explorativen Faktorenanalyse werden bei der konfirmatorischen Faktorenanalyse bereits vor der empirischen Analyse Hypothesen über die den Indikatoren zu Grunde liegende Faktorenstruktur gebildet.[351] Entsprechend der Hypothesen erfolgt eine Zuordnung von jedem Indikator zu genau einem Faktor. Ziel der Kausalanalyse ist es, die Modellparameter nun so zu schätzen, dass die vom Modell generierte Kovarianzmatrix die empirische Kovarianzmatrix möglichst gut widerspiegelt.

Eine Parameterschätzung kann jedoch nur erfolgen, wenn die Identifikation des spezifizierten Messmodells möglich ist.[352] Diese ist nur gewährleistet, wenn genügend Informationen in der empirischen Datenbasis zur eindeutigen Schätzung der Parameter enthalten sind. Als notwendige Bedingung für die Identifikation ist es erforderlich, dass mindestens drei Indikatoren zur Messung eines Faktors bei der Durchführung der konfirmatorischen Faktorenanalyse zur Verfügung stehen.[353]
In dieser Untersuchung erfolgt die Durchführung der konfirmatorischen Faktorenanalyse zur Prüfung reflektiver Messmodelle mit kovarianzbasierten Verfahren.[354]
Im Anschluss an die Parameterschätzung erfolgt die Gütebeurteilung des Modells. In der Literatur sind zahlreiche Kriterien zur Beurteilung der Messmodelle entwickelt

---

349 Vgl. Homburg/Giering (1996), S. 9.
350 Vgl. Homburg/Baumgartner (1995a), S. 163.
351 Vgl. Homburg/Giering (1996), S. 9.
352 Vgl. Pflesser (1999), S. 104; Homburg/Pflesser (2000), S. 645.
353 Vgl. Homburg/Baumgartner (1995b), S. 1093. Die Zahl der Freiheitsgrade beträgt bei drei Indikatoren für einen Faktor genau null. Die Zahl der Freiheitsgrade ergibt sich aus der Differenz der Anzahl der empirisch feststellbaren Varianzen und Kovarianzen und der Anzahl der zu schätzenden Parameter.
354 In Anlehnung an Herrmann/Huber/Kressmann (2004), S. 16 f. sollte auch bei der Analyse des Pfadmodells mit PLS die Prüfung der Güte der reflektiven Messmodelle mit kovarianzbasierten Verfahren erfolgen. Darüber hinaus halten Herrmann/Huber/Kressmann (2004), S. 30 in ihrem Fazit fest: "Ebenfalls zeigen die Ausführungen, dass der Einsatz der Kovarianzstrukuturanalyse zur Generierung valider reflektiver wie formativer Item-Batterien mittels der konfirmatorischen Faktorenanalyse, dem MIMIC-Modell oder den nomologischen Netzwerk unerlässlich ist."

worden, die sich in globale und lokale Anpassungsmaße einteilen lassen.[355] Dabei beziehen sich die lokalen Anpassungsmaße auf einzelne Bestandteile des Modells, wohingegen die globalen Gütekriterien die Anpassung des gesamten Modells an die empirischen Daten beurteilen. Die globalen Anpassungsmaße lassen sich wiederum in relative Anpassungsmaße und in Anpassungsmaße mit Vergleichsstandard einteilen.

Die *relativen globalen Anpassungsmaße* werden zum Vergleich der Güte mehrerer Modelle verwendet.[356] Für die Beurteilung der Güte eines Modells sind sie ungeeignet. Diese Kriterien werden insbesondere bei der Selektion unterschiedlicher Modelle verwendet. Sie finden in der vorliegenden Untersuchung daher keine Anwendung.

Die globalen Anpassungsmaße mit Vergleichsstandards können weiter in *Stand-alone-Maße* und *inkrementelle Anpassungsmaße* untergliedert werden.[357] Während die Stand-alone-Maße die Modellgüte isoliert bewerten, setzen die inkrementellen Anpassungsmaße das Messmodell in Relation zu einem Basismodell. Die Stand-alone-Maße lassen sich weiterhin in inferenzstatistische Anpassungsmaße und in deskriptive Anpassungsmaße untergliedern.

Zur Prüfung der Modellgüte wird bei den *inferenzstatistischen Anpassungsmaßen* zumeist der der χ^2*-Test* verwendet. Der χ^2-Test untersucht, ob das spezifizierte Gesamtmodell richtig ist. D.h., er prüft, ob die vom Modell erzeugte Kovarianzmatrix mit der empirischen Kovarianzmatrix übereinstimmt (Nullhypothese).[358] Die Nullhypothese wird mittels des p-Werts beurteilt. Der p-Wert drückt die Wahrscheinlichkeit aus, bei der Gültigkeit der Nullhypothese einen χ^2-Wert zu erhalten, der größer ist als der tatsächlich ermittelte Wert. In der Literatur wird ein Mindestwert von 0,05 gefordert.[359] BAGOZZI/YI (1998) empfehlen, den Quotient aus dem χ^2-Wert und der Zahl der Freiheitsgrade zu verwenden.[360] Dieses Anpassungsmaß gehört dann zu den deskripti-

---

355 Vgl. Homburg/Baumgartner (1995a), S. 165.
356 Vgl. Homburg/Baumgartner (1995a), S. 166.
357 Vgl. Homburg/Baumgartner (1995a), S. 166.
358 Vgl. Homburg/Baumgartner (1995a), S. 166.
359 Vgl. Homburg/Giering (1996), S. 10.
360 Ein Hauptkritikpunkt an dem Test ist, dass der Test zum Ziel hat, die absolute Richtigkeit des Modells zu prüfen. Des Weiteren beeinflusst die Stichprobengröße den Test erheblich. Je höher der Stichprobenumfang, desto geringer die Wahrscheinlichkeit, dass die Nullhypothese angenommen wird. Vgl. hierzu Bagozzi/Yi (1988), S. 77; Homburg/Baumgartner (1995a), S. 166.

ven Anpassungsmaßen mit Berücksichtigung von Freiheitsgraden, die nachfolgend noch näher erläutert werden.

Ein weiteres wesentliches inferenzstatistisches Anpassungsmaß ist der *RMSEA* (Root Mean Squared Error Approximation),[361] bei dem wesentliche Restriktionen des χ^2-Tests entfallen.[362] Dabei prüft der RMSEA-Test das Modell nicht auf absolute Richtigkeit, sondern auf den Fit mit der Grundgesamtheit.[363] Nach BROWNE/CUDECK (1993) weisen Werte von bis zu 0,05 auf einen guten Fit und Werte von bis zu 0,08 auf einen zufrieden stellenden Fit hin.[364] Neuere Untersuchungen nennen einen Wert von 0,06 noch als gute Modellanpassung.[365] Werte über 0,1 weisen dagegen auf eine schlechte Modellanpassung hin.[366]

Die *deskriptiven Anpassungsmaße* beruhen nicht auf inferenzstatistischen Tests, sondern beurteilen die Güte auf Basis von Faustregeln. Die deskriptiven Anpassungsmaße lassen sich weiterhin danach unterteilen, ob sie die Freiheitsgrade des Modells berücksichtigen oder nicht. Der Nachteil der *deskriptiven Anpassungsmaße ohne Berücksichtigung von Freiheitsgraden* ist, dass sich der Wert der Anpassungsmaße durch Hinzufügen eines Modellparameters automatisch verbessert. Eine Reduktion von Freiheitsgraden wird bei diesen Anpassungsmaßen somit nicht "bestraft".
Ein wesentliches Anpassungsmaß dieser Kategorie ist der *GFI* (Goodness of Fit Index).[367]

---

361 Der Berechnung des RMSEA liegt folgende Formel zu Grunde: $RMSEA = \sqrt{\frac{\chi^2 - df}{df(n-1)}}$ mit n als Stichprobengröße.
362 Vgl. Steiger (1990), S. 173 ff.
363 Vgl. Homburg/Baumgartner (1995a), S. 166.
364 Browne/Cudeck (1993), S. 144.
365 Vgl. Hu/Bentler (1999), S. 27.
366 Vgl. MacCallum/Browne/Sugawara (1996), S. 134.
367 Der GFI berechnet sich für die ML-Schätzung anhand folgender Formel: $GFI = 1 - \frac{sp\left[\left(\hat{\Sigma}^{-1}S - I\right)^2\right]}{sp\left[\left(\hat{\Sigma}^{-1}S\right)^2\right]}$. Wobei $\sum$ die vom modellgenerierte Kovarianzmatrix, S die Kovarianzmatrix der empirischen Datengrundlage, sp die Spur (d.h. die Summe der Diagonalelemente einer quadratischen Matrix) und I die Einheitsmatrix bezeichnet. Vgl. Jöreskog/Sörbom (1982), S. 408.

Der GFI beurteilt die Anpassung des Modells an die empirischen Daten. Er hat einen Wertebereich von 0 bis 1. Hohe Werte deuten dabei auf eine entsprechend hohe Anpassungsgüte hin. Werte ab 0,9 gelten in der Regel als zufrieden stellend.[368]

Der *AGFI* (Adjusted Goodness of Fit Index) ist ein wesentliches Anpassungsmaß im Bereich der *deskriptiven Anpassungsmaße mit Berücksichtigung von Freiheitsgraden.*[369] Der AGFI führt im Vergleich zum GFI einen Strafterm ein, der von der Parameterzahl abhängt. D.h., Modelle mit wenigen Parametern werden bei gleicher Anpassungsgüte besser bewertet als Modelle mit vielen Parametern.[370] Wie beim GFI wird auch für den AGFI ein Schwellenwert von 0,9 gefordert.[371]

Die *inkrementellen Anpassungsmaße* gehen auf BENTLER/BONETT (1980) zurück.[372] Die Beurteilung erfolgt hier in Relation zu einem Basismodell. Das Basismodell hat üblicherweise keine inhaltliche Plausibilität. Zumeist wird die Unabhängigkeit aller Indikatorvariablen unterstellt.[373] Auch bei den inkrementellen Anpassungsmaßen kann wiederum zwischen Anpassungsmaßen unterschieden werden, die Freiheitsgrade berücksichtigen und solchen, die keine Freiheitsgrade berücksichtigen. Zu der ersten Gruppe zählt der NFI (Normed Fit Index). Da der *CFI* (Comparative Fit Index) die Freiheitsgrade des Modells beachtet, aber ansonsten dem NFI entspricht, wird der CFI als Gütekriterium in dieser Untersuchung verwendet.[374] Der CFI hat einen Wertebereich von 0 bis 1, wobei auch hier hohe Werte eine gute Anpassung signalisieren. Üblicherweise wird für den CFI ebenfalls ein Mindestwert von 0,9 gefordert.[375]

Neben den globalen Anpassungsmaßen werden zur Beurteilung von Teilstrukturen des spezifizierten Modells *lokale Anpassungsmaße* verwendet. Im Bereich der lokalen Anpassungsmerkmale lassen sich Kriterien unterscheiden, die sich auf die Ebene der In-

---

368 Vgl. Homburg/Baumgartner (1995a), S. 167.

369 Vgl. Bagozzi/Yi (1988), S. 79.

370 Vgl. Homburg/Giering (1996), S. 10.

371 Vgl. Bagozzi/Yi (1988), S. 79; andere Autoren halten jedoch auch bereits 0,8 für ausreichend. Vgl. Sharma (1996), S. 152; Kiedaisch (1997), S. 73.

372 Vgl. Bentler/Bonett (1980), S. 588 ff.

373 Vgl. Homburg/Baumgartner (1995a), S. 170.

374 Der CFI wird wie folgt berechnet: $CFI = 1 - \frac{\max\{\chi^2_{model} - df_{model};0\}}{\max\{\chi^2_{null} - df_{null};\chi^2_{model} - df_{model};0\}}$, wobei χ^2_{model} für den χ^2-Wert des zu prüfenden Modells und χ^2_{null} für den χ^2-Wert des Basismodells steht. df bezeichnet hier die Freiheitsgrade der entsprechenden Modelle.

375 Vgl. Hu/Bentler (1995), S. 91.

dikatoren oder auf die Faktorebene beziehen. In diesen Untersuchungen werden als lokale Anpassungsmaße die Indikatorreliabilität und der t-Wert der Faktorladung, die sich auf die einzelnen Indikatoren beziehen, verwendet. Als faktorbezogene lokale Anpassungsmaße werden die Faktorreliabilität und die durchschnittlich erfasste Varianz verwendet.

Die *Indikatorreliabilität* gibt die quadrierte Korrelation zwischen dem betrachteten Indikator und dem zu Grunde liegenden Faktor an.[376] Sie gibt daher den Anteil der Varianz des Indikators an, der durch den Faktor erklärt wird. Die Indikatorreliabilität hat ebenfalls einen Wertebereich von 0 bis 1. Üblicherweise wird für die Indikatorreliabilität ein Mindestwert von 0,4 angegeben.[377]
Des Weiteren kann mit dem *t-Wert der Faktorladung* getestet werden, ob die Faktorladung signifikant von null verschieden ist.[378] Der Quotient aus der unstandardisierten Faktorladung und dem Standardfehler der Schätzung bildet den t-Wert der Faktorladung. Bei einer Analyse auf 5% Signifikanzniveau ist eine Faktorladung dann als signifikant zu erachten, wenn der t-Wert mindestens 1,645 erreicht.[379]
Die beiden faktorbezogenen lokale Anpassungsmaße, die *Faktorreliabilität*[380] und die *durchschnittlich erfasste Varianz* (DEV)[381], beurteilen, wie gut der Faktor durch die Indikatoren gemessen wird. Beide Gütekriterien haben einen Wertebereich von 0 bis 1, wobei hohe Werte wiederum auf eine gute Anpassung hindeuten. Für die Faktorreliabilität wird ein Schwellenwert von 0,6 gefordert, während für die durchschnittlich erfasste Varianz ein Mindestmaß von 0,5 gefordert wird.[382]

---

376 Die Indikatorreliabilität lässt sich wie folgt berechnen: $IR(x_i) = \frac{\lambda_{ij}^2 \phi_{jj}}{\lambda_{ij}^2 \phi_{jj} + \theta_{ii}}$, wobei λ_{ij} die geschätze Faktorladung, ϕ_{jj} die geschätzte Varianz und θ_{ii} die geschätzte Varianz des Messfehlers beschreibt. Vgl. Bagozzi/Yi (1988), S. 80.

377 Vgl. Homburg/Baumgartner (1995a), S. 170.

378 Vgl. Bagozzi/Yi/Phillips (1991), S. 434.

379 Vgl. Homburg/Giering (1996), S. 11.

380 Die Faktorreliabilität berechnet sich wie folgt: $FR(\xi_j) = \frac{\left(\sum_{i=1}^{k} \lambda_{ij}\right)^2 \phi_{jj}}{\left(\sum_{i=1}^{k} \lambda_{ij}\right)^2 \phi_{jj} + \sum_{i=1}^{k} \theta_{ii}}$.

381 Die durchschnittlich erfasste Varianz lässt sich wie folgt berechnen: $DEV(\xi_j) = \frac{\sum_{i=1}^{k} \lambda_{ij}^2 \phi_{jj}}{\sum_{i=1}^{k} \lambda_{ij}^2 \phi_{jj} + \sum_{i=1}^{k} \theta_{ii}}$.

382 Vgl. Bagozzi/Yi (1988), S. 80.

Die bisherigen Ausführungen bezogen sich auf Anpassungsmaße, die überwiegend zur Beurteilung der Reliabilität und Konvergenzvalidität von Skalen herangezogen werden. Zur Beurteilung der Diskriminanzvalidität werden in der Literatur zwei Methoden diskutiert: der χ^2-Differenztest und das Fornell/Larcker-Kriterium.[383] Das hat als das strengere Kriterium in der empirischen Literatur zumeist den Vorzug vor dem χ^2-Differenztest. Auch in dieser Studie wird daher das Fornell-Larcker-Kriterium verwendet. Das Fornell-Larcker-Kriterium fordert, "[...] dass die durchschnittlich erfasste Varianz eines Faktors größer ist als jede quadrierte Korrelation dieses Faktors mit einem anderen Faktor."[384] Somit wird sichergestellt, dass jeder Faktor einen höheren Varianzanteil seiner Indikatoren erklärt als den Varianzanteil, den er im Hinblick auf andere Faktoren erklärt.[385]

Eine Zusammenfassung der Gütekriterien für reflektive Messmodelle, die in der vorliegenden Studie zur Anwendung gelangen finden sich in Tabelle 5.

Kriterien der ersten Generation	**Anspruchsniveau**
Erklärte Varianz (Explorative Faktorenanalyse)	$\geq 0{,}5$
Cronbachsches Alpha	$\geq 0{,}7$ ($\geq 0{,}6$)
Item-to-Total-Korrelation	Kriterium zur Elimination von Items (falls erforderlich)
Kriterien der zweiten Generation	**Anspruchsniveau**
χ^2/df	≤ 3
RMSEA	$\leq 0{,}05$ ($\leq 0{,}08$)
GFI	$\geq 0{,}9$
AGFI	$\geq 0{,}9$
CFI	$\geq 0{,}9$
Indikatorreliabilität	$\geq 0{,}4$
Signifikanzniveau der Faktorladung	$\geq 1{,}654$
Faktorreliabilität	$\geq 0{,}6$
Durchschnittlich erfasste Varianz	$\geq 0{,}5$
Fornell/Larcker-Kriterium	DEV (ξ_i) > quadrierte Korrelation (ξ_i , ξ_j); für alle $i = j$

Tabelle 5: Gütekriterien zur Beurteilung der reflektiven Messmodelle

383 Vgl. Jöreskog/Sörbom (1982), S. 412 ff.
384 Homburg/Giering (1996), S. 11.
385 Vgl. Fornell/Larcker (1981), S. 46.

3.3.1.3 Gütebeurteilung für formative Messmodelle

Wie bereits dargelegt, kehren formative Indikatoren die Kausalrichtung um. Sie sind somit nicht Ursache des Konstrukts, sondern formen bzw. begründen das betrachtete Konstrukt.[386] Daher sind bei formativen Indikatoren andere Maßstäbe zur Gütebeurteilung notwendig: "As a result of these characteristics, conventional procedures used to assess the validity and reliability of scales composed of reflective indicators (e.g., factor analysis and assessment of internal consistency) are not appropriate for composite variables (i.e., indexes) with formative indicators."[387] In Anlehnung an DIAMANTOPOULOS/WINKLHOFER (2001) und GÖTZ/LIEHR-GOBBERS (2004a, 2004b) werden nachfolgend die Methoden zur Gütebeurteilung von formativen Messmodellen dargelegt.[388]

Wie auch bei der Beschreibung zur Güteprüfung der reflektiven Indikatoren sollen hier Methoden dargestellt werden, um die Reliabilität und die Validität zu untersuchen.

Während bei reflektiven Konstrukten die Inhaltsvalidität mittels der explorativen Faktorenanalyse geprüft werden kann, gilt es bei formativen Indikatoren, die Inhaltsvalidität bereits bei der Spezifikation der Indikatoren sicherzustellen.[389] Die Güte der Konzeptualisierung der Indikatoren ist deshalb bei der Bildung von formativen Messmodellen von elementarer Bedeutung: "[...] breadth of definition is extremely important to causal indicators".[390] Die gewählten Indikatoren müssen daher alle Facetten des betrachteten Konstrukts beschreiben. Fehlerspezifikation bzw. Missachtung eines Indikators ändert die Bedeutung des latenten Konstrukts.[391]

Eine Prüfung der Indikatorreliabilität, wie sie bei reflektiven Indikatoren durchgeführt wird, ist bei der Gütebeurteilung von formativen Indikatoren nicht sinnvoll. Bei formativen Indikatoren existiert die Annahme einer hohen Korrelation zwischen den Indika-

386 Vgl. Götz/Liehr-Gobbers (2004b), S. 728.

387 Diamantopoulos/Winklhofer (2001), S. 271; vgl. auch Diamantopoulos (1999), S. 447; Bollen/Lennox (1991), S. 305; Chin/Newsted (1999), S. 310.

388 Vgl. Diamantopoulos/Winklhofer (2001), S. 269 ff.; Götz/Liehr-Gobbers (2004b), S. 714 ff.; vgl. auch Henseler (2005), S. 70 ff.

389 Vgl. Bollen/Lennox (1991), S. 307; Götz/Liehr-Gobbers (2004b), S. 728.

390 Nunnally/Bernstein (1994), S. 484.

391 Zur Prüfung der Inhaltsvalidität schlagen Anderson/Giering (1991), S. 734 zwei Indizes vor, die durch einen Pre-Test mit Experten erzeugt werden können. Auf Grund der breiten theoretischen Fundierung der verwendeten formativen Konstrukte wird in der vorliegenden Untersuchung hierauf jedoch verzichtet.

toren nicht.[392] Stattdessen schlagen GÖTZ/LIEHR-GOBBERS (2004b) eine Analyse der Gewichte vor, die jedem Indikator eines Konstrukts zugeordnet werden. Hierdurch wird unterschieden, welche Indikatoren am stärksten zur Konstruktbildung beitragen.[393] In der Regel fallen die Gewichte der einzelnen formativen Indikatoren deutlich geringer aus als die Ladungen für reflektive Indikatoren. Ein Rückschluss auf eine mangelnde Spezifikation des Messmodells darf jedoch auf Grund geringer Gewichte nicht gezogen werden.[394] Vielmehr ist die Regel der Eliminierung von Indikatoren mit geringen Gewichten, wie sie aus der Güteprüfung der reflektiven Indikatoren bekannt ist, nicht ohne weiteres auf formative Indikatoren zu übertragen. Eine Eliminierung eines Indikators bei formativen Messmodellen führt unweigerlich auch zu einer Änderung der inhaltlichen Aussage des Messmodells. BOLLEN/LENNOX (1991) stellen daher fest: "Omitting an indicator is omitting a part of the construct".[395] Dennoch schlägt z.B. RINGLE (2004b) vor, Indikatoren zu eliminieren, deren Gewichte kleiner 0,2 sind.[396] Dieser Automatik der Elimination bei Überschreitung eines Grenzwertes soll hier auf Grund der inhaltlichen Veränderung des Konstrukts bei der Eliminierung eines Indikators nicht gefolgt werden.

Eine Eliminierung von Indikatoren von formativen Messmodellen ist jedoch dann erforderlich, wenn eine hohe Multikollinearität[397] zwischen den Indikatoren vorherrscht.[398] Eine hohe Multikollinearität führt bei der multiplen Regression zu dem Problem, dass der Einfluss eines Indikators des Messmodells nicht mehr bestimmt werden kann.[399] Da reflektive Messmodelle auf Basis einfacher Regression bestimmt werden, stellt Multikollinearität bei reflektiven Messmodellen kein Problem dar.[400]
Als Testverfahren zur Überprüfung auf Multikollinearität eignen sich der Variance Inflation Factor (VIF) und der Konditionsindex nach BELSLEY/KUH/WELSCH (1980).[401]

---

392 Vgl. Götz/Liehr-Gobbers (2004b), S. 728.
393 Vgl. Götz/Liehr-Gobbers (2004b), S. 728.
394 Vgl. Chin (1998b), S. 306 f.
395 Bollen/Lennox (1991), S. 308.
396 Vgl. Ringle (2004b), S. 334.
397 Unter Kollinearität wird der Grad der Abhängigkeit zwischen Indikatoren verstanden. Vgl. Götz/Liehr-Gobbers (2004b), S. 729.
398 Vgl. Götz/Liehr-Gobbers (2004b), S. 729.
399 Vgl. Diamantopoulos/Winklhofer (2001), S. 272; Backhaus et al. (2003), S. 88 f.
400 Vgl. Diamantopoulos/Winklhofer (2001), S. 272.
401 Vgl. Belsley/Kuh/Welsch (1980), S. 104 f.; Götz/Liehr-Gobbers (2004b), S. 729.

Der Minimalwert des VIF entspricht 1 und bedeutet, dass die Indikatoren vollständig linear unabhängig sind.[402] In der Literatur werden für den VIF Werte kleiner 10 gefordert. Bei einer Überschreitung des Grenzwertes sind Maßnahmen zur Reduktion der Multikollinearität zu ergreifen.[403] Für den Konditionsindex, der in der vorliegenden Untersuchung als zweites Maß für Multikollinearität verwendet wird, wird ein Wert kleiner 30 gefordert.[404]

Eine Gütebeurteilung des gesamten Messmodells auf interne Konsistenz ist bei formativen Messmodellen auf Grund der fehlenden Annahme der Korrelation zwischen den Indikatoren ebenfalls wenig sinnvoll: "[...] internal consistency is of minimal importance because two variables that might even be negatively related can both serve as meaningful indicators of a construct".[405] Eine Möglichkeit, die Güte von formativen Messmodellen dennoch zu beurteilen, ist die Messung des formativen Konstrukts mittels eines Multiple-Indicators-and-Multiple-Causes-Modells (MIMIC-Modell).[406] Zur Bildung des MIMIC-Modells wird das Konstrukt sowohl reflektiv als auch formativ gemessen.[407]
Ist es nicht möglich, das formative Konstrukt gleichzeitig reflektiv zu erfassen, besteht die Möglichkeit, die nomologische Validität durch die Analyse des formativen Konstrukts in Beziehung mit anderen reflektiven Konstrukten zu untersuchen. Hierzu werden theoretisch abgeleitete Beziehungen zwischen dem betrachteten formativen Konstrukt und einem reflektiven Konstrukt betrachtet. Entsprechen die Pfadkoeffizienten der theoretisch abgeleiteten Hypothese und sind die Pfadkoeffizienten zusätzlich signifikant, so kann dies als ein Indiz für nomologische Validität gewertet werden.[408]

Die Diskriminanzvalidität stellt auch hier kein sinnvolles Kriterium zur Gütebeurteilung dar, da auch sie eine hohe Korrelation zwischen den Indikatoren eines Messmodells voraussetzt.

---

402 Vgl. Götz/Liehr-Gobbers (2004a), S. 20.
403 Vgl. Diamantopoulos/Winklhofer (2001), S. 272.
404 Der Konditionsindex berechnet sich wie folgt: $KI_i = \sqrt{\frac{Eigenwert_{max}}{Eigenwert_i}}$.
405 Nunnally/Bernstein (1994), S. 489; vgl. auch Diamantopoulos (1999), S. 448; Eggert/Fassott (2003), S. 4; Götz/Liehr-Gobbers (2004b), S. 729.
406 Für eine ausführliche Erläuterung siehe Diamantopoulos/Winklhofer (2001), S. 272 f.
407 Vgl. Reinartz/Krafft/Hoyer (2004), S. 298 f.
408 Vgl. Götz/Liehr-Gobbers (2004b), S. 729; Reinartz/Krafft/Hoyer (2004), S. 298 f.

In Tabelle 6 sind die Gütekriterien für formative Indikatoren noch einmal zusammengefasst.

Gütekriterien	**Anspruchsniveau**
Signifikanzniveau der Gewichte	≥ 1,654
Variance Inflation Factor (VIF)	≤ 10
Konditionsindex (KI)	≤ 30
Interpretation der Gewichte	Qualitative Analyse (kein quantitatives Anspruchsniveau)

Tabelle 6: Gütekriterien zur Beurteilung der formativen Messmodelle

3.3.2 Dependenzanalysen

3.3.2.1 PLS als Kausalanalyseverfahren

Neben der Entwicklung von Messmodellen für bestimmte Konstrukte, wie beispielsweise für die interne Kundenorientierung des Controllerbereichs, liegt ein wesentliches Ziel der Arbeit in der Überprüfung der erarbeiteten Hypothesen und somit in der Analyse von Zusammenhängen zwischen Konstrukten. In der vorliegenden Untersuchung soll hierfür die Kausalanalyse verwendet werden, da diese im Vergleich zur multiplen Regression leistungsfähiger ist. Die höhere Leistungsfähigkeit ergibt sich im Wesentlichen aus drei Aspekten:[409] Erstens besteht die Möglichkeit der simultanen Schätzung eines faktoranalytischen Modells und eines Strukturmodells. Zweitens berücksichtigt die Kausalanalyse bei der Messung eines Konstrukts die bei der Messung entstehenden Messfehler und bereinigt diese bei der Parameterschätzung. Drittens ermöglicht die Kausalanalyse die Untersuchung von komplexen Abhängigkeitsbeziehungen, wie z.B. kausalen Ketten. Da in dieser Studie bei der Untersuchung der Auswirkungen der internen Kundenorientierung eine solche kausale Kette betrachtet wird, findet die Kausalanalyse Verwendung.

Zwei Verfahren der Kausalanalyse sind voneinander abzugrenzen: die kovarianzbasierten Verfahren (LISREL/AMOS) und die varianzbasierten Verfahren (PLS).[410] In

[409] Vgl. Homburg (1992), S. 499 f.

[410] Der Unterschied zwischen den beiden Verfahren besteht im Kern darin, dass kovarianzbasierte Verfahren Modellparameter schätzen, indem sie versuchen, die Kovarianzmatrix der Indikatoren zu reproduzieren. Varianzbasierte Verfahren wiederum schätzen die Modellparameter, in dem sie versuchen, die tatsächliche Datenstruktur der empirisch gemessenen Indikatoren nachzubilden. Vgl. Herrmann/Huber/Kressmann (2004), S. 5.

der empirischen Forschung wird überwiegend mit den kovarianzbasierten Verfahren gearbeitet: "[...] to many social science researchers, the covariance-based procedure is tautologically synonymous with the term SEM [structural equation modeling]."[411] Trotz der weiten Verbreitung des kovarianzbasierten Ansatzes bieten varianzbasierte Verfahren wie PLS (Partial Least Squares) zahlreiche Vorteile:[412]

- Die Schätzung eines Kausalmodells mit PLS ist auch mit deutlich geringerer Fallzahl möglich als bei den Kovarianzstrukturmodellen.[413] Der Grund hierfür liegt in der partiellen Schätzung der Elemente des Kausalmodells.
- PLS setzt keine Normalverteilung der Variablen voraus.[414]
- PLS kann sowohl formative als auch reflektive Indikatoren problemlos handhaben.[415]
- PLS ist besser geeignet für die Analyse von Veränderung einer Zielvariablen durch zentrale Determinanten, da der PLS-Ansatz das Ziel hat, die Erklärungskraft des Strukturmodells zu maximieren. Er eignet sich somit für die Analyse von "managementorientierten Problemstellungen mit Entscheidungsrelevanz".[416] Dank dieser Eigenschaft ist PLS auch geeignet für explorative Forschungsvorhaben.[417]

Den Vorteilen des PLS-Ansatzes stehen aber auch zwei Nachteile gegenüber:[418]

- Zur Verbesserung der Schätzergebnisse genügt im Gegensatz zu kovarianzbasierten Verfahren bei PLS eine Steigerung des Stichprobenumfanges allein nicht.[419] Zusätzlich muss auch noch die Anzahl der reflektiven Indikatoren je

411 Chin (1998), S. 295.

412 Der PLS-Ansatz wurde 1977 von World entwickelt; vgl. Chin/Newsted (1999), S. 315; Lohmöller (1989), S. 1. In den letzten Jahren ist ein starker Anstieg in der Verwendung von PLS zu verzeichnen; vgl. Hulland (1999), S. 195 ff.

413 Zur Ermittlung der benötigten Mindestfallzahl schlagen Chin/Newsted (1999), S. 326 f. folgendes Vorgehen vor: Zuerst wird die größte Anzahl an formativen Indikatoren eines latenten Konstrukts ermittelt. Zweitens wird die größte Anzahl von latenten Konstrukten ermittelt, die auf ein anderes latentes Konstrukt wirken. Die größte der beiden Zahlen wird dann mit zehn multipliziert. Der Grund für die geringe Stichprobengröße liegt in der partiellen Schätzung der Modellteile und der Möglichkeit der Nutzung von Bootstrapping- bzw. Jackknifing-Methoden.

414 Der Grund hierfür liegt in der Nutzung einzelner Ordinary Least Squares Regressionen zur Parameterschätzung. Vgl. Chin (1998), S. 316; Götz/Liehr-Gobbers (2004a), S. 4; Herrmann/Huber/Kressmann (2004), S. 6 f.

415 Vgl. Götz/Liehr-Gobbers (2004b), S. 721; Ringle (2004b), S. 315.

416 Herrmann/Huber/Kressmann (2004), S. 10.

417 Götz/Liehr-Gobbers (2004b), S. 721. Vgl. auch Chin/Newsted (1999), S. 312.

418 Vgl. Chin/Newsted (1999), S. 313.

419 Vgl. Götz/Liehr-Gobbers (2004b), S. 721.

Messmodell erhöht werden ("consistency at large").[420] CHIN/NEWSTED (1999) fassen dies wie folgt zusammen: "However, the sample size also needs to increase, as in the usual asymptotic notion of consistency, in order for the sample covariance matrix to become a better estimate of the population covariance matrix. Thus, in PLS, better estimates cannot simply be obtained by increasing the sample size. Both more indicators and more cases are needed."[421]

- Es bestehen bei PLS keine Gesamtgütemaße in Bezug auf die Modellanpassung. Inferenzstatistische Tests sind nicht möglich, da keine Verteilungsannahmen vorausgesetzt werden. Somit können nur nichtparametrische Tests verwendet werden.[422]

Auf Grund der Vorteile des PLS-Ansatzes, insbesondere wegen seiner Fähigkeit der problemlosen Einbindung formativer Indikatoren und der Fähigkeit, kleine Stichproben zu handhaben,[423] kommt in der vorliegenden Untersuchung PLS als Verfahren für die Dependenzanalyse zum Einsatz.[424]

Nachfolgend soll kurz der Schätzalgorithmus von PLS erläutert werden, wobei auf eine formalanalytische Darstellung desselben verzichtet wird.[425] PLS verwendet die partielle Kleinstquadratmethode (Partial Least Squares). Mittels linearer Regressionen werden die Beziehungen zwischen Variablen modelliert.[426] Das Ziel des PLS-

---

420 Vgl. Chin/Newsted (1999), S. 329; Götz/Liehr-Gobbers (2004a), S. 5.

421 Chin/Newsted (1999), S. 329. Auf Grund zahlreicher reflektiver Indikatoren im vorliegenden Modell stellt das "consistency at large"-Phänomen keinen wesentlichen Nachteil für die vorliegende Untersuchung dar.

422 Somit kann in der vorliegenden Untersuchung keine Gesamtbeurteilung des in Kapitel 5 entwickelten Strukturmodells erfolgen. Es können mit PLS lediglich die Beziehungen zwischen den im Strukturmodell "verbundenen" Variablen analysiert werden. Die Darstellung eines Pfadmodells ist somit streng genommen falsch. Da sie jedoch gängige Praxis ist, findet sich diese Darstellung auch in der vorliegenden Untersuchung.

423 Für die Validierung der Messmodelle ist die Stichprobe ausreichend. Für das in Kapitel fünf beschriebene Strukturmodell ist die Stichprobengröße als eher klein zu bezeichnen.

424 Des Weiteren bietet sich PLS auch aus Sicht des Analyseziels als geeignetste Methode an. Die Frage, ob die interne Kundenorientierung des Controllerbereichs Auswirkungen auf den Controllingerfolg hat und welche Determinanten in der Praxis die interne Kundenorientierung des Controllerbereichs am stärksten beeinflussen, läuft auf eine Varianzerklärung der Zielvariablen hinaus.

425 Für eine kurze Übersicht zum formalen Modell vgl. Chin/Newsted (1999), S. 321; Götz/Liehr-Gobbers (2004a).

426 Vgl. Götz/Liehr-Gobbers (2004b), S. 721.

Algorithmus besteht dabei in der Maximierung der Erklärungskraft des Strukturmodells.[427]

PLS schätzt drei unterschiedliche Arten von Parametern.[428] Zum einen werden die Ladungen bzw. Gewichte der Indikatoren ermittelt, die dazu verwendet werden, die latenten Konstrukte zu bilden. Zweitens werden die Pfadkoeffizienten geschätzt, die die latenten Variablen verbinden. Die dritte Art von Variablen, die PLS schätzt, sind die Konstanten der Regression ("means and location parameters"[429]), der Indikatoren und der latenten Variablen.

Die Schätzung der Parameter erfolgt bei PLS für alle Teile des Modells sukzessive und iterativ.[430] Der Prozess verläuft dabei in drei Stufen.

Der Algorithmus beginnt mit der Generierung der Ausgangslösung. Hierzu wird jede latente Variable als standardisierte Linearkombination ihrer empirischen Indikatoren aufgefasst.[431]

Daraufhin erfolgt durch Iteration eine Verbesserung der Schätzung der latenten Variablen durch innere und äußere Approximation. D.h., für jede latente Variable wird abwechselnd je ein Schätzwert aus dem Messmodell (äußere Approximation) und ein Schätzwert aus dem Strukturmodell (innere Approximation) ermittelt. Das Ziel der inneren Approximation ist die Minimierung der Varianz der Fehlervariablen der endogenen Variablen im Strukturmodell.[432] Die innere Approximation bezieht sich somit auf die Modellteile, die nicht die Indikatoren der latenten Variable darstellen, aber dennoch zur latenten Variable in Beziehung stehen. Äußere Approximation spiegelt eine gewichtete Summe der Indikatoren wider und hat die Minimierung des Messfehlers des Messmodells zum Ziel.[433] Wenn die Iteration ein Konvergenzkriterium erfüllt, wird diese abgebrochen.

---

427 Vgl. Götz/Liehr-Gobbers (2004a), S. 4.

428 Vgl. Chin/Newsted (1999), S. 315.

429 Chin/Newsted (1999), S. 315.

430 Für eine ausführliche Beschreibung des Schätzverfahrens von PLS vgl. Ringle (2004a), S. 7 ff.; Ringle (2004b), S. 295 ff.; Herrmann/Huber/Kressmann (2004), S. 5 f.; Henseler (2005), S. 71 ff.

431 Vgl. Götz/Liehr-Gobbers (2004a), S. 5.

432 Es können drei wesentliche Algorithmen unterschieden werden "centroid, factor, and path weighting"; vgl. Chin/Newsted (1999), S. 316 f.

433 Vgl. Götz/Liehr-Gobbers (2004a), S. 6; Herrmann/Huber/Kressmann (2004), S. 5.

Nach der Schätzung der latenten Variablen erfolgt die Schätzung der Pfadkoeffizienten des Strukturmodells. Hierzu wird eine Regression mit jeder abhängigen Variable und den dazugehörigen unabhängigen Variablen durchgeführt. Als Regressionsverfahren kommt dabei "ordinary least squares regression" zum Einsatz.[434]

3.3.2.2 Gütebeurteilung von PLS-Strukturmodellen

Nach der kurzen Erläuterung des PLS-Verfahrens sollen nun nachfolgend die Methoden zur Gütebeurteilung von PLS-Strukturmodellen vorgestellt werden. Wie bereits in den Nachteilen des PLS-Ansatzes erwähnt, ist die Zahl möglicher Gütemaße gegenüber der Kovarianzstrukturanalyse deutlich geringer, da keine inferenzstatistischen Tests als Gütemaße zur Verfügung stehen.[435] Zur Beurteilung der Güte der Strukturmodelle sollen in dieser Arbeit vier Gütekriterien verwendet werden:[436]

- das Bestimmtheitsmaß R^2,
- die Stärke der Pfadkoeffizienten,
- die Signifikanz der Pfadkoeffizienten und
- die Effektgröße f^2.

Das erste Gütemaß stellt das aus der Regressionsanalyse bekannte *Bestimmtheitsmaß R^2* dar. "This is obtained because the case values of latent variables are determined by the weight relations."[437] Das Bestimmtheitsmaß R^2 misst den Anteil der erklärten Varianz des latenten Konstrukts ("goodness of fit") und wird wie in der Regressionsanalyse interpretiert.[438] R^2 kann dabei Werte von 0 bis 1 annehmen, wobei hohe Werte eine gute Anpassung signalisieren. CHIN (1998) sieht dabei Bestimmtheitsmaße über 0,67 als substantiell an, während er Ergebnisse von 0,33 als durchschnittlich und 0,19 als schwach einstuft.[439]

---

434 Vgl. Chin/Newsted (1999), S. 319.

435 Vgl. Ringle (2004a), S. 13.

436 Vgl. für eine Übersicht Götz/Liehr-Gobbers (2004b), S. 730. Zusätzlich wird noch das Stone-Geisser-Test-Kriterium genannt. Die verwendete Software weist jedoch dieses Gütekriterium nicht aus, so dass in dieser Untersuchung darauf verzichtet wird; vgl. auch Ringle (2004a), S. 16.

437 Chin/Newsted (1999), S. 316.

438 Vgl. Backhaus et al. (2003), S. 63; Götz/Liehr-Gobbers (2004a), S. 23; Ringle (2004b), S. 305; Henseler (2005), S. 74.

439 Vgl. Chin (1998), S. 323.

Des Weiteren gibt die Veränderung des Bestimmtheitsmaßes R^2 Aufschluss über die Signifikanz des Einflusses einer unabhängigen Variable auf eine abhängige latente Variable.[440] Hierzu wird die so genannte *Effektgröße* f^2 ermittelt. Sie ergibt sich aus der Veränderung des Bestimmtheitsmaß R^2 nach der Eliminierung des zu untersuchenden Konstrukts aus dem Strukturmodell.[441] Die Formel der Effektgröße f^2 ergibt sich wie folgt:

$$f^2 = \frac{R^2_{incl} - R^2_{excl}}{1 - R^2_{incl}}$$

Wobei R^2_{incl} und R^2_{excl} die Bestimmtheitsmaße einer abhängigen Variable unter Einbeziehung bzw. unter Ausschluss der betrachteten Variable darstellen.[442] Nach COHEN (1988) können Werte unter 0,02 als schwacher Einfluss, Werte um 0,15 als mittlerer Einfluss und Werte über 0,35 als starker Einfluss interpretiert werden.[443] GÖTZ/LIEHR-GOBBERS (2004) fordern einen Wert größer 0, damit von einem Einfluss ausgegangen werden kann.

Die *Pfadkoeffizienten* können ebenfalls zur Gütebeurteilung herangezogen werden. LOHMÖLLER (1989) nimmt Werte ab 0,1 auf, während CHIN (1998) erst Werte ab 0,2 als wesentlich bezeichnet.[444] In dieser Studie werden in Anlehnung an LOHMÖLLER (1989) Werte größer 0,1 gefordert.

Die Reliabilität der Pfadkoeffizienten kann darüber hinaus mittels der t-Statistik auf Signifikanz geprüft werden.[445] Signifikante Pfadkoeffizienten, die ein Vorzeichen entsprechend der unterstellten Hypothese aufweisen, stützen diese Hypothese. Nicht signifikante Pfadkoeffizienten oder Pfadkoeffizienten mit der unterstellten Hypothese widersprechenden Vorzeichen deuten darauf hin, dass die Hypothese abzulehnen ist. Tabelle 7 fasst die verwendeten Gütekriterien in einer Übersicht zusammen.

---

440 Vgl. Cohen (1988), S. 410 ff.; Ringle (2004a), S. 15; Götz/Liehr-Gobbers (2004b), S. 731.

441 Vgl. Götz/Liehr-Gobbers (2004a), S. 24.

442 Vgl. Ringle (2004a), S. 15 f.

443 Vgl. Cohen (1988), S. 412 ff.; Henseler (2005), S. 74.

444 Vgl. Lohmöller (1989), S. 60 f.

445 Die Ermittlung des t-Wertes beruht auf einer Resampling-Technik. Hierzu wird n-fach eine bestimmte Anzahl von Beobachtungswerten gezogen. Auf Basis dieser Stichprobe werden dann die Modellparameter neu berechnet. Der Quotient aus Mittelwert und Standardabweichung des jeweiligen Modellparameters entspricht dann seinem t-Wert. In der vorliegenden Studie wurden jeweils 100 Ziehungen durchgeführt. Vgl. Venaik/Midgley/Devinney (2001), S. 20; Götz/Liehr-Gobbers (2004b), S. 731; Götz/Liehr-Gobbers (2004a), S. 24; Henseler (2005), S. 74.

Gütekriterien Strukturmodell	Anspruchsniveau
Bestimmtheitsmaß R^2	Interpretierbar wie bei Regression
Stärke der Pfadkoeffizienten	$\geq 0,1$
Signifikanzniveau der Pfadkoeffizienten	$\geq 1,654$
Effektgröße f^2	≥ 0

Tabelle 7: Gütekriterien zur Beurteilung des Strukturmodells

4 Konzeptualisierung und Messung der internen Kundenorientierung des Controllerbereichs

In diesem Kapitel wird ein branchenübergreifendes und kontextfreies Messmodell für die interne Kundenorientierung des Controllerbereichs entwickelt. Bevor jedoch die Entwicklung dieses Konstrukts ausführlich erläutert wird, gilt es zunächst, die Voraussetzungen einer Anwendbarkeit des Prinzips der internen Kundenorientierung im Controllerbereich zu überprüfen.

4.1 Grundlagen und Vorgehensweise

4.1.1 Anwendbarkeit der internen Kundenorientierung des Controllerbereichs

Die Darstellung der Arbeiten zur internen Kundenorientierung hat gezeigt, dass nicht auf jede Art einer internen Dienstleistung das Prinzip der internen Kundenorientierung Anwendung finden kann.[446] STAUSS (1995) unterscheidet dabei drei Arten von internen Dienstleistungen: sequenzintegrierte Dienstleistungen, sequenzunabhängige Dienstleistungen mit Unterstützungscharakter sowie sequenzunabhängige Dienstleistungen mit Kontrollcharakter.[447] Wie in Kapitel 2.2.2.2.3 ausgeführt, ist das Konzept der internen Kundenorientierung im Bereich der sequenzunabhängigen Dienstleistungen mit Kontrollcharakter nur eingeschränkt anwendbar.[448] Somit gilt es zu überprüfen, ob und inwieweit die Dienstleistungen des Controllerbereichs diesen Aufgabentypen entsprechen.

Die Dienstleistungen, die der Controllerbereich erfüllt, können in drei Bereiche unterteilt werden: Entlastungs-, Ergänzungs- und Begrenzungsaufgaben.[449]
Bei den *Entlastungsaufgaben* delegiert der Manager Arbeiten an den Controller. Der Controller wird somit als ein Zulieferer für den Manager tätig. Eine verstärkte interne Kundenorientierung des Controllerbereichs führt dazu, dass der Controller die Bedürfnisse und Wünsche des Managers besser versteht und er somit die an ihn delegierten Aufgaben besser erfüllen kann. Bei Entlastungsaufgaben kann das Prinzip der internen

[446] Vgl. Kapitel 2.2.2.2.3 für eine Erläuterung der Begriffe.
[447] Vgl. Stauss (1995), S. 66; vgl. auch Neuhaus (1996), S. 50.
[448] Vgl. Stauss (1995), S. 68; Neuhaus (1996), S. 52 f.
[449] Vgl. Kapitel 2.2.1.2 für eine Erläuterung der Begriffe.

Kundenorientierung daher sinnvoll angewendet werden. Es handelt sich um eine sequenzunabhängige Dienstleistung mit Unterstützungscharakter.

Auch bei den *Ergänzungsaufgaben* kann das Prinzip der internen Kundenorientierung sinnvoll angewandt werden. Nur mit einer fundierten Kenntnis der Fähigkeiten, Einstellungen und Aufgaben des internen Kunden kann der Controller die Notwendigkeit zur Ergänzung des Managers einschätzen. Es handelt sich hierbei ebenfalls um eine sequenzunabhängige Dienstleistung mit Unterstützungscharakter.[450]

Bei *Begrenzungsaufgaben* ist jedoch eine Ausrichtung auf die Wünsche des zu begrenzenden Managers nicht sinnvoll. Aufgabe des Controllers ist es hier gerade, die Wollensdefizite des Managers zu reduzieren. STAUSS (1995) stellt hierzu fest: "Here, it is difficult to establish a co-operative relationship, because the audited managers cannot expect direct benefits from this relationship and must fear being penalized in the case of a negative audit result."[451] Die interne Kundenorientierung kann also nicht auf zu begrenzenden Manager beim Auftreten von Opportunismus sinnvoll angewandt werden. Dagegen kann aber in diesen Fällen der Auftraggeber der Begrenzung, also z.B. der Vorstand oder Aufsichtsrat, als Kunde angesehen werden. Betrachtet man die Aufgabe aus der Sicht der Beziehung zwischen dem Auftraggeber der Begrenzung und dem Controller, so handelt es sich wieder um eine Entlastungs- oder Ergänzungsaufgabe. Somit kann das Prinzip der internen Kundenorientierung auch hier sinnvoll zur Anwendung gebracht werden.[452]

Nachdem dargelegt wurde, dass die interne Kundenorientierung angewandt werden kann, soll darüber hinaus kurz skizziert werden, dass der Controllerbereich auch ein aktives Interesse an der Anwendung dieses Prinzips hat. Die Ressourcenabhängigkeitsperspektive hilft dabei, dies zu begründen.[453] Die Manager kontrollieren die für die Controllerbereiche wichtige Ressource der Nachfrage nach Controllingleistungen und somit auch das Budget des Controllerbereichs. Die interne Kundenorientierung

---

[450] Zusätzlich fallen unter die Ergänzungsaufgaben auch einige Aufgaben mit Kontrollcharakter, bei denen das Prinzip der internen Kundenorientierung ebenfalls angewendet werden kann. So kann der Manager z.B. Fremdkontrolle beauftragen, um mögliche Fehler in seiner Arbeit zu vermeiden ("Selbstbindung").

[451] Stauss (1995), S. 68.

[452] Da die Manager der ersten und zweiten Führungsebene die Zielgruppe der vorliegenden Untersuchung sind, kann davon ausgegangen werden, dass sie sowohl Kunden des Controllerbereichs im Rahmen von Entlastungs- und Ergänzungsaufgaben als auch Auftraggeber im Rahmen von Begrenzungsaufgaben sind.

[453] Vgl. Kapitel 2.3.1.

des Controllerbereichs stellt eine mögliche Reaktion dar, mit der Abhängigkeit vom Management umzugehen und somit die Existenz des Organisationsbereichs zu sichern.

Zusammenfassend lässt sich daher festhalten, dass das Prinzip der internen Kundenorientierung bei allen drei Controllerbereichsaufgaben (Entlastungs-, Ergänzungs- und Begrenzungsaufgaben) nicht nur angewandt werden kann, sondern der Controllerbereich auch ein aktives Interesse daran haben sollte, das Mittel der internen Kundenorientierung einzusetzen. Wie angemerkt, bedarf dabei die Definition des Kunden jedoch besonderer Sorgfalt. Während bei den ersten beiden Aufgabentypen der zu entlastende bzw. zu ergänzende Manager auch der Kunde im Sinne der internen Kundenorientierung des Controllerbereichs ist, ist bei der Begrenzungsaufgabe das Prinzip der internen Kundenorientierung auf die Beziehung zwischen dem Controllerbereich und dem Auftraggeber der Begrenzung zu beziehen. Nun kann nachfolgend das Konstrukt der internen Kundenorientierung des Controllerbereichs konzeptualisiert werden.

4.1.2 Informationsbezogene Sichtweise als Ausgangspunkt der Konzeptualisierung

Wie die Übersicht zur Literatur der Kundenorientierung gezeigt hat, lässt sich diese in vier Perspektiven unterteilen: die informationsbezogene, kulturelle, strategische und entscheidungsorientierte Perspektive.

Die vorliegende Untersuchung folgt der informationsbezogenen Sichtweise, da diese für den Controllingkontext aus zwei Gründen besonders geeignet erscheint.

Eine der Kernaufgaben des Controllerbereichs liegt, wie in Kapitel 2.1.2 beschrieben, in der Informationsversorgung des Managements. Im Bereich der Informationsversorgung des Managements hat sich die Controllingforschung bereits intensiv mit der Fragestellung der Informationsbedarfsermittlung und der Informationsbedarfsdeckung beschäftigt.[454] Somit ist ein wesentlicher Grund für die Wahl der informationsbezogenen Perspektive darin zu sehen, dass wichtige Fragestellungen der informationsbezogenen Perspektive bereits in der Controllingliteratur erörtert wurden.

Ein weiterer Grund für die Auswahl der informationsbezogenen Perspektive ist darin zu finden, dass hier die umfangreichsten theoretischen Vorarbeiten geleistet wurden. So folgen LINGS/GREENLEY (2005) in der bisher umfassendsten empirischen Untersuchung zur internen Kundenorientierung dieser Sichtweise.[455] Auch WEBER

---

[454] Vgl. Küpper (2001), S. 109 ff.; Weber (2004), S. 99 ff.; Horváth (2003), S. 357 ff.

[455] Vgl. Kapitel 2.2.2.2.1.

(1997) bezieht sich in seinen Ausführungen zur internen Kundenorientierung des Controllerbereichs auf diese Sichtweise.[456] MOSIEK (2002) kann zwar der strategischen Sichtweise zugeordnet werden, aber in der Beschreibung der Methoden zur internen Kundenorientierung des Controllerbereichs stehen auch hier wieder Techniken zur Informationsbedarfsermittlung im Vordergrund.[457]
Aus diesen Gründen bildet im Folgenden die informationsbezogene Sichtweise den Bezugspunkt zur Entwicklung des Konstrukts der internen Kundenorientierung des Controllerbereichs.

Nach der Festlegung der Perspektive auf die interne Kundenorientierung des Controllerbereichs gilt es nun, die Dimensionen des Konstrukts der internen Kundenorientierung des Controllerbereichs abzuleiten. Aufgebaut werden kann dabei auf der Konzeptualisierung der externen Marktorientierung von KOHLI/JAWORSKI (1990), die von der überwiegenden Mehrzahl der Autoren der informationsbezogenen Sichtweise verwendet wird.[458] Diese Konzeptualisierung umfasst die drei Dimensionen Informationsgenerierung, Informationsverteilung und Reaktion.[459]
Auch die umfassendste Konzeptualisierung des Konstrukts für den Controllerbereich von WEBER (1997) bezieht sich implizit auf zwei der drei Dimensionen.[460] So beschreibt er die interne Kundenorientierung des Controllerbereichs mit den Dimensionen: Erkennen und Erfüllen des Informationsbedarfs, flexible Reaktion auf Bedarfsänderungen und enge Interaktion. Diese Dimensionen weisen jedoch Überschneidungen auf, da eine enge Interaktion mit den Managern ein Element der Bedarfserkennung und eine flexible Reaktion auf den Informationsbedarf ein Element der Erfüllung des Informationsbedarfs darstellt. Somit sind bei WEBER (1997) insbesondere die beiden Dimensionen Informationsgenerierung und Reaktion zu erkennen. Informationsverteilung wird dagegen nicht angesprochen.
Ob die Informationsverteilung überhaupt eine eigenständige Dimension der Kundenorientierung ist, ist keineswegs eindeutig in der Literatur beantwortet. Selbst KOHLI/JAWORSKI/KUMAR (1993) fassen in ihrer empirischen Untersuchung in der MARKOR-Skala Reaktion und Informationsverteilung zusammen.[461] Auch

[456] Vgl. Kapitel 2.2.3.1.1.
[457] Vgl. Mosiek (2002), S. 205.
[458] Vgl. Kapitel 2.2.2.1.2.
[459] Vgl. Kohli/Jaworski (1990), S. 5; vgl. hierzu auch die ausführliche Diskussion in Kapitel 2.1.
[460] Vgl. Weber (1997), S. 10 ff.
[461] Vgl. Kohli/Jaworski/Kumar (1993), S. 474.

LINGS/GREENLEY (2001) kommen in ihrer ersten empirischen Untersuchung zur internen Marktorientierung zu dem Schluss, dass Informationsverteilung keine eigenständige Dimension darstellt.[462] Sie begründen dies insbesondere mit der relativ geringen Größe ihrer Untersuchungseinheit. Trotz dieser empirischen Befunde wird in der vorliegenden Studie auf die ursprüngliche Untergliederung des Konstrukts in die drei Dimensionen Informationsgenerierung, Informationsverteilung und Reaktion zurückgegriffen. Eine Prüfung, ob die Informationsverteilung eine eigenständige Dimension darstellt, erfolgt mittels der Überprüfung der Diskriminanzvalidität zwischen den Faktoren im Rahmen der empirischen Validierung des Messmodells.

[462] Vgl. Lings/Greenley (2001), S. 18.

4.2 Modellierung der Dimensionen

Nachfolgend werden die drei Dimensionen für den Controllingkontext näher beschrieben und anschließend operationalisiert.

4.2.1 Informationsgenerierung

4.2.1.1 Grundlagen

In Anlehnung an KOHLI/JAWORSKI (1990) kann Informationsgenerierung auf die Erhebung und Bewertung von derzeitigen und zukünftigen Informationsbedürfnissen der Kunden des Controllerbereichs bezogen werden.[463] Bei der Ermittlung des Informationsbedarfs der Kunden des Controllerbereichs stellen sich zwei Herausforderungen:[464]

1. Wer sind die Kunden des Controllerbereichs?
2. Wie kann der Informationsbedarf der Kunden ermittelt werden?

Bei den *Kunden des Controllerbereichs* kann zwischen unternehmensinternen und unternehmensexternen Kunden unterschieden werden.[465]
Die *unternehmensinternen Kunden* lassen sich in Kunden aus Linien- und Supportfunktionen unterteilen. Im Bereich der Linienmanager können alle Hierarchieebenen sowie alle Funktionsbereiche potenzielle Controllingkunden darstellen. Aber auch die Supportfunktionen können Kunden des Controllerbereichs sein. Als Beispiele können das externe Rechnungswesen oder die interne Revision genannt werden. So wirken Controller beispielsweise als Zulieferer bei Niederstwerttests für das externe Rechnungswesen.
Bei den *externen Kunden* können unter anderem Analysten oder die Presse als Abnehmer von Controllingleistungen angeführt werden, auch wenn der Controllerbereich dabei zumeist keine unmittelbare Lieferantenrolle übernimmt, sondern nur mittelbar tätig wird.
Der potenzielle Kundenkreis des Controllerbereichs ist somit sehr groß. Da dieser Kundenkreis für eine empirische Analyse des Konstrukts zu weit ist, fokussiert diese

[463] Vgl. Kohli/Jaworski (1990), S. 4.
[464] Vgl. Weber/Paefgen/Spillecke (2004), S. 20.
[465] Vgl. für die folgenden Ausführungen Mosiek (2002), S. 151 ff.; Weber/Paefgen/Spillecke (2004), S. 21.

Untersuchung auf die "Kernkunden" des Controllerbereichs – die Unternehmensführung. Wie in Kapitel 2.1.1 beschrieben, wird Controlling als Rationalitätssicherung der Führung definiert. Somit kann bereits aus der Definition der Kern der Controllerbereichskunden, nämlich die Unternehmensführung, abgeleitet werden. Die empirische Analyse beschränkt sich daher nachfolgend auf die Analyse der internen Kundenorientierung des Controllerbereichs im Hinblick auf das Management eines Unternehmens.

Die zweite Herausforderung besteht in der Analyse des Informationsbedarfs der Manager. Das Erkennen des Informationsbedarfs der Manager und die Deckung desselben kann als eine der Kernaufgaben des Controllerbereichs angesehen werden.[466] Hierbei gilt es zwischen dem objektiven Informationsbedarf, dem subjektiven Informationsbedarf und der Informationsnachfrage[467] der Manager zu unterscheiden.[468] In Anlehnung an KÜPPER (2001) beschreibt der *objektive Informationsbedarf* den tatsächlichen Bedarf an Informationen: "Der Informationsbedarf umfasst alle Informationen, die zur Erfüllung von Aufgaben in der Unternehmung benötigt werden."[469] Der *subjektive Informationsbedarf* beschreibt dagegen den vom Manager empfundenen Informationsbedarf. Die *Informationsnachfrage* wiederum ist der Teil des subjektiven Informationsbedarfs, der vom Manager artikuliert wird. Sowohl der subjektive Informationsbedarf als auch die Informationsnachfrage müssen sich keineswegs mit dem objektiven Informationsbedarf decken. Im Gegenteil, dieser Extremfall dürfte in der Realität nur sehr selten auftreten.[470]

Es stellt sich somit die Frage, auf welche Dimension des Informationsbedarfs sich das Konstrukt der Informationsgenerierung beziehen sollte. Dieses Problem besteht in der externen Kundenorientierung nicht, da es dort keinen objektiven Bedarf des Kunden gibt, sondern lediglich der subjektive Bedarf ermittelt und erfüllt werden muss.

WEBER/SCHÄFFER (2000) stellen in ihren Ausführungen die Informationsnachfrage in den Mittelpunkt: "[...] darf es nicht bei eigenen Bedarfsvermutungen der Controller bleiben; erforderlich sind vielmehr 'Kunden-Lieferanten-Gespräche' [...]".[471] AUST (1999) bleibt bei seiner Definition unspezifisch und beschreibt nicht, auf welchen Informationsbedarf er sich bezieht. So beschreibt er interne Kundenorientierung ledig-

466 Vgl. Weber (2004), S. 105.
467 Auch als geäußerter Informationsbedarf bezeichnet.
468 Vgl. Küpper (2001), S. 141; Horváth (2003), S. 363; Weber (2004), S. 118 ff.
469 Küpper (2001), S. 138.
470 Vgl. Weber (2004), S. 118.
471 Weber/Schäffer (2000), S. 230.

lich als "[...] eine konsequente Orientierung an den Informationsbedürfnissen des Managements [...]".[472] Auch die übrigen Arbeiten zur internen Kundenorientierung des Controllerbereichs geben diesbezüglich keinen weiteren Aufschluss.
In dieser Arbeit sollen sich die in der Phase der Informationsgenerierung ermittelten Informationen eng auf den subjektiven Informationsbedarf beziehen. Dieser Sicht wird vor allem gefolgt, da im Kern der Definitionen zur externen Kundenorientierung die Ausrichtung auf den Kunden und seine Wünsche und [subjektiven] Bedürfnisse steht. Eine Erfassung des objektiven Informationsbedarfs würde weit über den Begriff der internen Kundenorientierung hinausgehen, da hierbei die Wünsche und Bedürfnisse des Managers de facto irrelevant sind und nur der auf Grund der Aufgabe erforderliche objektive Informationsbedarf ermittelt wird. Eine Fokussierung auf die reine Informationsnachfrage greift dagegen zu kurz, da auch Bedürfnisse, die der Kunde empfindet, aber nicht artikulieren kann, ermittelt werden sollten.

Nach der Begründung der Fokussierung auf den subjektiven Informationsbedarf stellt sich nun die Frage, wie der subjektive Informationsbedarf erfasst werden kann.[473] Zur Ermittlung des subjektiven Informationsbedarfs lassen sich die induktive und die deduktive Vorgehensweise unterscheiden.[474]

Bei der *induktiven Vorgehensweise* stehen die Dokumentenanalyse[475], die datentechnische Analyse[476], die Organisationsanalyse[477] sowie die Befragung und Beobachtung der Informationsverwender als mögliche Techniken zur Verfügung. Da die ersten drei Methoden auf einer Analyse der bestehenden Daten bzw. Dokumente beruhen, erfas-

---

472 Aust (1999), S. 5.

473 Küpper (2001), S. 142 nennt die "Verwendbarkeit von Informationen" als allgemeine Bestimmungsgröße des Informationsbedarfs. Die Verwendbarkeit von Informationen ist nach Küpper (2001) abhängig von der Aufgaben- und Kompetenzverteilung, dem Methodeneinsatz, der Handlungsrhythmik, der Verhaltenseigenschaften der Handlungsträger sowie den externen Bedingungen.

474 Vgl. Küpper (2001), S. 144 ff.; Horváth (2003), S. 365.

475 Bei der Dokumentenanalyse werden die Dokumente untersucht, die dem Entscheider bei seiner Entscheidung zur Verfügung stehen. So wird versucht, Rückschlüsse auf den Informationsbedarf zu ziehen.

476 Bei der datentechnischen Analyse werden die erfassten Daten sowie die Informationsströme ausgewertet.

477 Bei der Organisationsanalyse werden die Aufgaben- und Tätigkeitsstrukturen untersucht. Somit wird nur eine Bestimmungsgröße des Informationsbedarfs analysiert. Eine Ermittlung des subjektiven Informationsbedarfs ist damit nicht möglich.

sen sie im Kern nur das Informationsangebot. Sie sind daher zur Ermittlung des subjektiven Informationsbedarfs nicht geeignet.

Zur Ermittlung des von den Kunden subjektiv empfundenen Informationsbedarfs bietet sich vor allem die *Befragung* der Informationsverwender an. Nach KÜPPER (2001) besteht zum einen die Möglichkeit qualitativer Interviews, um mit Managern im Detail ihren Informationsbedarf und ihre Änderungswünsche zu analysieren.[478] Bei Großunternehmen kann darüber hinaus mittels eines strukturierten Fragebogens ein breites Meinungsbild der Manager eingeholt werden.[479] WEBER (2004) nennt zusätzlich zur direkten Befragung auch die *Beobachtung*.[480] So kann bei der Beobachtung von dem Verhalten der Manager auf den Informationsbedarf geschlossen werden: "Kommen z.B. Nachfragen nach Details eines Monatsberichts stets kurz nach dessen Versendung, ist von einer intensiven Nutzung dieser Ergebnisinformationen auszugehen."[481] Voraussetzung für die Beobachtung ist jedoch ein intensiver Kontakt zu den Managern. Nur wenn ein intensiver Kontakt zwischen Manager und Controller besteht, hat der Controller die Möglichkeit, das Verhalten und die Reaktion auf die Controllingleistungen zu beobachten.

Neben der eigentlichen Informationsnachfrage ist es für den Controller auch wichtig, die Fähigkeiten und Einstellungen der Manager zu ermitteln, die eine wichtige Bestimmungsgröße für den subjektiven Informationsbedarf der Manager darstellen. Zu den Fähigkeiten zählen nach WEBER (2004) unter anderem die fachliche Ausbildung und die Erfahrung mit Informationen.[482] Bei den Einstellungen unterscheidet WEBER (2004) beispielhaft zwischen eher zahlenorientierten und zahlenaversen Managern.[483] Bei den Letzteren gilt es insbesondere, Inhalt und Bedeutung von Zahlen aufzuzeigen. Bei den Ersteren gilt es zu beachten, dass sie die "richtigen" Zahlen analysieren und auch qualitative Informationen nicht ausgeblendet werden. Neben der Untergliederung in Befragung und Beobachtung lassen sich die Techniken zur Erhebung des subjektiven Informationsbedarfs analog zu KOHLI/JAWORSKI (1990) in formelle und informelle Methoden gliedern: "Intelligence may be generated through a variety of formal as well as informal means (e.g., informal discussions with trade partners)[...]".[484] Als formelle Methoden können sowohl die Bedarfsermittlung über schriftliche Frage-

---

478 Vgl. Küpper (2001), S. 146 f.
479 Vgl. Küpper (2001), S. 146 f.
480 Vgl. Weber (2004), S. 118.
481 Weber (2004), S. 118.
482 Vgl. Weber (2004), S. 120.
483 Vgl. Weber (2004), S. 121.
484 Kohli/Jaworski (1990), S. 4; vgl. auch Diamantopoulos/Hart (1993), S. 96.

bögen wie auch über qualitative Interviews in Tiefengesprächen oder Fokusgruppen genannt werden. Aber auch bei informellen Treffen, z.B. bei einem Flurgespräch oder auch durch Beobachtung z.B. während einer Präsentation, können wichtige Informationen über den subjektiven Informationsbedarf gewonnen werden.

Im Fokus *deduktiver Bedarfsanalysen* steht die Ableitung des Informationsbedarfs aus den zu bewältigenden Aufgabenstellungen sowie dem Handlungskontext. Deduktive Bedarfsanalysen zielen demnach vor allem auf die Ermittlung eines objektiven Informationsbedarfs und erlauben somit lediglich indirekt Rückschlüsse auf den subjektiven Informationsbedarf der Kunden. So kann der Controller z.B. aus dem Aufgabenbereich und den Zielen des Managers einen "objektiven Informationsbedarf" ableiten. Zusammenfassend ist festzuhalten, dass vor allem die Techniken der Beobachtung und Befragung für die Ermittlung des subjektiven Informationsbedarfs geeignet sind. Zur Strukturierung der Verfahren zur subjektiven Bedarfsermittlung soll eine Unterscheidung in formelle und informelle Verfahren getroffen werden.[485] Somit kann Informationsgenerierung als die Erhebung des derzeitigen und zukünftigen subjektiven Informationsbedarfs des Managements mittels formeller und informeller Techniken der Informationsbedarfsermittlung definiert werden.

4.2.1.2 Operationalisierung und empirische Validierung

Die formelle Informationsgenerierung umfasst die Wege und Methoden der Erkenntnisgewinnung über den Informationsbedarf der Manager, die die Controller in ihrer Funktion und Tätigkeit als Mitarbeiter des Controllerbereichs anwenden und die offiziellen bzw. formellen Charakter haben. Beispiele formeller Methoden der Informationsgenerierung sind z.B. schriftliche Befragungen oder qualitative Tiefeninterviews. Die Operationalisierung des Faktors formelle Informationsgenerierung lehnt sich an die Skalen von JAWORSKI/KOHLI (1993) sowie LINGS/GREENLEY (2001, 2005) an, die ihrerseits wiederum auf der Operationalisierung von JAWORSKI/KOHLI

[485] Abweichend von Lings/Greenley (2005), S. 292 soll eine weitere Unterteilung in verbale und schriftliche formelle Informationsgenerierung nicht vorgenommen werden, weil sich Informationsgenerierung in der vorliegenden Untersuchung nur auf den engen Personenkreis der Manager und nicht auf alle Mitarbeiter bezieht. Somit ist die Abwägung zwischen Breite (schriftlich) und Tiefe (verbal) der formellen Informationsgenerierung hier nicht in dem Maße gegeben wie bei der Kundenorientierung des Personalbereichs.

(1993) aufbauen.[486] Die verwendeten Items umfassen dabei Punkte wie die Durchführung einer Befragung zur Kundenzufriedenheit mit den angebotenen Leistungen, zur Qualitätseinschätzung der Leistungen sowie eine proaktive Befragung nach Verbesserungsvorschlägen. Eine Übersicht der Items der formellen Informationsgenerierung ist Tabelle 8 zu entnehmen. Die Messung des Konstrukts erfolgt reflektiv. Bei der Gütebeurteilung des Messmodells wurden zwei Indikatoren eliminiert. Die verbleibenden vier Indikatoren führen zu sehr positiven Ergebnissen bei den untersuchten indikatorübergreifenden Gütekriterien. Auch die Gütekriterien, die die einzelnen Indikatoren betreffen, weisen gute Werte auf.

Informationen zu den einzelnen Indikatoren des Faktors "**Formelle Informationsgenerierung**"			
Bezeichnung des Indikators	Item-to-Total-Korrelation	Indikator-reliabilität	t-Wert der Faktorladung
Unsere Controller erkennen Veränderungen im Informationsbedarf der Manager sehr schnell.	0,72	0,62	-
Unsere Controller treffen sich regelmäßig mit dem Management, um herauszufinden, welche Controllingleistungen in Zukunft benötigt werden.	0,68	0,54	15,10
Unsere Controller versuchen, aktiv die Informationsbedürfnisse des Managements zu verstehen.	0,75	0,70	17,23
Unsere Controller erheben regelmäßig die Zufriedenheit der Manager mit ihren Leistungen.	Eliminiert		
Unsere Controller treten häufig direkt mit dem Management in Kontakt, um zu verstehen, wie die Zufriedenheit mit dem Controlling weiter gesteigert werden kann.	0,74	0,66	16,78
Unsere Controller befragen die Manager regelmäßig, um die Qualität ihrer Arbeit einschätzen zu können.	Eliminiert		

Informationen zum Faktor "**Formelle Informationsgenerierung**"			
Cronbachsches Alpha:	0,87	Erklärte Varianz:	0,63
Chi-Quadrat-Wert (Freiheitsgrade):	4,19 (2)	p-Wert:	0,15
GFI:	0,99	AGFI:	0,95
CFI:	0,99	RMSEA:	0,08
Faktorreliabilität:	0,87	Durchschnittlich erfasste Varianz:	0,63

Tabelle 8: Informationen zum Konstrukt "Formelle Informationsgenerierung"

Die informelle Informationsgenerierung umfasst dabei die Wege und Methoden der Erkenntnisgewinnung über den Informationsbedarf des Managements, die die Controller außerhalb ihrer eigentlichen Controllertätigkeit über informelle Informationskanäle erhalten. Beispiele informeller Informationsgenerierung sind Flurgespräche oder per-

486 Vgl. Jaworski/Kohli (1993), S. 66; Lings/Greenley (2001), S. 28 f.; Lings/Greenley (2005), S. 296.

sönliche Treffen nach Feierabend. Die Operationalisierung der Items baut wiederum auf den Skalen von JAWORSKI/KOHLI (1993) sowie LINGS/GREENLEY (2001, 2005) auf.[487] Die fünf Items beschreiben das Konstrukt reflektiv. Sie können der Tabelle 9 entnommen werden.

Bei der Konstruktvalidierung musste das erste Item auf Grund geringer Item-to-Total-Korrelation eliminiert werden. Die übrigen Items weisen aber sowohl sehr gute Werte bei den lokalen als auch bei den globalen Gütekriterien auf, so dass der Konstruktmessung eine sehr gute Validität und Reliabilität bescheinigt werden kann.

Informationen zu den einzelnen Indikatoren des Faktors "**Informelle Informationsgenerierung**"			
Bezeichnung des Indikators	Item-to-Total-Korrelation	Indikator-reliabilität	t-Wert der Faktorladung
Unsere Controller haben persönlich sehr engen Kontakt zu den wesentlichen Entscheidern in der Firma.	Eliminiert		
Unsere Controller sprechen auch informell regelmäßig mit den Managern, um ihre Bedürfnisse zu verstehen.	0,62	0,44	-
Unsere Controller diskutieren oftmals außerhalb der offiziellen Treffen (z.B. abends bei einem Bier/auf dem Flur) mit dem Management über aktuelle Themen.	0,78	0,72	14,53
Unsere Controller nutzen auch informelle Treffen, um die Fragestellungen des Managements besser zu verstehen (z.B. während des Mittagessens).	0,80	0,77	14,78
Unsere Controller beteiligen sich sehr aktiv an Flurgesprächen mit Managern, die sich auf aktuelle Probleme des Unternehmens beziehen.	0,76	0,68	14,18

Informationen zum Faktor "**Informelle Informationsgenerierung**"			
Cronbachsches Alpha:	0,88	Erklärte Varianz:	0,65
Chi-Quadrat-Wert (Freiheitsgrade):	0,56 (2)	p-Wert:	0,75
GFI:	0,99	AGFI:	0,99
CFI:	1,00	RMSEA:	0,00
Faktorreliabilität:	0,89	Durchschnittlich erfasste Varianz:	0,67

Tabelle 9: Informationen zum Konstrukt "Informelle Informationsgenerierung"

487 Vgl. Jaworski/Kohli (1993), S. 66; Lings/Greenley (2001), S. 28 f.; Lings/Greenley (2005), S. 296.

4.2.2 *Informationsverteilung*

4.2.2.1 *Grundlagen*

Die reine Generierung der Informationen über den Informationsbedarf der Kunden des Controllerbereichs ist in einem mehrere Mitarbeiter umfassenden Controllerbereich unzureichend. Vielmehr ist es nach dem Erhalt der Informationen entscheidend, dass diese Informationen im Controllerbereich gestreut werden. So stellen KOHLI/JAWORSKI (1990) für die externe Kundenorientierung fest, dass es wichtig ist, dass alle Akteure bzw. Abteilungen bei der Kundenorientierung eingebunden werden: "[...] it became increasingly clear that responding effectively to a market need requires the participation of virtually all departments in an organization [...]"[488].

Auch wenn sich diese Untersuchung auf die Reaktion einer Abteilung auf Kundeninformationen beschränkt und somit die Problematik der Informationsverteilung zwischen Abteilungen ausblendet, gilt es dennoch, die Informationen unter den Controllern eines Controllerbereichs zu verteilen. Denn nur eine breite Streuung des Wissens über den Informationsbedarf der Kunden kann eine gemeinsame Basis für eine koordinierte Reaktion des Controllerbereichs auf die Wünsche der Controllingkunden bilden.[489] Diese erforderliche Kommunikation zwischen Controllern soll hier als horizontale Kommunikation bezeichnet werden.[490] Bei der horizontalen Kommunikation zwischen Controllern können – analog zur Informationsgenerierung – sowohl formelle als auch informelle Techniken zur Informationsverbreitung unterschieden werden.

Als *formelle* Techniken zur Informationsverteilung sind insbesondere Newsletter, Reports und formelle Präsentationen zu nennen.[491]

Darüber hinaus dürften insbesondere bei der Kommunikation innerhalb einer Abteilung die Techniken der *informellen* Informationsverteilung eine besondere Bedeutung haben. So stellen auch KOHLI/JAWORSKI (1990) fest: "A formal intelligence dissemination procedure is obviously important, but the discussions with managers indicated that informal 'hall talk' is an extremely powerful tool for keeping employees tuned to customers and their needs."[492] Trotz der zentralen Bedeutung, die auch in

488 Kohli/Jaworski (1990), S. 5.
489 Vgl. Diamantopoulos/Hart (1993), S. 97.
490 Vgl. Kohli/Jaworski (1990), S. 6; Kohli/Jaworski/Kumar (1993), S. 468.
491 Vgl. Kohli/Jaworski (1990), S. 5; Diamantopoulos/Hart (1993), S. 96.
492 Kohli/Jaworski (1990), S. 5.

Praktikeraussagen deutlich wird, ist die informelle Informationsweiterleitung bisher theoretisch recht wenig durchdrungen.[493]

Die Bedeutung der Anwendung formeller im Vergleich zu informellen Techniken der Informationsverteilung sollte insbesondere mit der Größe des Controllerbereichs schwanken. Da jedoch die einzelnen Controllerbereiche in den meisten Unternehmen eher klein sind, dürften bei der Kommunikation zwischen den Controllern die formellen Methoden keine Rolle spielen.[494]

4.2.2.2 Operationalisierung und empirische Validierung

Die Operationalisierung des Konstrukts der Informationsverteilung konnte nicht in Anlehnung an JAWORSKI/KOHLI (1993) erfolgen,[495] da in der vorliegenden Studie die Informationsverteilung aus Sicht des Managements, also des Kunden, beurteilt wird. Daher war die Entwicklung einer neuen Messskala erforderlich. Die neu entwickelte Messskala bezieht sich auf die Auswirkungen der Informationsverteilung auf den Manager und stellt somit ein reflektives Konstrukt dar. Eine mangelnde Informationsverteilung wird für den Manager zum einen dadurch deutlich, dass die Controller oftmals die gleichen Fragen stellen oder unkoordiniert auftreten. Darüber hinaus zeigt sich die Qualität der Informationsverteilung im Controllerbereich für den Manager darin, wie schnell Controller über Änderungen und Ereignisse jeglicher Art informiert sind. Die verwendeten sechs Items sind Tabelle 10 zu entnehmen.

---

[493] Vgl. Kohli/Jaworski (1990), S. 5.

[494] Von den befragten Unternehmen haben 67% der Controllerbereiche 1 bis 5 Mitarbeiter, 20% der Controllerbereiche 5 bis 10 Mitarbeiter, 7% der Controllerbereiche 10 bis 15 Mitarbeiter und 6% der Controllerbereiche mehr als 15 Mitarbeiter. Zu ähnlichen Größenordnungen kommt auch Amshoff (1993), S. 337 in seiner Untersuchung: 70% der Controllerbereiche haben 1 bis 5 Mitarbeiter, 12% der Controllerbereiche 6 bis 10 Mitarbeiter, 6% der Controllerbereiche 10 bis 15 Mitarbeiter und 10% der Controllerbereiche mehr als 15 Mitarbeiter.

[495] Vgl. Jaworski/Kohli (1993), S. 66.

Informationen zu den einzelnen Indikatoren des Faktors "**Informationsverteilung**"			
Bezeichnung des Indikators	Item-to-Total-Korrelation	Indikator-reliabilität	t-Wert der Faktorladung
Unsere Controller stimmen sich untereinander nicht ab, daher muss man jedem Controller das Gleiche noch mal erzählen. (RC)	Eliminiert		
Der Informationsfluss zwischen den Controllern ist meines Erachtens sehr gut.	0,80	0,74	-
Wenn ein Controller etwas Wichtiges über den Bedarf des Managers in Erfahrung bringt, sind in kürzester Zeit alle Controller informiert.	0,79	0,70	21,46
Es passiert sehr selten, dass zwei Controller die gleichen Sachverhalte erfragen bzw. die gleichen Fragen stellen.	0,63	0,44	15,27
Wenn ein neuer/ungewöhnlicher Informationsbedarf im Management besteht, wissen alle Controller in kürzester Zeit darüber Bescheid.	0,74	0,62	19,43
Die Controller sind meines Erachtens untereinander sehr gut "vernetzt".	0,86	0,87	25,22

Informationen zum Faktor "**Informationsverteilung**"			
Cronbachsches Alpha:	0,91	Erklärte Varianz:	0,67
Chi-Quadrat-Wert (Freiheitsgrade):	5,93 (5)	p-Wert:	0,31
GFI:	1,00	AGFI:	0,98
CFI:	1,00	RMSEA:	0,02
Faktorreliabilität:	0,91	Durchschnittlich erfasste Varianz:	0,67

Tabelle 10: Informationen zum Konstrukt "Informationsverteilung"

Im Zuge der Konstruktvalidierung musste ein Item auf Grund geringer Item-to-Total-Korrelation eliminiert werden. Die Gütekriterien, die sich auf Basis des Messmodells mit fünf Indikatoren ergeben, lassen auf eine hohe Validität und Reliabilität der Messung schließen.

4.2.3 Reaktion des Controllerbereichs

4.2.3.1 Grundlagen

Das letzte Konstrukt der internen Kundenorientierung des Controllerbereichs beschreibt die Reaktion des Controllerbereichs auf die generierten Informationen. Nur wenn auf die gewonnenen Informationen auch entsprechend reagiert wird, kann das Ziel einer internen Kundenorientierung erreicht werden: "An organization can generate intelligence and disseminate it internally; however, unless it responds to market needs, very little is accomplished."[496]

496 Kohli/Jaworski (1990), S. 6.

Die Reaktion des Controllerbereichs kann dabei als Maßnahmenbündel definiert werden, das ergriffen wird, um auf die gewonnenen Informationen bezüglich des Informationsbedarfs der Kunden zu reagieren.[497] Für den Bereich der externen Kundenorientierung beschreiben KOHLI/JAWORSKI (1990) die Reaktion wie folgt: "[...] selecting target markets, designing and offering products/services that cater to their current and anticipated needs, and producing, distributing, and promoting the products in a way that elicits favorable end-customer response."[498]

Für den Controllerbereich beschreibt WEBER (1997) mögliche Reaktionen des Controllerbereichs entlang dreier Ebenen: Erstens muss der Controllerbereich laufend die Prämissen seiner Controllingleistungen prüfen und gegebenenfalls Controllingleistungen anpassen. Zweitens muss sich der Controllerbereich Gedanken über neue Produkte machen und drittens müssen Controller der "Systemflexibilität" mehr Aufmerksamkeit schenken. Die Beschreibung von WEBER (1997) ist aber eher beispielhaft und kann daher nicht als umfassend erachtet werden. Eine mögliche Systematisierung der Reaktionen des Controllerbereichs kann entlang der Dimensionen Input, Prozess und Output erläutert werden.

Im Bereich der Inputs ist es erforderlich, dass die Controller auf Kundenwünsche z.B. im Bereich der EDV-Systeme ("Systemflexibilität") reagieren. Des Weiteren kann es erforderlich sein, dass bei starker und kurzfristiger Änderung des Informationsbedarfs der Controllingkunden auch eine Inputflexibilität im Bereich der Arbeitszeiten bzw. Personalressourcen des Controllings notwendig wird.

Auch im Bereich des Prozesses der Erstellung der Controllingleistung können Änderungen erforderlich sein, wenn beispielsweise von den Controllingkunden ein schneller Erhalt der Informationen des Monatsberichts gewünscht wird.

Letztlich schlagen sich diese Anpassungen alle im Output in Form der Controllingleistung nieder. Auch beim Output des Controllerbereichs gilt es zu überprüfen, ob das angebotene Produktportfolio als Ganzes dem Managerbedarf entspricht und ob bzw. inwieweit einzelne Controllingprodukte den Bedarf erfüllen.[499] Da für den Kunden lediglich die gelieferte Controllingleistung (Output) sowie die Geschwindigkeit seiner Erstellung (Prozess) von entscheidender Bedeutung ist, soll in der empirischen Befragung auf diese Dimension abgestellt werden.

---

497 Jaworski/Kohli (1993), S. 66 unterscheiden in ihrer Operationalisierung noch zwischen Response Design und Response Implementation. Von dieser Untergliederung wird hier abgesehen.

498 Kohli/Jaworski (1990), S. 6.

499 Die Methoden zur Anpassung der Produkte bzw. des Produktportfolios können den Arbeiten von Mosiek (2002) und Weber/Paefgen/Spillecke (2004) entnommen werden.

4.2.3.2 Operationalisierung und empirische Validierung

Die Operationalisierung des Konstrukts erfolgt in Anlehnung an JAWORSKI/KOHLI (1993) und kann Tabelle 11 entnommen werden.[500]

Informationen zu den einzelnen Indikatoren des Faktors "**Reaktion des Controllerbereichs**"			
Bezeichnung des Indikators	Item-to-Total-Korrelation	Indikator-reliabilität	t-Wert der Faktorladung
Unsere Controller benötigen sehr lange, um auf Anfragen der Manager zu reagieren. (RC)	0,62	0,45	-
Unsere Controller tendieren dazu, Veränderungen im Informationsbedarf der Manager zu ignorieren. (RC)	0,72	0,72	14,02
Beschwerden des Managements fallen auf "taube Ohren" im Controlling. (RC)	0,69	0,64	13,58
Unser Controlling kann gute Ideen nicht in angemessener Zeit umsetzen. (RC)	0,52	0,31	9,97
Wenn die Controller merken, dass eine Unzufriedenheit mit einer Leistung besteht, reagieren sie sofort.	Eliminiert		
Änderungswünsche an Controllingleistungen (z.B. Berichte) werden vom Controlling schnellstens bearbeitet.	Eliminiert		
Unsere Controller überarbeiten regelmäßig ihre Leistungen, um sicherzustellen, dass sie die Kundenbedürfnisse erfüllen.	Eliminiert		
Unsere Controller unternehmen alles, um den Änderungswünschen der Manager gerecht zu werden.	0,62	0,45	11,75

Informationen zum Faktor "**Reaktion des Controllerbereichs**"			
Cronbachsches Alpha:	0,83	Erklärte Varianz:	0,51
Chi-Quadrat-Wert (Freiheitsgrade):	13,86 (5)	p-Wert:	0,02
GFI:	0,99	AGFI:	0,96
CFI:	0,99	RMSEA:	0,07
Faktorreliabilität:	0,82	Durchschnittlich erfasste Varianz:	0,49

Tabelle 11: Informationen zum Konstrukt "Reaktion des Controllerbereichs"

Bei der Konstruktvalidierung zeigt sich insbesondere, dass die Reversed Coded Items nicht mit den positiv kodierten Fragen korrelieren. Insbesondere verwundert dieses Ergebnis, da die Items fast wörtlich mit den Indikatoren von KOHLI/JAWORSKI (1993) übereinstimmen. Dieses Ergebnis lässt die Sorgfalt der Konstruktprüfung der genannten Autoren fragwürdig erscheinen.[501] Auf Grund der besseren globalen Gütekriterien wurde das Konstrukt im Kern mit den Reversed Coded Items gebildet. Ein Reversed Coded Item weist dabei jedoch eine geringe Indikatorreliabilität auf. Da Re-

500 Vgl. Jaworski/Kohli (1993), S. 66.

501 In der Arbeit von Jaworski/Kohli (1993), S.66 ist lediglich das Cronbachsche Alpha für das Messmodell angegeben. Eine Überprüfung der Indikatorreliabilität ist nicht dokumentiert.

versed Coded Items in der Regel geringere Indikatorreliabilitäten haben und ein Verbleib des Indikators aus Gründen der Inhaltsvalidität wünschenswert ist, wurde von einer Eliminierung des Indikators abgesehen. Die globalen Gütekriterien bescheinigen der Messung insgesamt eine hohe Validität und Reliabilität. Lediglich die durchschnittlich erfasste Varianz liegt knapp unterhalb des Anspruchsniveaus.

4.3 Untersuchung des Gesamtmodells

Nachdem in den vorherigen Abschnitten die einzelnen Komponenten der internen Kundenorientierung des Controllerbereichs untersucht worden sind, soll nun die Beurteilung des gesamten Messinstruments der internen Kundenorientierung des Controllerbereichs vorgenommen werden. Darüber hinaus werden die Faktoren zu einem Index der internen Kundenorientierung des Controllerbereichs zusammengeführt.

4.3.1 Gütebeurteilung des Gesamtmodells

Zunächst gilt es bei der Gütebeurteilung des Gesamtmodells, die Diskriminanzvalidität der Faktoren zu prüfen. Hierbei wird auf das Fornell/Larcker-Kriterium zurückgegriffen, welches fordert, dass die quadrierten Korrelationen eines Faktorenpaares jeweils unterhalb der durchschnittlich erfassten Varianzen der entsprechenden Faktoren liegen. Aus Tabelle 12 kann entnommen werden, dass im vorliegenden Fall das Fornell/Larcker-Kriterium erfüllt wird. Somit kann von der Diskriminanzvalidität des Konstruktverbundes ausgegangen werden.

	Faktor	Faktor 1	Faktor 2	Faktor 3	Faktor 4
	DEV	0,63	0,67	0,67	0,49
Faktor 1: Formelle Informationsgenerierung	0,63	-			
Faktor 2: Informelle Informationsgenerierung	0,67	0,31	-		
Faktor 3: Informationsverteilung	0,67	0,20	0,07	-	
Faktor 4: Reaktion des Controllerbereichs	0,49	0,40	0,07	0,24	-

Tabelle 12: Beurteilung der Diskriminanzvalidität der Faktoren der internen Kundenorientierung des Controllerbereichs

Im nachfolgenden Schritt soll nun der Index der internen Kundenorientierung des Controllerbereichs gebildet werden. Hierbei ist anzumerken, dass in der Literatur das Gesamtkonstrukt der Marktorientierung nach KOHLI/JAWORKSKI (1990) bisher immer als ein reflektives Konstrukt untersucht wurde.[502] Diesem Vorgehen wird in dieser Arbeit jedoch nicht gefolgt. JARVIS/MACKENZIE/PODSAKOFF (2003) führen das Konstrukt der Marktorientierung nach KOHLI/JAWORSKI/KUMAR (1993) explizit als ein Beispiel für ein bisher in der Literatur fehlspezifiziertes Konstrukt

[502] Vgl. Kohli/Jaworski/Kumar (1993), S. 473 ff.; Lings/Greenley (2001), S. 28 f.

auf.[503] Bei dem vorliegenden Messmodell der internen Kundenorientierung des Controllerbereichs handelt es sich um ein so genanntes "reflective first-order, formative second-order construct."[504] D.h., die Faktoren sind auf der ersten Ebene reflektiv gebildet worden, aber auf der zweiten Ebene handelt es sich um ein formatives Konstrukt. Der Index der internen Kundenorientierung des Controllerbereichs wird dabei durch ein Multiple-Indicators-and-Multiple-Causes-Modell (MIMIC-Modell) gebildet (vgl. Abbildung 4).[505]

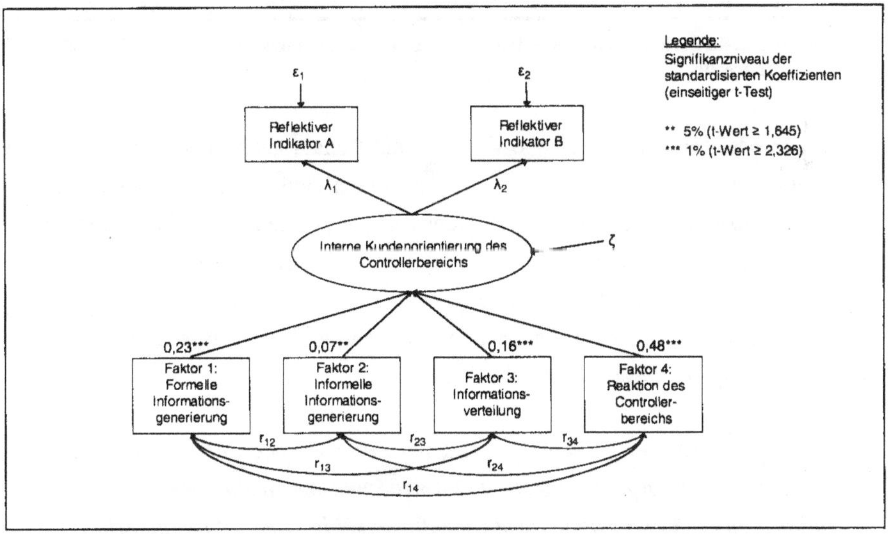

Abbildung 4: MIMIC-Modell interne Kundenorientierung des Controllerbereichs

Im MIMIC-Modell wird das Konstrukt der internen Kundenorientierung des Controllerbereichs sowohl durch formative als auch durch reflektive Indikatoren gemessen.[506] Wenn die Gütekriterien des Messmodells zufrieden stellend sind, so kann dies als Stützung der Hypothese gewertet werden, dass die Faktoren das Konstrukt der

[503] Vgl. Jarvis/Mackenzie/Podsakoff (2003), S. 208.
[504] Vgl. Jarvis/Mackenzie/Podsakoff (2003), S. 205.
[505] Vgl. Bohrnstedt (1977), S. 656 ff.; Diamantopoulos/Winklhofer (2001), S. 272 f.; Jarvis/Mackenzie/Podsakoff (2003), S. 214; Schlegelmilch/Diamantopoulos/Kreuz (2003), S. 126 f.; Götz/Liehr-Gobbers (2004a), S. 22; Herrmann/Huber/Kressmann (2004), S. 18.
[506] Die reflektiven Indikatoren können Tabelle 14 entnommen werden.

internen Kundenorientierung formativ bilden. Die Schätzung des MIMIC-Modells erfolgt mit einem kovarianzbasierten Kausalanalyseverfahren.[507]

Für das Vierfaktorenmodell der internen Kundenorientierung des Controllerbereichs ergeben sich sehr gute Werte der untersuchten Gütekriterien (vgl. Tabelle 13).

Alternative	X^2/df	RMSEA	GFI	AGFI	CFI
Vierfaktoren-modell	1,40	1,00	0,98	1,00	1,00

Tabelle 13: Gütekriterien des Messmodells der internen Kundenorientierung des Controller-bereichs

Somit kann der Messung eine hohe Validität und Reliabilität bescheinigt werden. Die Faktorgewichte, die der Abbildung 4 zu entnehmen sind, geben die Bedeutung des jeweiligen Faktors bei der Bildung des Konstrukts an. Es zeigt sich, dass insbesondere die Reaktion des Controllerbereichs das höchste Gewicht bei der Bildung des Konstrukts der internen Kundenorientierung des Controllerbereichs aufweist. Dagegen zeigt sich, dass die informelle Informationsgenerierung nur einen sehr geringen Beitrag zur Bildung des Gesamtkonstrukts leistet.

Abschließend kann nun die interne Kundenorientierung des Controllerbereichs definiert werden als *die organisationsweite formelle und informelle Generierung von Informationen über die derzeitigen und zukünftigen subjektiven Informationsbedürfnisse des Managements, die Verteilung dieser Informationen innerhalb des Controllerbereichs sowie die Reaktion des Controllerbereichs auf die Bedürfnisse des Managements und deren Veränderungen.*

4.3.2 Beurteilung der Inhaltsvalidität

Inhaltsvalidität bezeichnet den Grad, in dem die Variablen eines Messmodells dem semantischen Bereich des zu messenden Konstrukts angehören und alle seine Bedeutungsinhalte abdecken.[508] Zur quantitativen Überprüfung der Inhaltsvalidität des entwickelten Messmodells wird der Faktor "Direkte Messung der internen Kundenorien-

---

[507] Die PLS-Software befindet sich noch in einer Beta-Phase und erlaubt noch nicht die simultane Schätzung einer latenten Variable mit formativen und reflektiven Indikatoren.

[508] Vgl. Carmines/Zeller (1979), S. 20 ff.; Churchill (1999), S. 454 f.

tierung des Controllerbereichs" verwendet. Dieser Faktor besteht aus zwei Items, die direkt den Grad der internen Kundenorientierung des Controllerbereichs erfragen (vgl. Tabelle 14). Der Anteil der Varianz, den das entwickelte Messmodell an dem direkt gemessenen Faktor erklären kann, gibt Rückschlüsse auf die Inhaltsvalidität. Ein hoher Varianzerklärungsanteil lässt auf eine hohe Inhaltsvalidität schließen. Wenn jedoch nur ein geringer Teil der Varianz erklärt werden kann, so liegt die Hypothese nahe, dass wesentliche Teile des Konstrukts in dem Messmodell nicht abgebildet worden sind. Die Untersuchung des Varianzerklärungsgrades erfolgt über ein Strukturmodell, in dem der Faktor "Direkte Messung der internen Kundenorientierung des Controllerbereichs" die endogene latente Variable und der mit vier Faktoren gebildete Index der internen Kundenorientierung des Controllerbereichs die exogene latente Variable darstellen.

Informationen zu den einzelnen Indikatoren des Faktors "**Direkte Messung der internen Kundenorientierung des Controllerbereichs**"			
Bezeichnung des Indikators	Item-to-Total-Korrelation	Indikatorreliabilität	t-Wert der Faktorladung
Unser Controlling richtet sich sehr stark nach seinem internen Kunden, dem Management, aus.	0,90	-*	-*
Die interne Kundenorientierung (Ausrichtung am Management) des Controllings ist sehr hoch.	0,90	-*	-*

Informationen zum Faktor "**Direkte Messung der internen Kundenorientierung des Controllerbereichs**"			
Cronbachsches Alpha:	0,95	Erklärte Varianz:	0,90
Chi-Quadrat-Wert (Freiheitsgrade):	-*	p-Wert:	-*
GFI:	-*	AGFI:	-*
CFI:	-*	RMSEA:	-*
Faktorreliabilität:	-*	Durchschnittlich erfasste Varianz:	-*

* Zur Durchführung einer konfirmatorischen Faktorenanalyse ist eine Mindestzahl von drei Indikatoren notwendig. Eine Berechnung dieser Maße ist daher nicht möglich.

Tabelle 14: Informationen zum Konstrukt "Direkte Messung der internen Kundenorientierung des Controllerbereichs"

Die Prüfung der Inhaltsvalidität erfolgt mit einem Pfadmodell in PLS. Der Pfadkoeffizient zwischen dem Index der internen Kundenorientierung des Controllerbereichs und der direkten Messung der internen Kundenorientierung des Controllerbereichs beträgt 0,64 und weist einen t-Wert von 22,62 auf. Das beschriebene Kausalmodell hat ein R^2 von 40,4 Prozent. Als Referenzmaß zum Vergleich können z.B. die für die SERVQUAL-Skala erzielten Werte herangezogen werden. Hier liegen die Werte der erklärten Varianz im Durchschnitt bei 36 Prozent.[509]

[509] Vgl. Parasuraman/Zeithaml/Berry (1988), S. 34.

Dieses Ergebnis kann somit als zufrieden stellend gewertet werden. Es liegt der Schluss nahe, dass das entwickelte Messmodell alle wesentlichen Elemente des Konstrukts der internen Kundenorientierung des Controllerbereichs abdeckt.

4.4 Status quo der internen Kundenorientierung des Controllerbereichs

Der folgende Abschnitt soll Aufschluss über den Status quo der internen Kundenorientierung des Controllerbereichs in deutschen Unternehmen geben. Hierzu werden anhand deskriptiver Statistiken die Bewertungen der vier Komponenten der internen Kundenorientierung des Controllerbereichs aufgezeigt. Darüber hinaus werden auch Unterschiede der internen Kundenorientierung des Controllerbereichs hinsichtlich der Branchen sowie der Unternehmensgröße dargelegt. Auch Wahrnehmungsunterschiede der bewertenden Personengruppen in Bezug auf ihre Funktion und ihre hierarchische Position sollen beleuchtet werden. Zur besseren Veranschaulichung der Ergebnisse werden im Folgenden die 5er-Ratingskalen in einen Index von 0 bis 100 transformiert, wobei 100 die maximale Ausprägung[510] und 0 die minimale Ausprägung beschreibt.

4.4.1 Generelle Ergebnisse

Insgesamt lässt die Bewertung auf einen hohen Grad der internen Kundenorientierung des Controllerbereichs schließen (vgl. Abbildung 5).

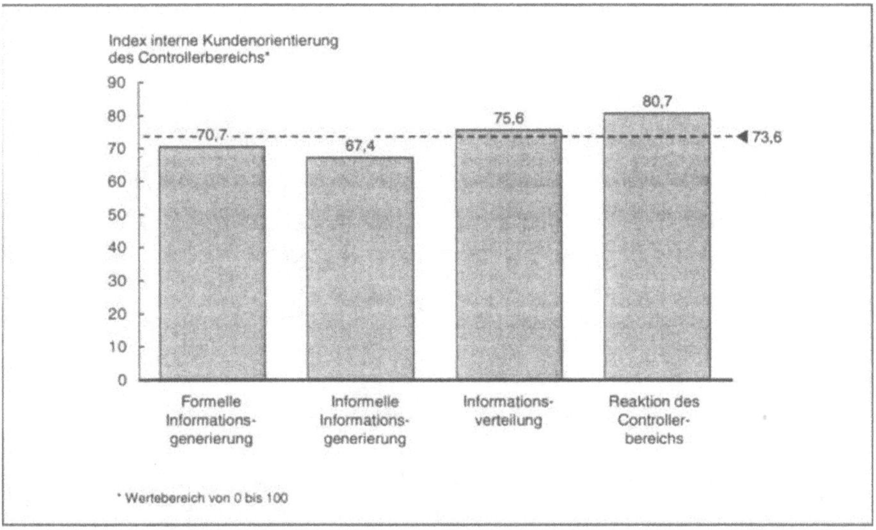

Abbildung 5: Bestandsaufnahme interne Kundenorientierung des Controllerbereichs

[510] Im Fragebogen mit der Zahl 5 kodiert.

Der durchschnittliche Indexwert beläuft sich auf 73,6 und liegt somit im oberen Drittel der Skala. Insbesondere die Reaktion des Controllerbereichs wird als gut eingeschätzt. Der Indexwert der Reaktion des Controllerbereichs beträgt 80,7. Die größten Defizite befinden sich im Bereich der Informationsgenerierung. So weist die formelle Informationsgenerierung einen Wert von 70,2 und die informelle Informationsgenerierung einen Wert von 67,4 auf. Bei den Ergebnissen ist auch die hohe Varianz innerhalb der einzelnen Komponenten der internen Kundenorientierung des Controllerbereichs zu erwähnen. Der durchschnittliche Variationskoeffizient über die drei Komponenten beläuft sich auf 25 Prozent.[511] Somit existiert eine sehr hohe Varianz in der Beurteilung der Controllerbereiche.

4.4.2 Branchenbezogene Ergebnisse

Neben den Unterschieden zwischen den vier Komponenten der internen Kundenorientierung des Controllerbereichs ist es interessant, die Unterschiede der vier Komponenten zwischen den Branchen zu analysieren

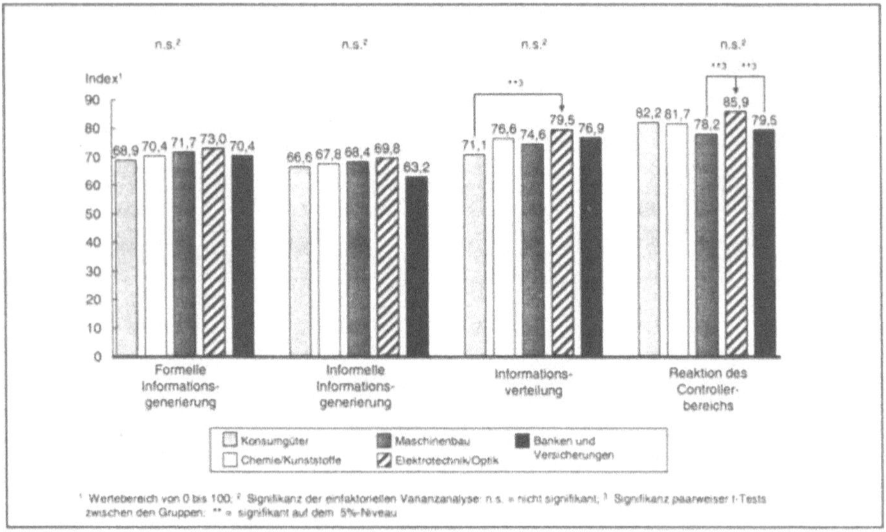

Abbildung 6: Branchenunterschiede bezüglich der Komponenten der internen Kundenorientierung des Controllerbereichs

511 Der Variationskoeffizient ist definiert als das Verhältnis der Standardabweichung zum Mittelwert.

In Abbildung 6 sind die Einschätzungen der Komponenten der internen Kundenorientierung des Controllerbereichs nach fünf Branchen dargestellt.
Signifikante Unterschiede zwischen den Branchen sind besonders hervorgehoben. Da die Unterschiede jedoch nur in seltenen Fällen signifikant sind, werden nachfolgend lediglich Tendenzen zwischen den Branchen erläutert.Die deutsche *Konsumgüterindustrie* kann im Branchenvergleich durch

- einen sehr geringen Grad an formeller und informeller Informationsgenerierung,
- den geringsten Grad der Informationsverteilung und
- einen sehr hohen Grad der Reaktion des Controllerbereichs

beschrieben werden. Eine mögliche Erklärung für den geringen Grad der Informationsgenerierung und -verteilung könnte in dem sehr stabilen Marktumfeld der Konsumgüterindustrie liegen, welches lediglich eine geringe Änderung des subjektiven Informationsbedarfs der Manager zur Folge haben dürfte.

Die *chemische Industrie* kennzeichnet sich im Branchenvergleich durch

- ein durchschnittliches Niveau an formeller und informeller Informationsgenerierung,
- einen hohen Grad der Informationsverteilung und
- einen hohen Grad der Reaktion des Controllerbereichs.

Eine mögliche Erklärung für das hohe Niveau in der Informationsverteilung und in der Reaktion des Controllerbereichs könnte in der hohen Unsicherheit der Umwelt liegen, die eine schnelle Reaktion des Controllerbereichs erforderlich machen dürfte.

Die Controllerbereiche im *Maschinenbau* zeichnen sich aus durch

- einen hohen Grad der formellen Informationsgenerierung,
- ein durchschnittliches Niveau der Informationsverteilung und
- einen sehr niedrigen Grad der Reaktion des Controllerbereichs.

Der niedrige Indexwert im Bereich der Reaktion des Controllerbereichs im Maschinenbau ist dabei bemerkenswert, da diese Komponente das höchste Faktorgewicht bei der Bildung der latenten Variable der internen Kundenorientierung des Controllerbereichs aufweist. Der Unterschied hierbei zwischen den Controllerbereichen im Maschinenbau und der Elektrotechnik ist signifikant auf dem 5%-Niveau.

Die Controllerbereiche in der *Elektrotechnik* sind gekennzeichnet durch

- den höchsten Grad der formellen und informellen Informationsgenerierung,
- den höchsten Grad der Informationsverteilung und
- den höchsten Grad der Reaktion des Controllerbereichs.

Die Controllerbereiche der Elektrotechnik sind tendenziell die kundenorientiertesten Controllerbereiche im Branchenvergleich. Eine mögliche Erklärung hierfür könnte in der hohen Dynamik der Branche und der sich daraus ergebenden Notwendigkeit einer hohen internen Kundenorientierung des Controllerbereichs liegen.

Die Controllerbereiche in *Banken und Versicherungen* sind charakterisiert durch

- einen durchschnittlichen Grad der formellen Informationsgenerierung,
- den niedrigsten Grad der informellen Informationsgenerierung,
- einen hohen Grad der Informationsverteilung und
- einen geringen Grad der Reaktion des Controllerbereichs.

Insbesondere der geringe Grad der Reaktion des Controllerbereichs im Bereich Banken und Versicherung ist erwähnenswert. Ein möglicher Erklärungsansatz hierfür könnte in dem branchenspezifischen Aufgabengebiet liegen, das sich durch einen hohen Anteil an Risikocontrollingaufgaben auszeichnet. Dieses sehr komplexe Aufgabenfeld könnte eine schnelle Anpassung des Controllerbereichs an die Kundenwünsche erschweren.

4.4.3 Unternehmensgrößenbezogene Ergebnisse

Die nächste Betrachtung behandelt die unternehmensgrößenbezogenen Unterschiede, die Abbildung 7 entnommen werden können. Signifikante Unterschiede sind wiederum explizit angegeben.

Es zeigt sich im Bereich der *formellen und informellen Informationsgenerierung* eine gewisse Korrelation zwischen der Unternehmensgröße und dem Grad der Informationsgenerierung. Es besteht somit die Tendenz, dass der Grad der formellen und informellen Informationsgenerierung umso höher ist, je größer die Unternehmung ist. Der Unterschied zwischen den Unternehmen mit 200 bis 499 Beschäftigten und den Unternehmen mit mehr als 1.500 Beschäftigten ist dabei auf dem 5%-Niveau signifikant.

Im Bereich der *Informationsverteilung* liegen die ersten drei Größenklassen ungefähr auf demselben Niveau. Lediglich die Unternehmen mit mehr als 1.500 Beschäftigten weisen einen deutlich geringeren Grad der Informationsverteilung innerhalb des Controllerbereichs auf. Dies liegt zum einen daran, dass größere Unternehmen auch tendenziell größere Controllerbereiche haben. Zum anderen wirkt erschwerend, dass in Großunternehmen die Abstimmung zwischen zentralen und dezentralen Controllerbereich hinzukommt.

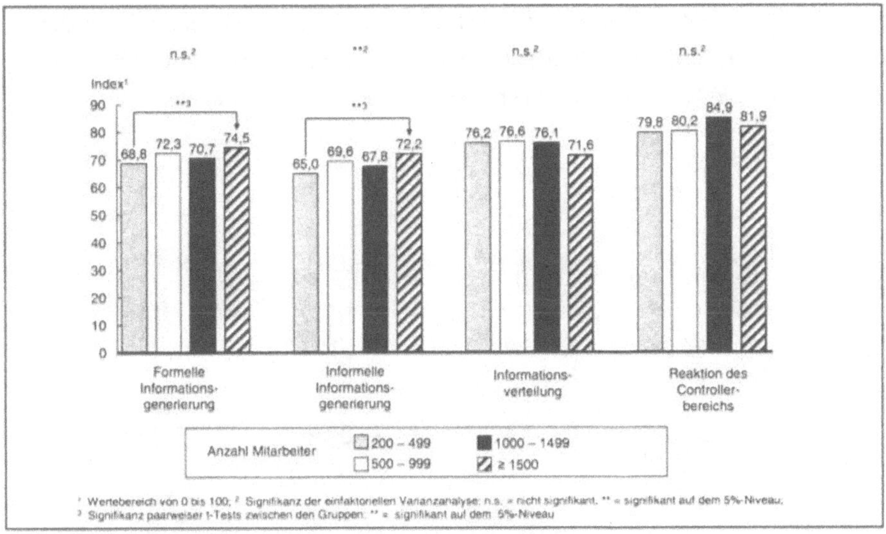

Abbildung 7: Unternehmensgrößenbezogene Unterschiede bezüglich der internen Kundenorientierung des Controllerbereichs

Im Bereich der *Reaktion des Controllerbereichs* ergibt sich ein recht ausgeglichenes Bild. Lediglich die Unternehmen mit 1.000 bis 1.499 Beschäftigten weisen einen etwas höheren Index im Bereich der Reaktion des Controllerbereichs auf, der allerdings nicht signifikant ist.

4.4.4 *Funktionsbereichsbezogene Ergebnisse*

Die funktionsbereichsbezogenen Unterschiede in der Wahrnehmung der internen Kundenorientierung des Controllerbereichs können Abbildung 8 entnommen werden.
Die Wahrnehmung der internen Kundenorientierung des Controllerbereichs durch die *General Manager*, also die CEOs und die Divisionsleiter, zeichnet sich durch eine durchschnittliche Einschätzung des Niveaus aller vier Komponenten aus. Durch die

funktionsübergreifende Perspektive der General Manager kann dieses Ergebnis erklärt werden.

Die Wahrnehmung der internen Kundenorientierung des Controllerbereichs durch die *Finanzmanager*, also insbesondere die CFOs bzw. die Finanzbereichsleiter, ist gekennzeichnet durch eine sehr hohe Einschätzung aller vier Komponenten der internen Kundenorientierung des Controllerbereichs. Eine mögliche Erklärung hierfür könnte darin liegen, dass der Controllerbereich in das Ressort der CFOs fällt. Es könnte daher sein, dass die CFOs "ihren" Controllerbereich etwas positiver wahrnehmen.

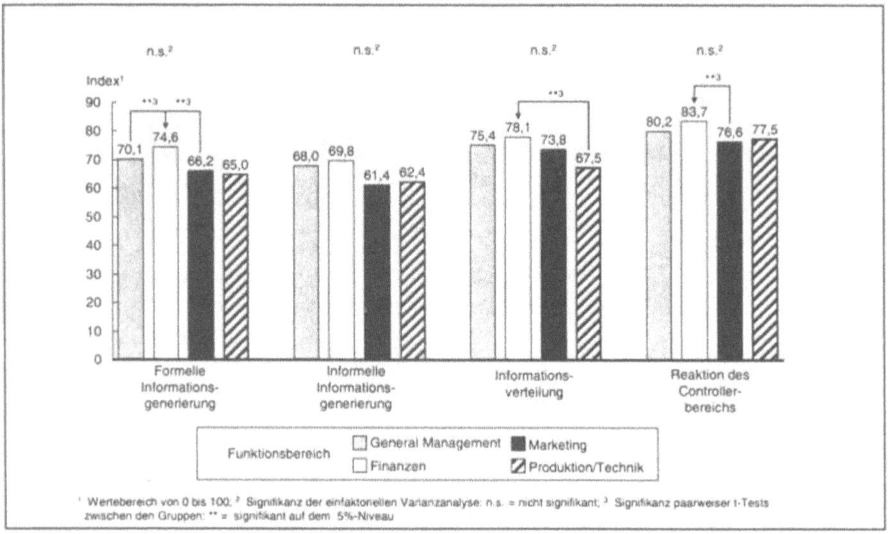

Abbildung 8: Funktionsbereichsbezogene Unterschiede bezüglich der Wahrnehmung der internen Kundenorientierung des Controllerbereichs

Die Wahrnehmung der internen Kundenorientierung *durch die Marketing- und Produktionsmanager* ist dagegen durch eine niedrigere Einschätzung des Niveaus der internen Kundenorientierung des Controllerbereichs gekennzeichnet. Die niedrigere Einschätzung der internen Kundenorientierung des Controllerbereichs durch die Marketingmanager entspricht den Ergebnissen von HOMBURG ET AL. (1998) in Bezug auf die Kostenrechnung.[512] Das Ergebnis spiegelt wahrscheinlich die Tatsache wider, dass die Umsatzseite nicht im Fokus der Controllertätigkeit steht. Die negative Beurteilung

[512] Vgl. Homburg et al. (1998), S. 25.

der *Produktionsmanager* überrascht dagegen, da das Produktionscontrolling ein sehr etabliertes Controllingfeld darstellt.[513]

4.4.5 Hierarchiebezogene Ergebnisse

Die letzte Betrachtung zeigt die hierarchiebezogenen Unterschiede in der Wahrnehmung der internen Kundenorientierung des Controllerbereichs. Die Unterschiede können Abbildung 9 entnommen werden. Die *Geschäftsführer* und die *Divisions-/Spartenleiter* haben eine sehr ähnliche Wahrnehmung der internen Kundenorientierung des Controllerbereichs. Wesentliche Unterschiede existieren zwischen der Einschätzung der *Abteilungsleiter* und der ersten bzw. zweiten Führungsebene. Die Abteilungsleiter schätzen die interne Kundenorientierung des Controllerbereichs deutlich schlechter ein. Eine mögliche Erklärung könnte darin liegen, dass die Controller den Vorstand bzw. Divisionsleiter als wichtigere Kunden wahrnehmen und diesen Kundengruppen einen besseren Service bieten als den Abteilungsleitern.

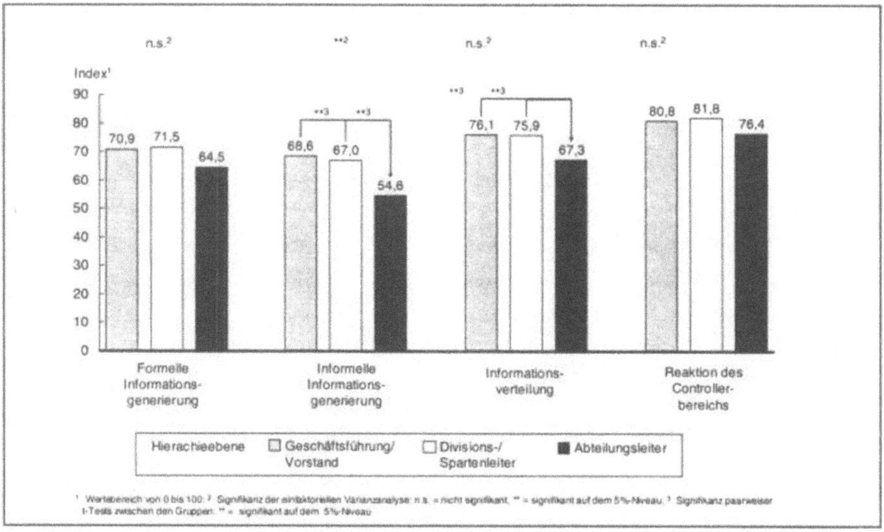

Abbildung 9: Hierarchiebezogene Unterschiede in der Wahrnehmung der internen Kundenorientierung des Controllerbereichs

513 Vgl. Weber/Spillecke (2005), S. 1.

4.5 Zusammenfassung

In Kapitel 4 wurde ein Messinstrument für die interne Kundenorientierung des Controllerbereichs auf Basis der informationsbezogenen Perspektive entwickelt. Das Messmodell wurde mit den vier Dimensionen formelle Informationsgenerierung, informelle Informationsgenerierung, Informationsverteilung im Controllerbereich und Reaktion des Controllerbereichs konzeptualisiert und operationalisiert. In der empirischen Validierung bestätigte sich diese Faktorenstruktur.

Bei der Bildung des Gesamtkonstrukts zeigte sich, dass der Reaktion des Controllerbereichs das höchste Gewicht bei der Bildung des Konstrukts zukommt und dass er somit am stärksten die interne Kundenorientierung des Controllerbereichs vorantreibt. Die Beurteilung der Validität und Reliabilität des Messmodells weist insgesamt gute Werte auf.

5 Erfolgsauswirkungen der internen Kundenorientierung des Controllerbereichs

5.1 Grundlagen und Vorgehensweise

Nachdem im vierten Kapitel die erste Forschungsfrage behandelt wurde, soll nun die zweite Forschungsfrage, die sich mit den Erfolgsauswirkungen der internen Kundenorientierung des Controllerbereichs beschäftigt, beantwortet werden. Dazu werden im folgenden Abschnitt potenzielle Erfolgsauswirkungen auf Basis einer Literaturanalyse und eigener konzeptioneller Überlegungen abgeleitet. Anschließend werden die dazugehörigen Konstrukte konzeptualisiert, operationalisiert und empirisch validiert. Im weiteren Verlauf des Kapitels werden die Hypothesen zu den Erfolgsauswirkungen der internen Kundenorientierung des Controllerbereichs aufgestellt und empirisch überprüft.

Eine Analyse der Literatur zu den Erfolgsauswirkungen der externen Kundenorientierung zeigt, dass zum einen Auswirkungen auf die Kunden-Lieferanten-Beziehung[514] und zum anderen Auswirkungen auf den Erfolg der Unternehmung[515] untersucht werden. Neben den empirischen Arbeiten existieren zahlreiche konzeptionelle Arbeiten, die sich mit Konsequenzen von Marketingmaßnahmen im Allgemeinen sowie Kundenorientierung im Speziellen auseinander setzen.[516] Um einen Bezugsrahmen für die Analyse der Erfolgsauswirkungen zu bilden, lassen sich die Auswirkungen im Rahmen einer Erfolgskette veranschaulichen.[517] Ein Beispiel einer solchen Erfolgskette liefern MEFFERT/BRUHN (2003), die den in Abbildung 10 dargestellten kundenbezogenen Zusammenhang ableiten.[518]

---

514 Vgl. Fritz (1992), S. 432; Homburg (2000), S. 176 ff.

515 Vgl. Narver/Slater (1990), S. 31; Simon (1991), S. 263; Jaworski/Kohli (1993), S. 62; Deshpandé/Farley/Webster (1993), S. 31; Homburg (2000), S. 146.

516 Vgl. Meffert/Bruhn (2003), S. 192; Homburg/Fassnacht (1998), S. 420.

517 Vgl. hierzu Rust/Zahorik (1993), S. 193 ff.; Heskett et al. (1994), S. 164 ff.; Strobacka/Strandvik/Grönroos (1994), S. 21 ff.; Meffert/Bruhn (2003), S. 186 ff. Nach Meffert/Bruhn (2003), S. 190 besteht die Grundstruktur einer Erfolgskette aus drei Gleidern: 1. Unternehmensaktivitäten als Input, 2. Wirkung der Unternehmensaktivitäten beim Kunden und 3. ökonomischer Erfolg als Output des Unternehmens.

518 Vgl. Meffert/Bruhn (2003), S. 192; analog Bruhn (2001), S. 60.

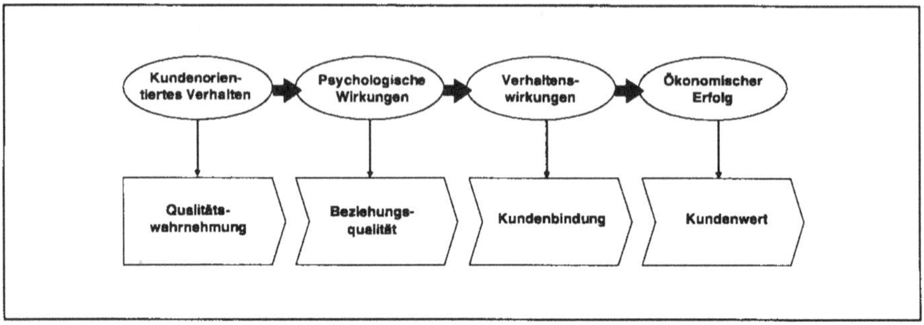

Abbildung 10: Kundenbezogene Erfolgskette in Anlehnung an Meffert/Bruhn (2003)

Die Erfolgskette beginnt mit Marketingaktivitäten, z.B. wird das Produkt nach Kundenwünschen angepasst. Dies erhöht die vom Kunden wahrgenommene Qualität des Produktes.[519] Die veränderte Qualitätswahrnehmung führt ihrerseits zu einer psychologischen Wirkung beim Kunden. Unter der psychologischen Wirkung subsumieren MEFFERT/BRUHN (2003) insbesondere die Verbesserung der Kundenzufriedenheit sowie der Beziehungsqualität.[520] Aus der Verbesserung der Beziehung resultiert eine Verhaltensänderung der Kunden in Form einer erhöhten Kundenbindung. Die Verhaltensänderung kann sich beispielsweise in dem Kauf eines weiteren Produktes der Firma äußern. Letztendlich resultiert aus der Verhaltensänderung des Kunden ein positiver Effekt auf das wirtschaftliche Ergebnis der Unternehmung.
Eine ähnliche Erfolgskette leiten auch HESKETT ET AL. (1994) ab.[521] Sie postulieren, dass Unternehmensaktivitäten den wahrgenommenen Wert der Leistung erhöhen. Dieser führt dann zur Steigerung der Kundenzufriedenheit, die ihrerseits wiederum die Kundenbindung und somit die Profitabilität des Unternehmens beeinflusst.[522] Die Erfolgskette von HESKETT ET AL. (1994) unterscheidet sich im Wesentlichen von der obigen Erfolgskette dadurch, dass auf den wahrgenommenen Wert statt der wahrge-

---

519 Zusätzlich unterstellen Meffert/Bruhn (2003), S. 193 auch positive Auswirkungen auf das Image des Anbieters. Prestigebezogene Ziele sollen in dieser Studie jedoch nicht untersucht werden.

520 Wie später gezeigt werden wird, ist Zufriedenheit ein Element der Beziehungsqualität.

521 Vgl. Heskett et al. (1994), S. 166.

522 Bei anderen Autoren finden sich sehr ähnliche Erfolgsketten. Rust/Zahorik (1993), S. 195 ff. stellen z.B. folgende Erfolgskette auf: Servicequalität treibt Kundenzufriedenheit. Diese erhöht die individuelle Kundenbindung und somit die Wiederkaufsrate. Daher steigt der Marktanteil und die Profitabilität des Unternehmens. Auch Storbacka/Strandvik/Grönroos (1994), S. 21 ff. stellen eine ähnliche Erfolgskette auf: Servicequalität treibt die Kundenzufriedenheit. Diese erhöht die Beziehungsstärke und somit die Beziehungsdauer. Dies schlägt sich in einem erhöhten Kundenwert nieder.

nommenen Qualität abgestellt wird. Darüber hinaus wird nur von Kundenzufriedenheit statt von der Beziehungsqualität gesprochen.

Bei einem Vergleich der beiden Erfolgsketten zeigt sich, dass sie im Kern aus vier Schritten bestehen:

1. Das *Verhalten des Unternehmens* beeinflusst den wahrgenommenen Wert bzw. *Qualität der Leistung*.
2. Der erhöhte Wert bzw. die erhöhte Qualität führt zu *psychologischen Wirkungen* beim Kunden (z.B. Erhöhung der Zufriedenheit bzw. der Beziehungsqualität).
3. Die psychologsichen Wirkungen führen zu *Verhaltensänderungen* beim Kunden (z.B. Erhöhung der Kundenbindung).
4. Die *Verhaltensänderungen* des Kunden haben unmittelbare Auswirkungen auf den *Erfolg* des Unternehmens.

Diese vier Schritte sollen nun auf den Controllerbereich übertragen werden. Die Abbildung 11 stellt die für die interne Kundenorientierung des Controllerbereichs übertragene Erfolgskette graphisch dar.

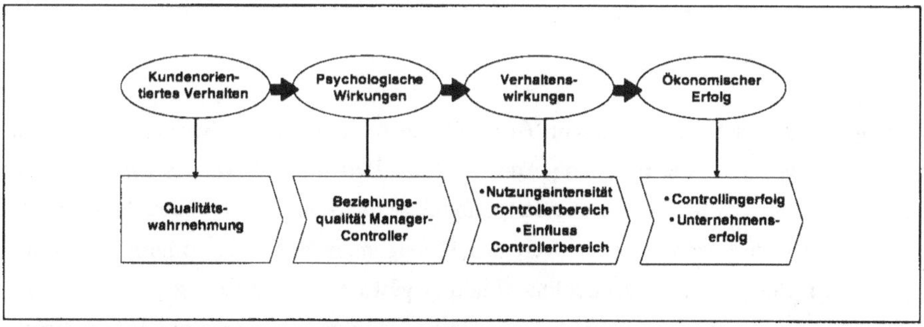

Abbildung 11: Erfolgskette der internen Kundenorientierung des Controllerbereichs

Eine Verbesserung der internen Kundenorientierung sollte ebenfalls zu einer Verbesserung der wahrgenommenen *Qualität der Controllerleistungen* bzw. des wahrgenommenen Wertes führen.[523] Da jedoch die Kosten bzw. Verrechnungspreise für die Controllerleistungen von Unternehmen zu Unternehmen stark schwanken, soll in die-

[523] Der wahrgenommene Wert kann definiert werden als die wahrgenommene Qualität im Vergleich zu den wahrgenommenen Kosten der Leistung. Die Kosten bei Controllerbereichsleistungen umfassen vor allem die gezahlten Verrechnungspreise.

ser Studie nur auf die wahrgenommen Qualität und nicht auf den wahrgenommen Wert Bezug genommen werden.

Aus einer Verbesserung der wahrgenommenen Qualität sollten sich positive psychologische Wirkungen beim Manager in Form einer Verbesserung der Beziehung zwischen Manager und Controllerbereich einstellen. Da die *Beziehungsqualität* der umfassendere Begriff ist und die Kundenzufriedenheit mit einschließt, wird in dieser Untersuchung die Auswirkung auf die Beziehungsqualität untersucht.[524]

Die Verbesserung der Beziehung zwischen Manager und Controllerbereich sollte wiederum eine *Verhaltensänderung* der Manager bewirken. Hierbei soll auf die Nutzungsintensität von Controllerbereichsleistungen eingegangen werden.[525] Eine verbesserte Beziehungsqualität sollte dazu führen, dass der Manager nun mehr von den bereits bezogenen Leistungen einfordert. So wäre es vorstellbar, dass er auf Grund der hohen Zufriedenheit mit der Mittelfristplanung nun die Mittelfristplanung halbjährlich statt jährlich durchführen lässt. Andererseits ist es aber auch möglich, dass der Manager auf Grund positiver Erfahrung mit dem Controllerbereich im Hinblick auf eine Leistung (z.B. Mittelfristplanung) andere Leistungen des Controllerbereichs (z.B. Beratung) nachfragt. Beide Effekte führen zu einer Erhöhung der *Nutzungsintensität von Controllerleistungen.*

Neben der Nutzungsintensität von Controllerleistungen soll im Bereich der Verhaltensänderung auch eine mögliche Änderung der Bedeutung bzw. des *Einflusses des Controllerbereichs* in der Entscheidungsfindung des Managements betrachtet werden. Es soll analysiert werden, inwieweit das Management dem Controllerbereich einen größen Einfluss in der Entscheidungsfindung gewährt. Diese Erfolgsgröße wird zusätzlich aufgenommen, da in dem veränderten Entscheidungsverhalten eine wesentliche Auswirkung der veränderten Beziehungsqualität vermutet wird.[526]

---

524 Vgl. Kapitel 5.2.2.

525 Es wird hierbei nicht auf die Kundenbindung sondern direkt auf die Nutzungsintensität von Controllerbereichsleistungen eingegangen, weil der Controllerbereich teilweise Monopoldienstleistungen anbietet, die dem Manager regelmäßig zugestellt werden. Von daher wird die Frage nach der Nutzung dieser Leistungen als die relevante Verhaltenswirkung angesehen.

526 Bei der Untersuchung von Bauer (2002), S. 241 geht die Dienstleistungsqualität als der wesentliche Treiber für den Einfluss des Controllerbereichs hervor. Die Hypothese liegt nahe, dass dieser Effekt insbesondere über die Verbesserung der Beziehungsqualität zwischen Management und Controllerbereich eintritt.

Als letzter Schritt wird der Einfluss der internen Kundenorientierung des Controllerbereichs auf den *Erfolg der Unternehmung* untersucht. Dabei ist auf zwei Aspekte, die von dem in der Marketingliteratur sonst üblichen Vorgehen abweichen, gesondert hinzuweisen:

- Erstens reicht es nicht aus, nur den Effekt auf den ökonomischen Erfolg der Unternehmung zu prüfen, da der ökonomische Erfolg durch eine Vielzahl von Faktoren beeinflusst wird. Im Vergleich zu der Vielzahl von Einflussfaktoren muss der direkte Effekt der internen Kundenorientierung des Controllerbereichs als eher gering angenommen werden. Somit ist es erforderlich, die Erfolgswirkung indirekt zu untersuchen. Insofern wird in einem Zwischenschritt zunächst die Auswirkung der internen Kundenorientierung des Controllerbereichs auf den Controllingerfolg und sodann die Auswirkung des Controllingerfolgs auf den ökonomischen Erfolg des Gesamtunternehmens analysiert.
- Zweitens ist nicht, wie sonst in der Marketingliteratur üblich, von einer einfachen eindimensionalen Kausalkette auszugehen. So dürfte die Verbesserung der Qualität der Controllerleistung an sich bereits zu einer Verbesserung des Controllingerfolgs führen, unabhängig davon, ob sie mit einer Verhaltensänderung des Managers einhergeht.

Nachfolgend werden die Konstrukte für die dargelegten Erfolgsauswirkungen der internen Kundenorientierung des Controllerbereichs konzeptualisiert, operationalisiert und empirisch validiert. Anschließend werden Hypothesen bezüglich der Erfolgsauswirkungen formuliert und empirisch überprüft.

5.2 Konzeptualisierung und Operationalisierung der Konstrukte

5.2.1 Ergebnisqualität

Qualität soll hier in Übereinstimmung mit dem Deutschen Institut für Normung e.V. (DIN) als "[...] die Beschaffenheit einer Einheit bezüglich ihrer Eignung, festgelegte oder vorausgesetzte Erfordernisse zu erfüllen"[527] definiert werden. In der Literatur lassen sich grundsätzlich zwei verschiedene Ansätze des Qualitätsbegriffs unterscheiden:[528]

- Der *produktbezogene* Qualitätsbegriff definiert Qualität als das "[...] Niveau der vorhandenen Eigenschaften von Produkten beziehungsweise Dienstleistungen."[529] In dieser ingenieurwissenschaftlich geprägten Begriffsauffassung wird das Qualitätsniveau anhand objektiver Kriterien gemessen.[530]
- Im Rahmen des *kundenbezogenen* Qualitätsbegriffs wird unter Qualität die "[...] Wahrnehmung der Produkteigenschaften beziehungsweise Leistungen durch Kunden" verstanden.[531] Die Messung erfolgt über subjektive Kriterien.

Zur Analyse der Qualität der Controllerleistungen wird auf den kundenbezogenen Qualitätsbegriff zurückgegriffen, da sich auf Grund der Immaterialität zahlreicher Controllerbereichsleistungen schwerlich objektive Maßstäbe zur Qualitätsmessung definieren lassen.[532] Als mögliche Methoden zur Messung der kundenbezogenen Qualität stehen sowohl merkmalsorientierte als auch ereignisorientierte Ansätze zur Verfügung:

- Die *merkmalsorientierten* Ansätze ermitteln Gesamtqualitätsurteile durch die Bewertung verschiedener, die Dienstleistung kennzeichnender Einzelmerkmale. Diese Einzelbewertungen werden dann zu einer Gesamtbewertung zusammen-

[527] DIN 55350 (Teil 11, S. 3, Nr.5 Mai 1987) zitiert aus Meffert/Bruhn (2003), S. 270.

[528] Vgl. Weber et al. (2000), S. 12. Garvin (1988), S. 40 f. unterscheidet fünf Qualitätsansätze: den absoluten, den produktorientierten, den herstellungsorientierten, den kundenorientierten und den wertorientierten Qualitätsansatz.

[529] Meffert/Bruhn (2003), S. 270.

[530] Vgl. Aust (1999), S. 85; Bruhn (2001), S. 60; Meffert/Bruhn (2003), S. 270.

[531] Meffert/Bruhn (2003), S. 270; vgl. auch Lucas (1974), S. 209; Zmud (1978), S. 191; Bruhn (2001), S. 60 f.

[532] Vgl. Hentschel (1990), S. 233.

gefasst.[533] Ein sehr bekanntes Beispiel für einen merkmalsorientierten Ansatz ist die SERVQUAL-Skala.[534]

- Die *ereignisorientierten* Ansätze, wie z.B. die sequentielle Ereignismethode oder die Critical-Incident-Technik, zielen auf die Analyse laufender oder besonders kritischer Kundenerlebnisse ab.[535] Sie beruhen somit im Wesentlichen auf der schrittweisen Analyse der Dienstleistungsprozesse und der Identifizierung und Bewertung erfolgskritischer Ereignisse.

Die ereignisorientierten Ansätze sind zur Messung der Qualität von Controllerleistungen wenig geeignet, da die Interaktion zwischen Manager und Controller keinem standardisierten Prozessablauf folgt, sondern situationsspezifisch vielfältig ausgeprägt sein kann und somit eine Prozessdefinition a priori nicht möglich ist.[536] Daher wird zur Messung der Qualität der Controllerleistungen auf den merkmalsorientierten Ansatz zurückgegriffen.

Darüber hinaus wird hierbei insbesondere Bezug auf die Literatur genommen, die sich mit der Messung der Dienstleistungsqualität befasst. Dienstleistungen zeichnen sich durch fünf konstitutive Merkmale aus: Intangibilität, Verderblichkeit, Integration des externen Faktors, wahrgenommenes Kaufrisiko und Individualität.[537] Dabei ist anzumerken, dass Dienstleistungen nicht zwingend alle Merkmale erfüllen müssen, sondern dass sie nur in der Tendenz eine stärkere Ausprägung dieser Merkmale vorweisen als Sachgüter. Controllingleistungen erfüllen diese Kriterien im hohen Maße. So sind Controllingleistungen z.B. generell immateriell. Darüber hinaus werden sie erst durch die Interaktion mit dem Manager möglich (Integration des externen Faktors), denn Rationalitätssicherung ist nicht ohne Manager als Objekt der Rationalitätssicherung denkbar. Somit sind Rationalitätssicherungsleistungen auch immer auf den Manager bzw. seine Rationalitätsdefizite zugeschnitten und somit individuell.[538] Controllingleistungen können daher als Dienstleistungen charakterisiert werden.[539] Die meisten

533 Vgl. Stauss/Hentschel (1990), S. 7; Aust (1999), S. 88; Bauer (2002), S. 132.

534 Vgl. Parasuraman/Zeithamel/Berry (1988), S. 38; Hentschel (1990), S. 231.

535 Vgl. Stauss/Hentschel (1990), S. 10; Aust (1999), S. 88; Bauer (2002), S. 132.

536 Vgl. Bauer (2002), S. 132.

537 Vgl. Zeithaml/Parasuraman/Berry (1985), S. 34; Homburg/Krohmer (2003), S. 809 f.; Meffert/Bruhn (2003), S. 32 ff.

538 Auch die Verderblichkeit ist im gewissen Maße gegeben, denn Controller können Rationalitätssicherung weder vorproduzieren noch lagern, sondern sie ist abhängig von den situativen Rationalitätsdefiziten des Controllers. Das Kriterium der wahrgenommenen Kaufunsicherheit ist ebenfalls gegeben. Vgl. hierzu die Ausführungen auf Basis der Informationsökonomie in Kapitel 5.1.

539 Vgl. Bauer (2002), S. 130 f.

Untersuchungen der Qualität von Controllerleistungen folgen daher dem in empirischen Analysen häufig verwendeten Ansatz von DONABEDIAN (1980) zur Messung der Dienstleistungsqualität.[540] DONABEDIAN (1980) gliedert die Qualität von Dienstleistungen in drei Dimensionen: Potenzialqualität, Prozessqualität und Ergebnisqualität:[541]

- Die *Potenzialqualität* umfasst alle "[...] sachlichen, organisatorischen und persönlichen Leistungsvoraussetzungen des Dienstleistungsanbieters."[542]
- Die *Prozessqualität* umfasst die Qualität aller Aktivitäten, die dem Prozess der Leistungserstellung angehören.[543]
- Die *Ergebnisqualität* beschreibt die Qualität der am Ende des Leistungserstellungsprozesses vorliegenden Produkte.[544]

Die vorliegende Analyse beschränkt sich bei der Erfassung der wahrgenommenen Qualität auf die Messung der Ergebnisqualität. Dies geschieht aus Gründen der Diskriminanzvalidität.

Zum einen ist die Diskriminanzvalidität der drei Qualitätsdimensionen stark in Frage zu stellen. So konnte BAUER (2002) die Diskriminanzhypothese der drei Dimensionen nicht stützen.[545]

Zum anderen lässt auch die Nähe der Begriffe der internen Kundenorientierung des Controllerbereichs und der Prozessqualität eine Fokussierung auf die Ergebnisqualität sinnvoll erscheinen.[546] Wird nur die Ergebnisqualität in die Untersuchung mit einbe-

---

540 Vgl. Donabedian (1980), S. 79 ff.; vgl. auch Aust (1999), S. 90; Bauer (2002), S. 133; Hunold (2003), S. 170 ff.

541 Vgl. auch Meyer/Mattmüller (1987), S. 191 ff.

542 Stauss/Hentschel (1990), S. 4.

543 Vgl. Stauss/Hentschel (1990), S. 4; Aust (1999), S. 91.

544 Vgl. Aust (1999), S. 91.

545 Vgl. Bauer (2002), S. 218 f. Aust (1999) unterlässt eine Diskriminanzprüfung. Hunold (1999), S. 180 kann dagegen die Diskriminanzhypothese stützen.

546 Die interne Kundenorientierung des Controllerbereichs misst den Grad der Ausrichtung der Controllerleistungen an den Informationsbedürfnissen des Managers. Sie bezieht sich dabei auf das Verhalten der Controller während der Leistungserstellung. Die Prozessqualität beschreibt im Gegensatz zur internen Kundenorientierung die Güte des gesamten Prozesses der Leistungserstellung. Sie bezieht sich somit wie die interne Kundenorientierung ebenfalls auf das Verhalten der Controller in der Leistungserstellung, der Begriff ist dabei aber weitaus umfassender. So werden auch Elemente wie Geschwindigkeit des Prozesses oder Fehlerfreiheit des Prozesses betrachtet, die nicht notwendigerweise Kundenwünsche darstellen müssen. Die interne Kundenorientierung kann aber als ein Element für die Erzielung einer hohen Prozessgüte erachtet werden. So ist z.B. die schnelle Reaktion auf Kundenwünsche nicht nur ein Element der internen Kundenorientierung, sondern ebenfalls ein Merkmal von hoher Prozessqualität. Da eine Abgrenzung dieser Begriffe in

zogen, so stellt die Abgrenzung der Begriffe der internen Kundenorientierung und der Ergebnisqualität sowie deren Operationalisierung kein Problem dar. Die Ergebnisqualität bewertet nur die Qualität hinsichtlich der Endprodukte des Controllerbereichs (z.B. die Qualität des Monatsberichtes). Die interne Kundenorientierung des Controllerbereichs bezieht sich dagegen auf das Verhalten des Controllerbereichs während der Leistungserstellung.

Eine ausschließliche Erfassung der Ergebnisqualität erscheint somit zweckmäßig und ausreichend.

Abweichend von BAUER (2002), AUST (1999) sowie KARLSHAUS (2000) soll in dieser Untersuchung nicht nur die Ergebnisqualität der Informationsversorgungsaufgabe, sondern die übergreifende Qualitätswahrnehmung bezüglich aller erhaltenen Controllerleistungen untersucht werden. Die Konzeptualisierung erfolgt in Anlehnung an HOMBURG (2000).[547] Die vier Indikatoren beschreiben den Grad der Erfüllung der geforderten Standards. Ein Item, welches sich auf die Übererfüllung der geforderten Standards bezog, wurde auf Grund geringer Item-to-Total-Korrelation entfernt. Die Gütekriterien des Konstrukts sind Tabelle 15 zu entnehmen.

Informationen zu den einzelnen Indikatoren des Faktors "**Ergebnisqualität**"			
Bezeichnung des Indikators	Item-to-Total-Korrelation	Indikatorreliabilität	t-Wert der Faktorladung
Die Arbeitsergebnisse des Controllings haben meine Qualitätsanforderungen immer voll erfüllt.	0,75	0,82	-
Ich konnte mich bisher nie über eine mangelnde Qualität der Arbeitsergebnisse beklagen.	0,80	0,91	18,69
Die Arbeitsergebnisse des Controllings sind fehlerfrei.	0,71	0,76	16,78
Die Arbeitsergebnisse des Controllings übertreffen alle von uns geforderten Qualitätsstandards.	Eliminiert		
Informationen zum Faktor "**Ergebnisqualität**"			
Cronbachsches Alpha:	0,87	Erklärte Varianz:	0,69
Chi-Quadrat-Wert (Freiheitsgrade):	-*	p-Wert:	-*
GFI:	-*	AGFI:	-*
CFI:	-*	RMSEA:	-*
Faktorreliabilität:	0,87	Durchschnittlich erfasste Varianz:	0,70
* Bei drei Indikatoren hat ein konfirmatorisches Modell keine Freiheitsgrade. Eine Berechnung dieser Maße ist daher nicht sinnvoll.			

Tabelle 15: Informationen zum Konstrukt "Ergebnisqualität"

einer empirischen Erhebung problematisch ist, wird von der Erhebung der Prozessqualität abgesehen.

[547] Vgl. Homburg (2000), S. 100.

Sowohl die indikatorspezifischen als auch die indikatorübergreifenden Gütekriterien erfüllen im vollen Maße die geforderten Mindestwerte. Die Messung des Konstrukts kann somit als valide und reliabel bezeichnet werden.

5.2.2 Beziehungsqualität zwischen Manager und Controller

Unter dem Stichwort "Qualität der Geschäftsbeziehung" oder "Beziehungsqualität" wurde die Güte einer Beziehung maßgeblich in den Arbeiten zum Relationship Marketing tiefgreifend analysiert.[548] Insbesondere bei Vertrauensgütern, wie beispielsweise Beratungsleistungen, spielt die Beziehungsqualität eine entscheidende Rolle. Die Wichtigkeit der sozialen Interaktion in einer Geschäftsbeziehung heben auch DEUTSCH/KOTIK (1978) hervor, indem sie feststellen,"[...] that the process of exchange requires or at least is greatly facilitated by such social virtues as altruism, trust, responsibility, and truth [...]".[549] CROSBY/EVANS/COWLES (1990) definieren Beziehungsqualität wie folgt: "High relationship quality [...] means that the customer is able to rely on the salesperson's integrity and has confidence in the salesperson's future performance because the level of past performance has been consistently satisfactory."[550] Diese Definition kann analog auf die Manager-Controller-Beziehung übertragen werden. In der Literatur sind zahlreiche Konzeptualisierungen der Beziehungsqualität entstanden. Eine Übersicht wichtiger Konzeptualisierungen findet sich in Tabelle 16.[551]

548 Vgl. Bruhn (2001), S. 66.
549 Deutsch/Kotik (1987), S. 22.
550 Crosby/Evans/Cowles (1990), S. 70.
551 Vgl. zur Übersicht Hadwich (2003), S. 24.

Autor(en)	Dimensionen			
	Zufriedenheit	**Vertrauen**	**Commitment**	**Weitere**
Dwyer/Schurr/Oh (1987)[552]	✓	✓		Minimaler Opportunismus
Crosby/Evans/Cowles (1990)[553]	✓	✓		
Lagace/Dahlstrom/Gassenheimer (1991)[554]	✓	✓		
Han/Wilson/Dant (1993)[555]	✓	✓		
Kumar/Scheer/Steenkamp (1995)[556]		✓	✓	Konflikte, Erwartung der Beziehungsfortdauer, Investitionsbereitschaft
Hennig-Thurau/Klee (1997)[557]		✓	✓	Wahrgenommene Qualität
Werner (1997)[558]	✓		✓	
Dorsch/Swanson/Kelley (1998)[559]	✓	✓		Minimaler Opportunismus, Kundenorientierung, ethische Haltung
Smith (1998)[560]	✓	✓	✓	
Garbarino/Johnson (1999)[561]	✓	✓	✓	
Boles/Johnson/Barksdale (2000)[562]	✓	✓		
Georgi (2000)[563]		✓		Vertrautheit
DeWulf/Odekerken-Schröder/Iacobucci (2001)[564]	✓	✓	✓	

Tabelle 16: Übersicht Konzeptualisierungen Beziehungsqualität

Es zeigt sich, dass weitgehend Einigkeit in der Literatur darüber besteht, dass die Dimensionen Zufriedenheit und Vertrauen Bestandteil der Beziehungsqualität sind. Diese beiden Dimensionen sollen daher in der vorliegenden Untersuchung betrachtet werden. Commitment beschreibt nach Ansicht des Autors keine Einschätzung der Bezie-

552 Vgl. Dwyer/Schurr/Oh (1987), S. 15 ff.
553 Vgl. Crosby/Evans/Cowles (1990), S. 70.
554 Vgl. Lagace/Dahlstrom/Gassenheimer (1991), S. 40.
555 Vgl. Han/Wilson/Dant (1993), S. 334 f.
556 Vgl. Kumar/Scheer/Steenkamp (1995), S. 55.
557 Vgl. Hennig-Thurau/Klee (1997), S. 742.
558 Vgl. Werner (1997), S. 85 f.
559 Vgl. Dorsch/Swason/Kelley (1998), S. 130 ff.
560 Vgl. Smith (1998), S. 78.
561 Vgl. Garbarino/Johnson (1999), S. 71.
562 Vgl. Boles/Johnson/Barksdale (2000), S. 77.
563 Vgl. Georgi (2000), S. 104.
564 Vgl. DeWulf/Odekerken-Schröder/Iacobucci (2001), S. 36 f.

hung durch den Manager, sondern stellt das Ergebnis einer positiven Beurteilung der Geschäftsbeziehung dar und wird daher nicht in die Untersuchung miteinbezogen.[565]
In den nachfolgenden Abschnitten sollen die beiden Dimensionen der Beziehungsqualität Zufriedenheit und Vertrauen konzeptionalisiert, operationalisiert und empirisch validiert werden.

5.2.2.1 Zufriedenheit mit dem Controllerbereich

"Zufriedenheit" ist ein im normalen Sprachgebrauch häufig verwendeter Begriff, wobei in der Alltagssprache zahlreiche "Gemütszustände", wie z.B. Glück, körperliches Wohlbefinden und Freude, als Zufriedenheit bezeichnet werden.[566] Um Kundenzufriedenheit zu operationalisieren, ist ein solch umgangssprachlicher Begriff jedoch zu unpräzise. Die notwendige sprachliche Präzisierung hat in der Literatur zu einer Vielzahl unterschiedlicher Definitionen geführt, welche sich vor allem durch die Art und Anzahl der einbezogenen kognitiven, affektiven und konativen[567] Komponenten unterscheiden.[568]
Trotz der zahlreichen und teilweise sehr unterschiedlichen Definitionen herrscht in der Literatur größtenteils Einigkeit, dass sowohl affektive als auch kognitive Elemente unter Zufriedenheit zu subsumieren sind.[569] Des Weiteren herrscht Einigkeit darüber, dass Zufriedenheit das Resultat eines psychischen Vergleichsprozesses darstellt.[570] Somit soll nachfolgend Zufriedenheit nach SCHÜTZE (1992) definiert werden als "[...] Ergebnis eines komplexen Informationsverarbeitungsprozesses [...], in dessen Zentrum im Sinne eines psychischen Soll-Ist-Vergleichs die Bewertung aktueller Erfahrungen (Ist-Komponente) mit den Leistungen eines Anbieters anhand der Erwartungen bzw. eines Anspruchsniveaus (Soll-Komponente) durch den Kunden erfolgt."[571] Somit ist die Zufriedenheit mit dem Controllerbereich als Ergebnis des Ver-

565 Vgl. Georgi (2000), S. 45.
566 Vgl. Bauer (2000), S. 15; Wallenburg (2004), S. 92.
567 Unter kognitiven Komponenten werden Bewertungen durch ein Individuum mittels Wissen und Überzeugungen verstanden, während affektiven Komponenten gefühlsbetonte Bewertungen beschreiben. Konativen Komponenten hingegen beschreiben Verhaltensabsichten des Individuums.
568 Vgl. Bauer (2000), S. 16; vgl. auch die Definitionen von Howard/Sheth (1969), S. 145; Kaas/Runow (1984), S. 452; Riemer (1986), S. 18; Mano/Oliver (1993), S. 464; Stauss/Neuhaus (1995), S. 14; Werner (1997), S. 92; Garbarino/Johnson (1999), S. 71.
569 Vgl. Bauer (2000), S. 16.
570 Vgl. Lingenfelder/Schneider (1991), S. 110.
571 Schütze (1992), S. 129.

gleichsprozesses der Erwartungen der Manager an den Controllerbereich mit den tatsächlich erhaltenen Leistungen des Controllerbereichs zu verstehen.
Vielfalt herrscht dagegen in der Literatur bezüglich des genauen Verständnisses von Zufriedenheit bezogen auf die Dimensionalität des Begriffs und bezogen auf seine theoretische Fundierungen.[572]

Im Hinblick auf die Dimensionalität von Zufriedenheit werden in der Literatur sowohl eindimensionale als auch mehrdimensionale Konstrukte von Kundenzufriedenheit beschrieben und empirisch analysiert. Unter den mehrdimensionalen Ansätzen sind insbesondere die Zwei-Faktoren-Theorie von Herzberg[573] und das Kano-Modell[574] zu nennen. Da Zweifel an der empirischen Relevanz der mehrdimensionalen Ansätze bestehen, soll Zufriedenheit in dieser Studie als eindimensionales Konstrukt operationalisiert werden.[575]

Auch in der theoretischen Fundierung der Kundenzufriedenheit existieren parallel mehrere Ansätze, wobei sich das Confirmation/Disconfirmation-Paradigma (C/D-Paradigma) "[...] als das bedeutendste und am häufigsten angewandte Erklärungsmodell herauskristallisiert"[576] hat.
Ausgangspunkt des C/D-Paradigmas ist, dass der Kunde die tatsächlich erhaltene Leistung mit einer vor der Leistungsinanspruchnahme gebildeten Erwartung hinsichtlich der Leistung vergleicht.[577] Eine Bestätigung (Confirmation) und eine positive Übererfüllung der Erwartung führen zu Zufriedenheit. Eine Nicht-Bestätigung (Disconfirmation) führt zu Unzufriedenheit. Das C/D-Paradigma baut auf vier Komponenten auf: der Soll-Komponente, der Ist-Komponente, dem Vergleichsprozess und dem Ergebnis des Vergleichsprozesses.

---

572 Vgl. Wallenburg (2004), S. 93.

573 Die Zwei-Faktoren-Theorie von Herzberg unterscheidet Zufriedenheit und Unzufriedenheit als eigenständige Konstrukte. Dies bedeutet, dass auf Zufriedenheit und Unzufriedenheit unterschiedliche Faktoren wirken können bzw. die gleichen Faktoren in unterschiedlicher Stärke wirken. Vgl. Braunstein (2001), S. 37.

574 Der Ansatz von Kano erweitert beide Faktoren um Leistungsfaktoren, die sowohl Zufriedenheit als auch Unzufriedenheit hervorbringen können. Vgl. Sauerwein (2000), S. 25 ff.; Braunstein (2001), S. 38; Matzler/Bailom (2004), S. 286 f.

575 Vgl. Wallenburg (2004), S. 93.

576 Krafft (1999), S. 516. Neben dem C/D-Paradigma sind die Equity-Theorie und die Attributionstheorie als theoretische Fundierungen zu erwähnen.

577 Vgl. Churchill/Surprenant (1982), S. 492 f.; Bearden/Tell (1983), S. 22; Oliver/DeSarbo (1988), S. 497 ff.; Krafft (1999), S. 516 f.; Künzel (1999), S. 74 f.

In Bezug auf die Analyse der Zufriedenheit mit dem Controllerbereich ist noch darauf hinzuweisen, dass weniger die Zufriedenheit mit einer einzelnen Transaktion, also einer einzelnen Leistung des Controllerbereichs, im Vordergrund steht. Vielmehr soll hier die "Beziehungszufriedenheit"[578] mit dem Controllerbereich untersucht werden, die eine transaktionsübergreifende Zufriedenheit darstellt.[579] In der Literatur wird davon ausgegangen, dass Beziehungszufriedenheit der Einstellung zur Beziehung sehr nahe kommt, da sie auch als sehr beständig angesehen wird. Im Gegensatz zu Einstellungen ist die Beziehungszufriedenheit aber dynamischer und kann von Erfahrungen mit besonderer Häufigkeit oder Intensität leichter verändert werden.[580]

Zur Operationalisierung der Kundenzufriedenheit wurde auf den American Customer Satisfaction Index (ASCI) zurückgegriffen.[581] Analog zum ASCI wurde zum einen nach der Gesamtzufriedenheit, nach der Bestätigung bzw. Nicht-Bestätigung von Erwartungen im Sinne des C/D-Paradigmas sowie nach der Differenz zu einer Ideallösung gefragt.[582] Der dritte Indikator ist hier insbesondere berücksichtigt, falls sich durch eine hohe interne Kundenorientierung bei den Managern recht schnell nicht nur die Ist-Wahrnehmung, sondern auch die Soll-Komponente angepasst haben sollte. Somit wäre die Differenz zwischen erwarteter und tatsächlich erhaltener Leistung bei niedriger und hoher Kundenorientierung identisch, aber auf unterschiedlichem Niveau. Dieser Indikator soll dieser Möglichkeit vorbeugen.
Eine Übersicht der Gütekriterien findet sich in Tabelle 17, wobei die Werte der untersuchten Gütekriterien insgesamt als sehr gut zu bezeichnen sind.

578 Vgl. Bauer (2000), S. 32.
579 Vgl. Strandvik/Liljander (1995), S. 124; Stauss (1999), S. 12.
580 Vgl. Kaas/Runow (1984), S. 456.
581 Vgl. Krafft (1999), S. 518.
582 Für eine analoge Operationalisierung siehe Hadwich (2003), S. 117.

Informationen zu den einzelnen Indikatoren des Faktors "**Zufriedenheit**"			
Bezeichnung des Indikators	Item-to-Total-Korrelation	Indikator-reliabilität	t-Wert der Faktorladung
Mit unserem Controlling bin ich insgesamt sehr zufrieden.	0,81	0,74	-
Unser Controlling hat meine Erwartungen immer zur vollsten Zufriedenheit erfüllt.	0,87	0,88	25,20
Unser Controlling kommt meiner Idealvorstellung von einer perfekten Controllingabteilung sehr nahe.	0,82	0,74	22,94

Informationen zum Faktor "**Zufriedenheit**"			
Cronbachsches Alpha:	0,91	Erklärte Varianz:	0,79
Chi-Quadrat-Wert (Freiheitsgrade):	-*	p-Wert:	-*
GFI:	-*	AGFI:	-*
CFI:	-*	RMSEA:	-*
Faktorreliabilität:	0,92	Durchschnittlich erfasste Varianz:	0,79

* Bei drei Indikatoren hat ein konfirmatorisches Modell keine Freiheitsgrade. Eine Berechnung dieser Maße ist daher nicht sinnvoll.

Tabelle 17: Informationen zum Konstrukt "Zufriedenheit"

5.2.2.2 Vertrauen der Manager

Seit Mitte der 90er Jahre und dem Aufkommen der Diskussion um das Relationship Marketing fokussieren sich zahlreiche wissenschaftliche Arbeiten auf das Konstrukt "Vertrauen".[583] Vertrauen stellt die Basis vieler externer Geschäftsbeziehungen dar und es besteht kein Zweifel daran, dass Vertrauen auch bei internen Kunden-Lieferanten-Beziehungen eine wichtige Rolle zukommt. Trotz der hohen Bedeutung von Vertrauen für langfristige Geschäftsbeziehungen besteht keine eindeutige Definition in der wirtschaftswissenschaftlichen Literatur.[584] In Übereinstimmung mit KENNING (2002) kann festgehalten werden, dass in der vorwiegenden Mehrzahl der Definitionen Vertrauen als "[...] eine besondere Art der Einstellung verstanden [wird], die in bestimmten situativen Kontexten einen Einfluss auf das Verhalten einer Person haben kann."[585] Auch wenn die Definitionen von Vertrauen höchst unterschiedlich sind, so gilt doch die vorherrschende Auffassung, dass Vertrauen auf Wahrnehmung der Glaubwürdigkeit (Credibility), d.h. das Ausmaß, in dem Aussagen der Controller als

583 Trotz der hohen Bedeutung von Vertrauen war das Konstrukt Ende der 80er Jahre noch weitgehend unerforscht; vgl. Doney/Cannon (1997), S. 35; Kenning (2002), S. 18.

584 Vgl. Schmitz (1997), S. 150; Ripperger (1998), S. 6; Krystek (2002), S. 1042; Wallenburg (2004), S. 104; für Definitionen zum Begriff Vertrauen vgl. Rotter (1967), S. 651; Moormann/Zaltmann/Deshpandé (1992), S. 315; Morgan/Hunt (1994), S. 23; Schmitz (1997), S. 159; Grund (1998), S. 105; Ripperger (1998), S. 45; Garbarino/Johnson (1999), S. 71; Beutin (2000), S. 78; Bouncken (2000), S. 5; Kenning (2002), S. 12; Hadwich (2003), S. 59.

585 Kenning (2002), S. 21.

wahr angenommen werden, und des Wohlwollens (Benevolence), d.h. das Ausmaß, in dem die Controller die Interessen des Managers berücksichtigen, beruht.[586] Damit Vertrauen in seiner beschriebenen Art entstehen kann, müssen die folgenden zwei Merkmale erfüllt sein:[587]

1. *Risiko und Unsicherheit:* Vertrauen ist ein Konzept, um mit Risiko und Unsicherheit in Geschäftsbeziehungen umzugehen. Ohne das Vorliegen von Unsicherheit und Risiko hat Vertrauen keinen Wert.[588]
2. *Verlustgefahr:* Vertrauen hat, selbst bei Vorliegen von Risiko und Unsicherheit, nur dann einen Wert, wenn der Vertrauensnehmer bei Vertrauensbruch einen entsprechenden Schaden erleidet.[589]

Somit ist die potenzielle "Verletztheit" für den Vertrauensnehmer die wesentliche Voraussetzung für die Entstehung von Vertrauen.[590]
Zur Vertiefung des Verständnisses von Vertrauen lässt sich das Forschungsfeld durch die Analyse der Vertrauensnehmer-Vertrauensgeber-Relation und die Betrachtung der Vertrauensarten weiter untergliedern.

Bei der Vertrauensnehmer-Vertrauensgeber-Relation lassen sich vier Forschungsfelder unterscheiden, und zwar: Personenvertrauen, Organisationsvertrauen, Kooperationsvertrauen und Delegationsvertrauen (vgl. Abbildung 12).[591]

---

586 Vgl. Ganesan (1994), S. 3; Doney/Cannon (1997), S. 48; Wallenburg (2004), S. 106.
587 Vgl. für eine ausführliche Diskussion der Voraussetzungen und Merkmale Bruhn (2001), S. 69; Kenning (2002), S. 11 f.; Wallenburg (2004), S. 105 f.
588 Vgl. Ripperger (1998), S. 13 ff.
589 Vgl. Deutsch (1962), S. 276.
590 Vgl. Bruhn (2001), S. 69.
591 Vgl. für nachfolgende Abbildung Winand/Pohl (1998), S. 249.

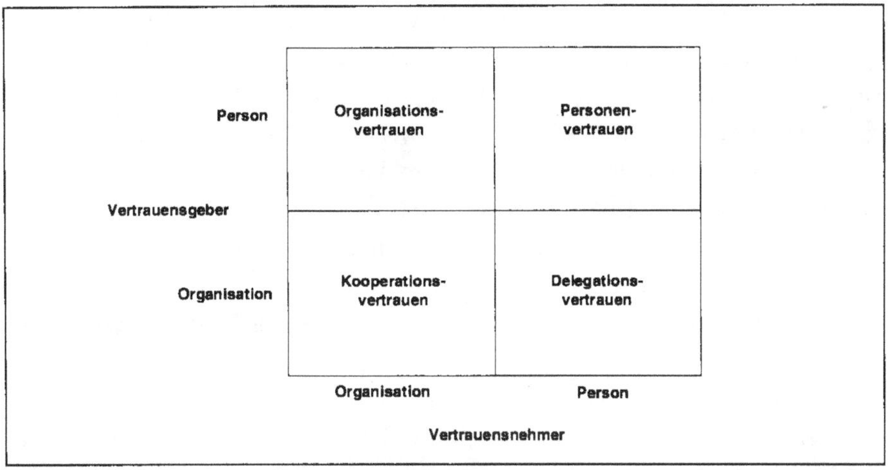

Abbildung 12: Übersicht der Vertrauensarten

Die Unterscheidung der Felder leitet sich daraus ab, ob der Vertrauensnehmer bzw. Vertrauensgeber eine Organisation oder eine Person ist. Da die Rolle des Vertrauensgeber im vorliegenden Fall von der Person des Managers übernommen wird, sind nachfolgend nur das Personenvertrauen und das Organisationsvertrauen relevant. *Personenvertrauen* liegt vor, wenn sowohl der Vertrauensgeber als auch der Vertrauensnehmer natürliche Personen sind. Dieses Feld wurde in der Vertrauensforschung intensiv analysiert.[592] Das *Organisationsvertrauen*[593] hingegen charakterisiert das Vertrauen einer natürlichen Person in eine Organisation. Da in der vorliegenden Untersuchung nicht das Vertrauen des Managers in einen spezifischen Controller untersucht werden soll, sondern in den Controllerbereich als Ganzes, ist in dieser Untersuchung das Organisationsvertrauen relevant.[594]

592 Vgl. Rotter (1967), S. 651; Johnson-George/Swap (1982), S. 1306 ff.; Rempel/Holmes (1986), S. 28 ff.; Butler (1991), S. 613.

593 Vgl. Luhmann (1989), S. 50 ff.; Luhmann (1989) bezeichnet Organisationsvertrauen mit dem Begriff Systemvertrauen.

594 Der Begriff Organisationsvertrauen wird in der Vertrauensliteratur auch als Überbegriff für das Systemvertrauen, das Kooperationsvertrauen und das Delegationsvertrauen verwendet; vgl. Kenning (2002), S. 43. Hier sei Organisationsvertrauen jedoch in seiner engen Begriffsdefinition und als Synonym zum Systemvertrauen gebraucht. Das Wort Systemvertrauen ist im Zusammenhang mit dem Controlling verwirrend, da auf Grund einer starken Durchdringung der Controllingforschung mit der Systemtheorie das Vertrauen in den Controllerbereich mit dem Vertrauen in die Führungsteilsysteme verwechselt werden könnte.

Des Weiteren lassen sich unterschiedliche Arten von Vertrauen differenzieren, und zwar das generalisierte, affektive und kognitive Vertrauen.[595]

Generalisiertes Vertrauen kann dabei verstanden werden als "[...] die grundsätzliche Vertrauensbereitschaft eines Akteurs, die unabhängig von den Spezifika einer bestimmten Situation vorliegt."[596] Generalisiertes Vertrauen stellt somit ein schwer beeinflussbares Persönlichkeitsmerkmal dar, welches als Grundlage der weiteren Vertrauensarten aufgefasst werden kann. Das *affektive Vertrauen* ist das auf einen bestimmten Vertrauensnehmer gerichtete Vertrauen.[597] Affektives Vertrauen entsteht aus den kumulierten emotionalen Erfahrungen eines Menschen und lässt sich daher ebenfalls nur schwer beeinflussen.

Unter dem Begriff des *kognitiven Vertrauens* sind sowohl das Reputationsvertrauen als auch das Erfahrungsvertrauen zu fassen. Beide Vertrauensarten sind durch das Verhalten des Controllerbereichs zu beeinflussen und werden hier primär abgebildet. Liegen bei dem betreffenden Manager noch keine oder nur sehr geringe Erfahrungen mit dem Controllerbereich vor, so stützt er seine Beurteilung des Vertrauens auf die Reputation des Controllerbereichs (*Reputationsvertrauen*).[598] D.h., er stüzt sein Urteil auf expliziten oder impliziten Informationen, die er von Dritten über den Controllerbereich erhält. Wenn der Manager hingegen bereits Erfahrungen mit dem Controllerbereich gesammelt hat und dabei sein Vertrauen nicht enttäuscht wurde, so baut sich über die Zeit *Erfahrungsvertrauen* bei dem Manager auf.

Zur Messung von Vertrauen als Einstellungskonstrukt ist lediglich ein implizites, subjektives Verfahren geeignet.[599] Wie in der Konzeptualisierung beschrieben, lässt sich Vertrauen in die zwei Dimensionen Glaubwürdigkeit zum einen und Wohlwollen zum anderen differenzieren. GEYSKENS/STEENKAMP/KUMAR (1999) weisen diesen Aufbau des Konstrukts in ihrer Meta-Analyse empirisch nach.[600] Auch DONEY/CANNON (1997) unterscheiden in ihrer Konzeptualisierung diese beiden Dimensionen, bemerken aber zusätzlich, dass diese beiden Elemente so dicht

595 Vgl. Ripperger (1998), S. 99 ff.

596 Kenning (2002), S. 13; vgl. auch Ripperger (1998), S. 101.

597 Vgl. Grund (1998), S. 109; Ripperger (1998), S. 105; Kenning (2002), S. 14.

598 Vgl. Grund (1998), S. 109; Kenning (2002), S. 15.

599 Bei objektiven Indikatoren zur Messung von Vertrauen ist die Validität der Messung nicht gewährleistet. Bei expliziten, subjektiven Befragungen, also der direkten Befragung nach dem Vertrauen, besteht die Gefahr eines unterschiedlichen Verständnisses von Vertrauen bzw. einer Fehlinterpretation. Daher ist das implizite subjektive Verfahren zu wählen. Vgl. Ripperger (1998), S. 252 ff.; Kenning (2002), S. 46 f.

600 Vgl. Geyskens/Steenkamp/Kumar (1999), S. 225.

verbunden sind, dass sie bei der Operationalisierung nicht trennbar sind. Auch WALLENBURG (2004) konzeptualisiert Vertrauen mit den beiden Dimensionen, extrahiert aber bei der explorativen Faktorenanalyse lediglich ein einfaktorielles Konstrukt.

Auch in der vorliegenden Arbeit soll das Konstrukt Vertrauen anhand dieser beiden Dimensionen operationalisiert werden. So beziehen sich vier Indikatoren auf die Glaubwürdigkeit und drei Indikatoren auf das Wohlwollen. Die Operationalisierung des Konstrukts ist an DONEY/CANNON (1997) und WERNER (1997) angelehnt.[601] Analog zu den beiden Autoren zeigte sich auch bei der vorliegenden Untersuchung in der explorativen Faktorenanalyse eine einfaktorielle Struktur des Konstrukts. Auf Grund mangelnder Item-to-Total-Korrelation wurden drei Indikatoren eliminiert. Die Gütekriterien sind insgesamt als sehr zufrieden stellend zu bezeichnen (vgl. Tabelle 18).

Informationen zu den einzelnen Indikatoren des Faktors "**Vertrauen**"			
Bezeichnung des Indikators	Item-to-Total-Korrelation	Indikator-reliabilität	t-Wert der Faktorladung
Unser Controlling hält immer die Versprechen, die es mir macht.	Eliminiert		
Manchmal habe ich das Gefühl, dass das Controlling unaufrichtig zu mir ist.	Eliminiert		
Ich habe das Gefühl, dass unser Controlling die Interessen meiner Geschäftseinheit/Abteilung sehr gut vertritt.	0,61	0,43	-
Unser Controlling ist bei auftretenden Problemen immer ehrlich zu mir.	0,72	0,61	13,39
Ich bin davon überzeugt, dass unser Controlling sein möglichstes tut, um auftretende Probleme zu beseitigen.	0,75	0,69	14,03
Unser Controlling ist ein absolut vertrauenswürdiger Partner.	0,79	0,80	14,56
Unser Controlling hat ein starkes Interesse daran, dass meine Geschäftseinheit/Abteilung erfolgreich ist.	Eliminiert		

Informationen zum Faktor "**Vertrauen**"			
Cronbachsches Alpha:	0,87	Erklärte Varianz:	0,63
Chi-Quadrat-Wert (Freiheitsgrade):	1,48 (2)	p-Wert:	0,48
GFI:	1,00	AGFI:	0,99
CFI:	0,99	RMSEA:	0,00
Faktorreliabilität:	0,87	Durchschnittlich erfasste Varianz:	0,62

Tabelle 18: Informationen zum Konstrukt "Vertrauen"

601 Vgl. Doney/Cannon (1997), S. 48; Werner (1997), S. 147.

5.2.3 Nutzungsintensität der Funktionen des Controllerbereichs

In Kapitel 2.1.2 wurde bereits die Vielschichtigkeit des Aufgabenkataloges des Controllerbereichs dargelegt. Dabei wurden die Controlleraufgaben in Entlastungs-, Ergänzungs- und Begrenzungsaufgaben unterschieden. Da jedoch die Ergänzungs- und Begrenzungsaufgaben inhaltlich sehr eng verwandt sind und sich nur durch das Vorliegen eines Könnens- bzw. eines Wollensdefizits beim Manager unterscheiden, ist diese Unterteilung empirisch nur schwer fassbar und somit für die vorliegende Untersuchung ungeeignet. In Anlehnung an WEBER (2004) soll bei der Operationalisierung daher die Unterscheidung in *Führungsunterstützungsaufgaben* auf der einen Seite und *Rationalitätssicherungsaufgaben* auf der anderen Seite vorgenommen werden. Die Führungsunterstützungsaufgaben umfassen im Kern die Informationsversorgungs-, Planungs- und Kontrollaufgaben. Es handelt sich dabei um Aufgaben, "[...] die die Manager in ihrer Führungsfunktion unterstützen."[602] Die Rationalitätssicherungsaufgaben spiegeln dagegen die beiden verbleibenden Aufgabentypen, die interne Beratung und den kritischen Counterpart wider. Nachfolgend werden die beiden Aufgabentypen näher erläutert und in ein Messmodell überführt.

5.2.3.1 Nutzungsintensität der Führungsunterstützungsaufgaben

Der erste Bereich der Führungsunterstützungsaufgaben besteht in der Übernahme großer Teile der *Informationsversorgungsfunktion.*[603] Die Informationsaufgaben des Controllerbereichs gliedert AMSHOFF (1993) in systemorientierte und prozessorientierte Teilaufgaben, wobei sich erstere auf die Entwicklung und den Betrieb des Informationsversorgungs- bzw. Berichtssystems fokussieren und letztere den Prozess der Informationsversorgung von der Ermittlung des Informationsbedarfs, über die Suche und Aufbereitung der Informationen bis zur Speicherung und Übermittlung von Informationen abdecken.[604]

Der zweite wesentliche Bereich der Führungsunterstützungsaufgaben liegt im Bereich *Planungsunterstützung und -management.*[605] Planungsunterstützung bezieht sich

[602] Weber (2004), S. 43.
[603] Vgl. Weber/Schäffer/Prenzler (2001), S. 5 f. Zur ausführlichen Erläuterung der Informationsversorgung siehe Küpper (2001), S. 109 ff.; Weber (2002), S. 89 ff.
[604] Vgl. Amshoff (1993), S. 267; vgl. auch Eschenbach/Niedermayr (1996), S. 75; Küpper (2001), S. 110; Weber (2004), S. 105 ff.
[605] Vgl. Weber/Schäffer/Prenzler (2001), S. 6 f.

hierbei auf die Übernahme von Planungsaufgaben, während Planungsmanagement die Koordination und Gestaltung des Planungssystems meint.[606] Im Bereich der Planungsunterstützung[607] kann zwischen dem zu planenden Inhalt und den Prozessschritten der Planungsunterstützung unterschieden werden.[608] Inhaltlich kann Planung vor allem in operative Planung, Mittelfristplanung und strategische Planung gegliedert werden.[609] Das Planungsmanagement gliedert sich in drei Teilaufgaben und zwar die Gestaltung des Planungssystems, die methodische und instrumentelle Unterstützung der Planer und die Unterstützung des Planungsablaufs durch Übernahme prozessualer Teilaufgaben.[610]

Den dritten Bereich, die *Kontrolle*, charakterisiert WEBER (2004) mit der rein technischen Soll-Ist-Abweichungsanalyse, der Analyse der Abweichungsursachen sowie der Unterbreitung von Anpassungsvorschlägen.[611] In dieser Untersuchung soll die Kontrolle im engeren Sinne verstanden werden, so dass die Unterbreitung von Anpassungsvorschlägen hier nicht als Teil der Kontrolle angesehen wird.

Bei der Operationalisierung der *Nutzungsintensität der Informationsversorgungsaufgabe* des Controllerbereichs wird auf die prozessualen Aufgaben Bezug genommen. Die systembildenden Aufgaben werden hier vernachlässigt, da der Betrieb und die Pflege des Informationssystems für den Manager zumeist nicht wahrnehmbar sind. Wahrnehmbare, signifikante Änderungen im Informationssystem sind darüber hinaus zumeist Folge größerer Veränderungsprojekte (z.B. Einführung von SAP), die in dieser Studie aber ebenfalls nicht im Fokus der Betrachtung stehen. Zur Operationalisierung werden jedoch nicht die einzelnen Schritte der Informationsbereitstellung verwendet, sondern es soll nach dem Grad der Nutzung des Controllerbereichs bei der

606 Andere Autoren nehmen ähnliche Gliederungen der Planung vor und trennen zwischen Planungsinhalten und Planungsgestalltung bzw. materiellen und formalen Planungsteilaufgaben. Vgl. Szyperski/Müller-Böling (1984), S. 125 ff.; Amshoff (1993), S. 249; Küpper (2001), S. 69.

607 Amshoff (1993), S. 250 ff. spricht von materiellen Planungsaufgaben.

608 Vgl. Weber (2004), S. 338.

609 Vgl. Eschenbach/Niedermayr (1996), S. 73; Hahn/Hungenberg (2002), S. 96 f.; Küpper (2001), S. 68.

610 Vgl. Weber (2002), S. 343 f.

611 Vgl. Weber (2002), S. 352; Amshoff (1993), S. 259 ff. gliedert die Kontrollaufgaben analog zu den Planungsaufgaben. Da sowohl in der Theorie als auch Praxis eine Diskussion der Kontrollsysteme nicht im Fokus steht, soll von der Aufgabe des Kontrollmanagements abgesehen und nur die Kontrollunterstützung analysiert werden. Vgl. auch Gaydoul (1980), S. 131 f.; Küpper (2001), S. 169.

Bereitstellung von Informationen insgesamt gefragt werden.[612] Wichtig ist hierbei die Unterscheidung von monetären und nichtmonetären Informationen. Während die Bereitstellung monetärer Informationen in den meisten Unternehmen einen Kernbereich der Controller darstellt, haben die nichtmonetären Informationen insbesondere durch die Diskussion um die Balanced Scorecard erst in den letzten Jahren verstärkt Eingang in die Controllingdiskussion gefunden. Bei der empirischen Erhebung wurden die Manager gefragt, mit welcher Intensität sie den Controllerbereich für die Aufgaben der Bereitstellung von monetären und nichtmonetären Informationen nutzen. Als Messskala wird in Anlehnung an AMSHOFF (1993) eine 5er-Skala von "keine Controllingaufgabe" bis "sehr wichtig, eine der Hauptaufgaben" genutzt.[613] Das Konstrukt der Nutzungsintensität der Informationsversorgungsaufgabe bildet sich formativ aus zwei Indikatoren. Die t-Werte der Tabelle 19 zeigen, dass beide Indikatoren signifikant zur Bildung des Konstrukts beitragen.

Informationen zu den einzelnen Indikatoren des Faktors "**Nutzungsintensität Informationsversorgungsaufgaben**"					
Bezeichnung des Indikators	Ursprüngliche Schätzwerte	Mittelwert der erzeugten Fälle	Standardabweichung	t-Werte	Variance Inflation Factor
Bereitstellung von monetären Informationen	0,32	0,33	0,12	2,65	1,00
Bereitstellung von nichtmonetären Informationen	0,96	0,96	0,04	21,68	1,00
Konditionsindex: 10,03					

Tabelle 19: Informationen zum Konstrukt "Nutzungsintensität Informationsversorgungsaufgaben"

Im Bereich der *Planungsaufgaben* werden die systembildenden Maßnahmen ebenfalls nicht betrachtet. Bei der Planungsaufgabe wird der Grad der Unterstützung des Managements durch den Controllerbereich im Rahmen der operativen Planung, der Mittelfristplanung sowie der strategischen Planung erfragt.[614] Die drei Indikatoren bilden formativ das Messmodell zur Nutzungsintensität der Planungsfunktion. Die t-Werte zeigen, dass alle drei Indikatoren signifikant zur Bildung des Konstrukts beitragen (vgl. Tabelle 20)

612 Bei der Operationalisierung nach den Prozessschritten wäre die Überschneidungsfreiheit mit dem Konstrukt der internen Kundenorientierung nicht zu gewährleisten.

613 Vgl. Amshoff (1993), S. 305 ff.

614 Da das Wort der strategischen Planung in der Praxis nicht immer üblich ist, wurde bei der Formulierung auf die Erarbeitung von Strategien abgestellt.

Informationen zu den einzelnen Indikatoren des Faktors "**Nutzungsintensität Planungsaufgaben**"					
Bezeichnung des Indikators	Ursprüngliche Schätzwerte	Mittelwert der erzeugten Fälle	Standardabweichung	t-Werte	Variance Inflation Factor
Durchführung der operativen Planung	0,35	0,34	0,17	2,01	1,54
Durchführung der Mittelfristplanung	0,48	0,47	0,16	2,89	1,63
Erarbeitung von (Geschäftsfeld-) Strategien	0,51	0,50	0,11	4,75	1,09
Konditionsindex: 15,89					

Tabelle 20: Informationen zum Konstrukt "Nutzungsintensität Planungsaufgaben"

Zur Operationalisierung der *Kontrollaufgabe* werden in Anlehnung an AMSHOFF (1993) und WEBER (2004) die beiden Kerntätigkeiten des Kontrollprozesses – die Durchführung von Soll-Ist-Vergleichen sowie die Ermittlung und Analyse der Abweichungsursachen – herangezogen.[615] Wiederum bilden diese beiden Indikatoren formativ das Messmodell zur Nutzungsintensität der Kontrollfunktion. Die Gütekriterien sind Tabelle 21 zu entnehmen.

Informationen zu den einzelnen Indikatoren des Faktors "**Nutzungsintensität Kontrollaufgaben**"					
Bezeichnung des Indikators	Ursprüngliche Schätzwerte	Mittelwert der erzeugten Fälle	Standardabweichung	t-Werte	Variance Inflation Factor
Durchführung von Soll-Ist-Vergleichen	0,44	0,44	0,13	3,45	1,33
Ermittlung und Analyse der Abweichungsursachen	0,70	0,70	0,11	6,38	1,33
Konditionsindex: 20,01					

Tabelle 21: Informationen zum Konstrukt "Nutzungsintensität Kontrollaufgaben"

Um den Einfluss der internen Kundenorientierung auf die Gesamtheit der Führungsunterstützungsaufgabe zu untersuchen, werden die drei Konstrukte zur Nutzungsintensität der Informationsversorgungs-, Planungs- und Kontrollfunktion zu dem Konstrukt Nutzungsintensität von Führungsunterstützungsaufgaben zusammengeführt. Da es sich bei dem Konstrukt der Nutzungsintensität der Führungsunterstützungsaufgaben um ein Konstrukt höherer Ordnung handelt, welches auf der ersten und zweiten Ebene formativ gebildet wird, erfolgt die Operationalisierung des Konstrukts durch die Methode

[615] Vgl. Amshoff (1993), S. 259 ff.; Weber (2002), S. 352.

der wiederholten Indikatoren.[616] Bei dieser Methode wird das Konstrukt höherer Ordnung durch alle Indikatoren der unteren Ebene gemessen. Die Gütekriterien sind der Tabelle 22 zu entnehmen.

Informationen zu den einzelnen Indikatoren des Faktors "**Nutzungsintensität Führungsunterstützungsaufgaben**"					
Bezeichnung des Indikators	Ursprüngliche Schätzwerte	Mittelwert der erzeugten Fälle	Standardabweichung	t-Werte	Variance Inflation Factor
Bereitstellung von monetären Informationen	0,18	0,18	0,09	1,94	1,06
Bereitstellung von nichtmonetären Informationen	0,61	0,61	0,07	8,67	1,16
Durchführung der operativen Planung	0,52	0,52	0,09	6,07	1,83
Durchführung der Mittelfristplanung	0,60	0,60	0,07	8,33	1,66
Erarbeitung von (Geschäftsfeld-) Strategien	0,52	0,49	0,06	8,30	1,21
Durchführung von Soll-Ist-Vergleichen	0,69	0,68	0,07	9,73	1,63
Ermittlung und Analyse der Abweichungsursachen	0,80	0,79	0,05	15,83	1,50
Konditionsindex: 33,04					

Tabelle 22: Informationen zum Konstrukt "Nutzungsintensität Führungsunterstützungsaufgaben"

Es zeigt sich, dass insbesondere die beiden Indikatoren der Kontrolle die stärksten Faktorgewichte aufweisen. Dies lässt auf eine hohe Wichtigkeit der Kontrolle bei der Führungsunterstützung schließen. Der Konditionsindex überschreitet zwar den Grenzwert, da aber die einzelnen VIF-Werte sehr gering sind, liegt keine Multikollinearität vor.

5.2.3.2 Nutzungsintensität der Rationalitätssicherungsaufgaben

Unter Rationalitätssicherungsaufgaben wird vor allem die Arbeit des Controllers als kritischer Counterpart des Managements sowie als Berater des Managements subsumiert.[617]

---

[616] Vgl. Lohmöller (1989), S. 130 ff.

[617] Vgl. Weber/Schäffer/Prenzler (2001), S. 7 ff.

Die Funktion des kritischen Counterparts besteht im konstruktiven Hinterfragen und Herausfordern des Managements. Der Controllerbereich soll so falsche Grundannahmen, Fehlplanungen, Bewertungsfehler etc. aufdecken und korrigieren.[618]
In der Funktion des Beraters des Managements übernimmt der Controller Aufgaben, die den Aufgaben von Unternehmensberatern entsprechen. HOFFMANN (1991) definiert Unternehmensberatung dabei wie folgt: "Unter Unternehmensberatung verstehen wir eine von einem unabhängigen, eigenverantwortlichen, professionellen Berater individuell für die Klientenorganisation marktmäßig erbrachte Dienstleistung, welche darauf ausgerichtet ist, in einem interaktiven Prozess gemeinsam mit dem Klienten ein Lösungskonzept für eine komplexe betriebswirtschaftliche Problemstellung zu erarbeiten und auf Wunsch auch dessen Implementierung zu unterstützen."[619] In der Funktion des internen Beraters übernimmt der Controller somit einen aktiven Part in der Erarbeitung von Lösungs- und Verfahrenskonzepten sowie in der Implementierung derselbigen.[620]

Die Rolle des *internen Beraters* wird in der vorliegenden Studie insbesondere durch die Tätigkeiten der Controller bei der Erarbeitung von Lösungskonzepten und ihrer Unterstützung bei der Implementierung operationalisiert, wobei eine Unterscheidung zwischen der Unterstützung der Controller im Rahmen von operativen und strategischen Projekten getroffen wird.[621] Die Indikatoren und die Gütekriterien des Konstrukts sind Tabelle 23 zu entnehmen.

---

618 Vgl. Weber/Schäffer/Prenzler (2001), S. 8; Weber (2004), S. 42.
619 Hoffmann (1991), S. 40; ähnlich Niedereichholz (2001), S. 1.
620 Vgl. Weber/Schäffer/Prenzler (2001), S. 9; Weber (2004), S. 552.
621 Von einer Befragung nach der Erarbeitung strategischer Maßnahmen wird, zur Wahrung der Überschneidungsfreiheit mit dem Konstrukt der Nutzungsintensität der Planungsaufgaben, abgesehen.

Informationen zu den einzelnen Indikatoren des Faktors "**Nutzungsintensität Beratungsaufgaben**"					
Bezeichnung des Indikators	Ursprüngliche Schätzwerte	Mittelwert der erzeugten Fälle	Standardabweichung	t-Werte	Variance Inflation Factor
Erarbeitung von operativen Verbesserungsmaßnahmen	0,45	0,44	0,10	4,42	1,53
Unterstützung der Implementierung von operativen Verbesserungsmaßnahmen	0,30	0,29	0,15	2,00	2,28
Unterstützung der Implementierung von (Geschäftsfeld-) Strategien	0,44	0,45	0,13	3,56	1,84
Konditionsindex: 11,01					

Tabelle 23: Informationen zum Konstrukt "Nutzungsintensität Beratungsaufgaben"

Zur Operationalisierung des *kritischen Counterparts* wird auf das Konstrukt von BAUER (2002) zurückgegriffen, welches um einen weiteren Indikator ergänzt wird.[622] Die Gütekriterien des formativen Messmodells sind Tabelle 24 zu entnehmen.

Informationen zu den einzelnen Indikatoren des Faktors "**Nutzungsintensität 'Kritischer Counterpart'-Aufgaben**"					
Bezeichnung des Indikators	Ursprüngliche Schätzwerte	Mittelwert der erzeugten Fälle	Standardabweichung	t-Werte	Variance Inflation Factor
Herausfordern/kritisches Hinterfragen von Entscheidungen des Managements	0,39	0,39	0,15	2,55	2,35
Konstruktiver Sparringspartner des Managements	0,30	0,30	0,16	1,81	2,77
Kritische Prüfung von Aussagen zu Ergebniswirkungen von geplanten Maßnahmen	0,44	0,43	0,11	3,90	2,15
Konditionsindex: 14,40					

Tabelle 24: Informationen zum Konstrukt "Nutzungsintensität 'Kritischer Counterpart'-Aufgaben"

Die Gütekriterien des Messmodells weisen sehr gute Werte auf. Sowohl die globalen als auch die lokalen Gütekriterien erfüllen die an sie gestellten Anforderungen.

Analog zur Nutzungsintensität der Führungsunterstützungsaufgaben soll auch für die Nutzungsintensität der Rationalitätssicherungsaufgaben das Konstrukt der höheren Ordnung durch die Methode der wiederholten Indikatoren gebildet werden. Wie aus

622 Vgl. Bauer (2002), S. 188.

Tabelle 25 hervorgeht, weisen alle Indikatoren sehr hohe t-Werte auf. Darüber hinaus ist anzumerken, dass die Indikatoren der Funktion des kritischen Counterparts höhere Faktorgewichte aufweisen als die der Funktion des internen Beraters, was auf eine höhere Wichtigkeit der kritischen Counterpartrolle bei der Rationalitätssicherung schließen lässt.

Informationen zu den einzelnen Indikatoren des Faktors "**Nutzungsintensität Rationalitätssicherungsaufgaben**"					
Bezeichnung des Indikators	Ursprüngliche Schätzwerte	Mittelwert der erzeugten Fälle	Standardabweichung	t-Werte	Variance Inflation Factor
Erarbeitung von operativen Verbesserungsmaßnahmen	0,69	0,70	0,04	16,00	1,72
Unterstützung der Implementierung von operativen Verbesserungsmaßnahmen	0,73	0,73	0,05	14,88	2,32
Unterstützung der Implementierung von (Geschäftsfeld-) Strategien	0,71	0,70	0,05	13,37	2,05
Herausfordern von Entscheidungen des Managements	0,82	0,81	0,04	18,94	2,50
Konstruktiver Sparringspartner des Managements	0,82	0,80	0,04	20,15	2,92
Kritische Prüfung von Aussagen zu Ergebniswirkungen von geplanten Maßnahmen	0,83	0,81	0,05	18,48	2,19
Konditionsindex: 19,37					

Tabelle 25: Informationen zum Konstrukt "Nutzungsintensität Rationalitätssicherungsaufgaben"

5.2.4 Einfluss des Controllerbereichs auf die Entscheidungsfindung

Die Funktion des Controllers als Rationalitätssicherer erfordert ein gewisses Maß an Einfluss, um über die reine Rolle als "Zulieferer" des Managements hinaus aktiv zu werden. Über dieses reine Mindestmaß hinaus kann der Einfluss auf den Willensbildungsprozess und somit das Verhalten der Organisation in der Entscheidungsfindung unterschiedlich ausgeprägt sein. Das Management kann den Controllerbereich mehr oder weniger Einfluss gewähren bzw. übertragen.

Unter Einfluss oder Macht des Controllerbereichs kann dabei die Möglichkeit verstanden werden, das Handeln von bestimmten Personen oder Gruppen in Richtung der

Vorstellungen des Controllerbereichs zu gestalten.[623] Einfluss und Macht werden in dieser Studie als Synonyme verwendet. Nachfolgend wird insbesondere auf die horizontale Macht des Controllerbereichs abgestellt, die in Anlehnung an HOMBURG/KROHMER/WORKMAN (2000) definiert werden kann als der Einfluss des Controllerbereichs auf Entscheidungen über erfolgsrelevante Unternehmensaktivitäten im Vergleich zu anderen Funktionsbereichen (wie z.B. Marketing).[624] In dieser Sicht stellt sich die Frage, welchen Einfluss die einzelnen Unternehmenseinheiten innerhalb des Unternehmens auf die Unternehmensentscheidungen haben und welche Gründe die Machtverteilung im Unternehmen determinieren. Zur Erklärung intraorganisationaler Machtstrukturen können der situative Ansatz und die Ressourcenabhängigkeitsperspektive herangezogen werden.

Einen wesentlichen Beitrag im *situativen Ansatz* stellt die Arbeit von HICKSON ET AL. (1971) dar, der von HININGS ET AL. (1974) empirisch validiert wurde.[625] Demnach hat eine Unternehmenseinheit umso mehr Macht,

- je mehr die Unternehmenseinheit das Unternehmen vor Unsicherheit schützt,
- je weniger die Fähigkeiten der Einheit kopierbar sind und
- je höher der Zentralitätsgrad der betrachteten Einheit im Unternehmensgeflecht ist.[626]

Eine Unternehmenseinheit kann die erstgenannte Dimension, den *Schutz vor Unsicherheit*, auf drei verschiedene Arten erreichen, und zwar durch Prävention (z.B. Hedging von Währungskursschwankungen), Information (z.B. Erstellung eines Sales Forecast) und Reaktion (z.B. Anwendung neuer Verkaufsmethoden bei Umsatzeinbrüchen).[627] Durch diese Methoden schafft die Unternehmenseinheit eine wahrgenommene Sicherheit für andere Abteilungen und bildet somit eine Abhängigkeitsbeziehung aus.

Die zweite Dimension ist der *Grad der Ersetzbarkeit der Fähigkeiten* einer Abteilung durch andere Abteilungen. So ist der Controllerbereich umso mächtiger, je geringer

---

623 Vgl. Homburg/Krohmer/Workman (2000), S. 79; Bauer (2002), S. 122; Homburg/Krohmer (2003), S. 728.

624 Der Ausgangspunkt der intraorganisationalen Machtdiskussion findet sich in der Sichtweise der Organisation als politisches Modell bzw. als Beziehung von Individuen oder Gruppen; vgl. Homburg/Krohmer/Workman (2000), S. 79. Für eine ähnliche Definition vgl. Bauer (2002), S. 122.

625 Vgl. Hinings et al. (1974), S. 22 ff.; vgl. auch die empirische Studie von Saunders/Scamell (1982).

626 Vgl. Hickson et al. (1971), S. 219.

627 Vgl. Hickson et al. (1971), S. 219 f.

der Anteil der Informationen ist, der auch von anderen Abteilungen "produziert" werden könnte.[628]

Die dritte Dimension, der *Zentralitätsgrad* – also das Ausmaß, in dem die Aktivitäten der Unternehmenseinheit mit denen anderer Unternehmenseinheiten verbunden sind – hat zwei Subdimensionen. Zum einen ist der Durchdringungsgrad der Aktivitäten entscheidend. Der Durchdringungsgrad beschreibt die Stärke, mit der die Arbeitsgänge der betrachteten Abteilung mit denen anderer Abteilungen verbunden sind. Zum anderen ist die Direktheit der Wirkung der Aktivitäten wichtig, also die Geschwindigkeit und das Ausmaß, in dem Handlungen einer Subeinheit die Outputs einer anderen Subeinheit bestimmen.[629]

Einen zweiten Erklärungsansatz liefert die *Ressourcenabhängigkeitsperspektive*. Danach erhöht die "[...] Bereitstellung wertvoller Ressourcen, die nicht einfach substituiert werden können und von denen andere Teileinheiten abhängen, [...] die Macht einer Teileinheit."[630] Dieser Erklärungsansatz ist mit dem zweiten Punkt von HICKSON ET AL. (1971) stark verwandt.

Die Operationalisierung des Einflusses, der dem Controlling vom Management gewährt wird, erfolgt mit drei Items, wobei ein Item sich auf die Messung von BAUER (2002) stützt.[631] Die beiden anderen wurden zusätzlich zur Messung aufgenommen. Die Indikatoren und die Gütekriterien sind in der Tabelle 26 aufgeführt. Die Gütekriterien sind insgesamt als sehr gut zu bezeichnen.

---

628 Vgl. Hickson et al. (1971), S. 220 f.
629 Hickson et al. (1971), S. 221 f.
630 Homburg/Krohmer/Workman (2000), S. 80.
631 Vgl. Bauer (2002), S. 211.

Informationen zu den einzelnen Indikatoren des Faktors "**Einfluss des Controllerbereichs**"			
Bezeichnung des Indikators	Item-to-Total-Korrelation	Indikator-reliabilität	t-Wert der Faktorladung
Das Controlling spielt eine sehr wichtige Rolle bei der Entscheidungsfindung in unserer Organisation.	0,74	0,62	-
Ich lege großen Wert auf die Meinung des Controllings bei der Entscheidungsfindung.	0,83	0,85	19,49
Das Controlling hat einen starken Einfluss auf die Entscheidungen des Managements in unserer Geschäftseinheit.	0,78	0,71	18,76

Informationen zum Faktor "**Einfluss des Controllerbereichs**"			
Cronbachsches Alpha:	0,89	Erklärte Varianz:	0,73
Chi-Quadrat-Wert (Freiheitsgrade):	-*	p-Wert:	-*
GFI:	-*	AGFI:	-*
CFI:	-*	RMSEA:	-*
Faktorreliabilität:	0,89	Durchschnittlich erfasste Varianz:	0,73

* Bei drei Indikatoren hat ein konfirmatorisches Modell keine Freiheitsgrade. Eine Berechnung dieser Maße ist daher nicht sinnvoll.

Tabelle 26: Informationen zum Konstrukt "Einfluss des Controllerbereichs"

5.2.5 Qualität des Führungszyklus

Wie in Kapitel 2.1 beschrieben, ist das Ziel der Rationalitätssicherung die Vermeidung von Könnens- und Wollensdefiziten im Führungszyklus. Der Erfolg des Controllerbereichs kann somit an der Qualität des Führungszyklus festgemacht werden. Der Führungszyklus kann in Anlehnung an WEBER/SCHÄFFER (1998a) in die Phasen der Willensbildung, Willensdurchsetzung, Ausführung und Kontrolle gegliedert werden.[632] Die Willensbildung beschreibt dabei die Formulierung der Ziele und die Willensdurchsetzung die Maßnahmen zur Umsetzung. Die Ausführung umfasst die Realisation des gebildeten Willens. Der Abgleich des Ist-Zustands mit dem gebildeten Willen stellt dann die Kontrolle dar.

Zur Operationalisierung wird eine subjektive Erhebung der Qualität des Führungszyklus durchgeführt.[633] Die Messung der Zufriedenheit erfolgt über eine Einschätzung der Qualität der Elemente des Führungszyklus. Dabei wird die Zufriedenheit mit der Willensbildung mit dem Dreischritt Input, Prozess und Output über drei Items operationa-

632 Vgl. für nachfolgende Ausführungen Weber/Schäffer (1998a), S. 15; Sandt (2004), S. 193.

633 Zum einen fehlen mögliche objektive Maßstäbe, zum anderen zeigen Ergebnisse aus dem Bereich des Unternehmenserfolgs, dass subjektive Maßstäbe und objektive Maßstäbe stark korrelieren; vgl. Dess/Robinson (1984), S. 270.

lisiert.[634] Die Phasen der Willensdurchsetzung und der Ausführung werden mit der Frage nach der Zufriedenheit mit der Umsetzung abgedeckt. Die Zufriedenheit der Kontrolle wird direkt erfragt.

Die einzelnen Indikatoren und die Gütekriterien gehen aus der Tabelle 27 hervor.

Informationen zu den einzelnen Indikatoren des Faktors "**Qualität des Führungszyklus**"			
Bezeichnung des Indikators	Item-to-Total-Korrelation	Indikator-reliabilität	t-Wert der Faktorladung
Mit der *Informationsgrundlage bei wichtigen Entscheidungen* in unserem Hause bin ich sehr zufrieden.	0,79	0,72	-
Mit dem *Prozess der Entscheidungsfindung* bin ich sehr zufrieden.	0,80	0,76	21,45
Mit den *Ergebnissen wichtiger Entscheidungen* bin ich sehr zufrieden.	0,78	0,70	20,37
Mit der *Umsetzung wichtiger Entscheidungen* bin ich sehr zufrieden.	Eliminiert		
Mit der *Kontrolle wichtiger Entscheidungen* bin ich sehr zufrieden.	0,72	0,59	17,96

Informationen zum Faktor "**Qualität des Führungszyklus**"			
Cronbachsches Alpha:	0,90	Erklärte Varianz:	0,69
Chi-Quadrat-Wert (Freiheitsgrade):	1,74 (2)	p-Wert:	0,02
GFI:	1,00	AGFI:	0,99
CFI:	1,00	RMSEA:	0,00
Faktorreliabilität:	0,90	Durchschnittlich erfasste Varianz:	0,69

Tabelle 27: Informationen zum Konstrukt "Qualität des Führungszyklus"

Auf Grund mangelnder Item-to-Total-Korrelation wurde der vierte Indikator eliminiert. Die übrigen Indikatoren führen jedoch zu sehr guten Werten bei den Gütekriterien.

5.2.6 Unternehmenserfolg

Die Operationalisierung des Konstrukts Unternehmenserfolg ist in der betriebswirtschaftlichen Literatur oft diskutiert worden und bleibt dennoch eine umstrittene Fragestellung.[635] Bei der Operationalisierung des Unternehmenserfolgs wird in der Literatur

---

[634] Die Operationalisierung basiert auf Sandt (2004), S. 194 und wurde um die beiden Items Zufriedenheit mit der Informationsversorgung und mit dem Prozess der Entscheidungsfindung erweitert. Reitmeyer (2000), S. 77 und Spieker (2003), S. 59 verwenden ein ähnliches Vorgehen zur Messung der Entscheidungsqualität.

[635] Vgl. Connolly/Conlon/Deutsch (1980), S. 211; vgl. auch die Vielzahl der unterschiedlichen Messansätze bei Bhargava/Dubelaar/Ramaswami (1994), S. 242.

zwischen objektiven und subjektiven Erfolgsgrößen unterschieden.[636] Die objektiven Größen umfassen Kriterien wie Umsatz, Gewinn, Umsatzrendite etc. Subjektive Erfolgsgrößen beziehen sich hingegen auf die subjektive Einschätzung der befragten Personen. In der vorliegenden Untersuchung wird auf Grund der Schwierigkeiten in der Erhebung der objektiven Erfolgsgrößen auf die subjektiven Erfolgsgrößen zurückgegriffen. So liegen die objektiven Erfolgsmaßstäbe zum einen oftmals nicht in der abgefragten Weise vor und zum anderen besteht bei der Abfrage objektiver Erfolgsgrößen die Gefahr, dass die Antwortbereitschaft signifikant zurückgeht.[637] Darüber hinaus zeigen empirische Untersuchungen auch eine hohe Korrelation zwischen objektiven und subjektiven Erfolgsmaßstäben, so dass beide Messmethoden zu sehr ähnlichen Ergebnissen kommen.[638]

In dieser Untersuchung soll auf die Konzeptualisierung des Unternehmenserfolgs von RUEKERT/WALKER/ROERING (1985) zurückgegriffen werden,[639] die in der Controllingforschung bereits mehrfach Verwendung fand.[640] Der Ansatz unterteilt Unternehmenserfolg in die Dimensionen Anpassungsfähigkeit, Markterfolg und wirtschaftlichen Erfolg. Zur Operationalisierung der Skalen konnte auf vorherige Arbeiten der Controllingforschung zurückgegriffen werden.[641]

Unter Anpassungsfähigkeit wird die Fähigkeit verstanden, sich auf Veränderungen der Umwelt einzustellen.[642] Der Faktor wird durch vier Items gebildet, die sich auf die subjektive Einschätzung der Anpassungsfähigkeit der Unternehmung relativ zum Wettbewerb beziehen. Die Gütekriterien sind insgesamt sehr zufrieden stellend und können Tabelle 28 entnommen werden.

---

636 Vgl. Dalton et al. (1980), S. 15; Dehler (2001), S. 226.

637 Vgl. Sandt (2004), S. 189 f.

638 Vgl. Dess/Robinson (1984), S. 270; Venkatraman/Ramanujam (1986), S. 801 ff.; Robinson/Pearce (1988), S. 43 ff.; Hart/Banbury (1994), S. 251 ff.

639 Vgl. Ruekert/Walker/Roering (1985), S. 15; Irving (1995), S. 179.

640 Vgl. Schäffer/Willauer (2003), S. 30; Sandt (2004), S. 190.

641 Vgl. Schäffer/Willauer (2003), S. 38; Sandt (2004), S. 190.

642 Vgl. Ruekert/Walker/Roering (1985), S. 15; Krohmer (1999), S. 169; Dehler (2001), S. 229.

Informationen zu den einzelnen Indikatoren des Faktors "**Anpassungsfähigkeit**"			
Bezeichnung des Indikators	Item-to-Total-Korrelation	Indikator-reliabilität	t-Wert der Faktorladung
Hohe Anpassungsfähigkeit/Flexibilität der Organisation	Eliminiert		
Schnelle Anpassung der Produkte an neue Kundenbedürfnisse	0,72	0,61	-
Schnelle Reaktion auf neue Entwicklungen am Markt	0,84	0,98	17,59
Schnelle Nutzung neuer Marktchancen	0,66	0,49	15,60
Informationen zum Faktor "**Anpassungsfähigkeit**"			
Cronbachsches Alpha:	0,86	Erklärte Varianz:	0,69
Chi-Quadrat-Wert (Freiheitsgrade):	-*	p-Wert:	-*
GFI:	-*	AGFI:	-*
CFI:	-*	RMSEA:	-*
Faktorreliabilität:	0,87	Durchschnittlich erfasste Varianz:	0,70
* Bei drei Indikatoren hat ein konfirmatorisches Modell keine Freiheitsgrade. Eine Berechnung dieser Maße ist daher nicht sinnvoll.			

Tabelle 28: Informationen zum Konstrukt "Anpassungsfähigkeit"

Der Markterfolg hingegen umfasst die Effektivität der Unternehmung auf dem Absatzmarkt.[643] Ein hoher Markterfolg resultiert z.B. in der Erzielung einer hohen Kundenzufriedenheit, eines hohen Kundennutzens sowie einer starken Kundenbindung.[644] Zusätzlich zu den kundenbezogenen Erfolgsfaktoren werden auch übergreifende marktbezogene Erfolgsfaktoren wie z.B. Erreichung des angestrebten Wachstums sowie Erreichung eines angestrebten Marktanteils, in die Untersuchung miteinbezogen. Die Messung erfolgt anhand von sechs Indikatoren, die sowohl die kundenbezogenen als auch die marktbezogenen Erfolgsfaktoren abdecken.[645]

Im Zuge der Güteprüfung des Konstrukts zeigte sich bei der explorativen Faktorenanalyse ein zweifaktorielles Konstrukt. Daher werden die Gütekriterien für die beiden Faktoren kundenbezogener Erfolg und marktbezogener Erfolg nachfolgend getrennt vorgestellt. In Tabelle 29 finden sich die Gütekriterien für den Faktor kundenbezogener Erfolg. Die Gütekriterien können als zufrieden stellend bezeichnet werden.

---

643 Vgl. Reitmeyer (2000), S. 79 f.; Bauer (2002), S. 221; Sandt (2004), S. 190.

644 Vgl. auch Dehler (2001), S. 227.

645 Die Operationalisierung erfolgt in Anlehnung an Irving (1995), S. 179. Vgl. auch Krohmer (1999), Pflesser (1999), Becker (1999), Dehler (2001), Bauer (2002), Sandt (2004).

Informationen zu den einzelnen Indikatoren des Faktors "**Kundenbezogener Erfolg**"			
Bezeichnung des Indikators	Item-to-Total-Korrelation	Indikator-reliabilität	t-Wert der Faktorladung
Erzielung von hoher (Markt-) Kundenzufriedenheit	0,61	-*	-*
Erzielung eines hohen Nutzens für die (Markt-) Kunden	0,61	-*	-*
Bindung bestehender (Markt-) Kunden	Eliminiert		
Gewinnung/Akquisition von neuen (Markt-) Kunden	Eliminiert		

Informationen zum Faktor "**Kundenbezogener Erfolg**"			
Cronbachsches Alpha:	0,76	Erklärte Varianz:	0,80
Chi-Quadrat-Wert (Freiheitsgrade):	-*	p-Wert:	-*
GFI:	-*	AGFI:	-*
CFI:	-*	RMSEA:	-*
Faktorreliabilität:	-*	Durchschnittlich erfasste Varianz:	-*

* Zur Durchführung einer konfirmatorischen Faktorenanalyse ist eine Mindestzahl von drei Indikatoren notwendig. Eine Berechnung dieser Maße ist daher nicht möglich.

Tabelle 29: Informationen zum Konstrukt "Kundenbezogener Erfolg"

Die Gütekriterien für den zweiten Faktor sind Tabelle 30 zu entnehmen. Sowohl die erklärte Varianz als auch die Item-to-Total-Korrelation weisen gute Werte auf.

Informationen zu den einzelnen Indikatoren des Faktors "**Marktbezogener Erfolg**"			
Bezeichnung des Indikators	Item-to-Total-Korrelation	Indikator-reliabilität	t-Wert der Faktorladung
Erreichung des angestrebten Wachstums	0,72	-*	-*
Erreichung des angestrebten Marktanteils	0,72	-*	-*

Informationen zum Faktor "**Marktbezogener Erfolg**"			
Cronbachsches Alpha:	0,83	Erklärte Varianz:	0,86
Chi-Quadrat-Wert (Freiheitsgrade):	-*	p-Wert:	-*
GFI:	-*	AGFI:	-*
CFI:	-*	RMSEA:	-*
Faktorreliabilität:	-*	Durchschnittlich erfasste Varianz:	-*

* Zur Durchführung einer konfirmatorischen Faktorenanalyse ist eine Mindestzahl von drei Indikatoren notwendig. Eine Berechnung dieser Maße ist daher nicht möglich.

Tabelle 30: Informationen zum Konstrukt "Marktbezogener Erfolg"

Die Ermittlung des wirtschaftlichen Erfolgs basiert auf der subjektiven Bewertung der Umsatzrendite im Vergleich zum Wettbewerb. Die Umsatzrendite ist definiert als der Quotient zwischen dem Jahresüberschuss und dem Umsatz des Jahres. Die Befragung erfolgt sowohl mit Bezug auf die subjektive Einschätzung des Niveaus als auch die Entwicklung über die letzten drei Jahre. Die Gütekriterien finden sich in Tabelle 31.

Informationen zu den einzelnen Indikatoren des Faktors "**Wirtschaftlicher Erfolg**"			
Bezeichnung des Indikators	Item-to-Total-Korrelation	Indikator-reliabilität	t-Wert der Faktorladung
Unsere Umsatzrendite war im letzten Geschäftsjahr im Vergleich zu unseren Wettbewerbern...	0,82	0,83	-
Unsere Umsatzrendite war im Durchschnitt der letzten drei Geschäftsjahre im Vergleich zu unseren Wettbewerbern ...	0,80	0,75	22,14
Die Entwicklung unserer Umsatzrendite war in den letzten drei Jahren im Vergleich zu der unserer Wettbewerber ...	0,75	0,63	19,91

Informationen zum Faktor "**Wirtschaftlicher Erfolg**"			
Cronbachsches Alpha:	0,89	Erklärte Varianz:	0,74
Chi-Quadrat-Wert (Freiheitsgrade):	-*	p-Wert:	-*
GFI:	-*	AGFI:	-*
CFI:	-*	RMSEA:	-*
Faktorreliabilität:	0,90	Durchschnittlich erfasste Varianz:	0,74
* Bei drei Indikatoren hat ein konfirmatorisches Modell keine Freiheitsgrade. Eine Berechnung dieser Maße ist daher nicht sinnvoll.			

Tabelle 31: Informationen zum Konstrukt "Wirtschaftlicher Erfolg"

Nach der Untersuchung der einzelnen Faktoren des Unternehmenserfolgs soll nachfolgend das reflektive Gesamtmodell des Unternehmenserfolgs analysiert werden, welches die vier Faktoren Anpassungsfähigkeit, kundenbezogener Erfolg, marktbezogener Erfolg und wirtschaftlicher Erfolg enthält. Die Ergebnisse des Konstruktverbundes gehen aus Tabelle 32 hervor. Insgesamt sind die Ergebnisse der Güteprüfung sehr zufrieden stellend.

Informationen zum Konstruktverbund der Erfolgsdimensionen					
Chi-Quadrat-Wert:	99,85				
Freiheitsgrade (df):	48				
p-Wert:	0,00				
RMSEA:	0,05				
GFI:	0,96				
AGFI:	0,94				
CFI:	0,98				
Informationen zu den einzelnen Faktoren und Indikatoren					
Bezeichnung des Faktors	Indikator	Indikator-reliabilität	t-Wert der Faktorladung	Faktor-reliabilität	Durchschnittlich erfasste Varianz
Anpassungsfähigkeit	1	0,64	-	0,87	0,70
	2	0,93	19,72		
	3	0,52	16,12		
Kundenbezogener Erfolg	4	0,61	-	0,76	0,61
	5	0,62	9,81		
Marktbezogener Erfolg	6	0,74	-	0,83	0,72
	7	0,70	13,45		
Wirtschaftlicher Erfolg	8	0,81	-	0,90	0,74
	9	0,76	22,63		
	10	0,67	20,69		

Tabelle 32: Informationen zu den Erfolgsdimensionen des Unternehmenserfolgs

5.2.7 *Prüfung der Diskriminanzvalidität der Erfolgsauswirkungen*

Um die Validierung der Messmodelle abzuschließen, ist es noch erforderlich, die Diskriminanzvalidität zwischen allen Faktoren zu überprüfen. Tabelle 33 gibt eine Übersicht aller im vorherigen Abschnitt beschriebenen Faktoren.

Bezeichnung des Faktors	Anzahl Indikatoren	Faktorreliabilität	Durchschnittlich erfasste Varianz
1: Interne Kundenorientierung des Controllerbereichs	18	-*	-*
Qualitätswahrnehmung			
2: Ergebnisqualität	3	0,87	0,70
Psychologische Wirkungen			
3: Zufriedenheit	3	0,92	0,79
4: Vertrauen	4	0,87	0,62
Verhaltenswirkungen			
5: Nutzungsintensität Führungsunterstützungsaufgaben	7	-*	-*
6: Nutzungsintensität Rationalitätssicherungsaufgaben	6	-*	-*
7: Einfluss	3	0,89	0,73
Wirkung auf den Controlling- und Unternehmenserfolg			
8: Qualität des Führungszyklus	4	0,90	0,69
9: Anpassungsfähigkeit	3	0,87	0,70
10: Kundenbezogener Erfolg	2	-**	0,80
11: Marktbezogener Erfolg	2	-**	0,86
12: Wirtschaftlicher Erfolg	3	0,90	0,74

* Eine Berechnung dieser Maße ist für formative Faktoren nicht möglich bzw. sinnvoll.
** Zur Durchführung einer konfirmatorischen Faktorenanalyse ist eine Mindestzahl von drei Indikatoren notwendig. Eine Berechnung dieser Maße ist daher nicht möglich.

Tabelle 33: Übersicht der Messmodelle zur Analyse der Erfolgsauswirkungen der internen Kundenorientierung des Controllerbereichs

Zur Beurteilung der Diskriminanzvalidität wird auf das Fornell/Larcker-Kriterium zurückgegriffen. Hierzu erfolgt ein Abgleich der durchschnittlich erfassten Varianzen (DEV) der Faktoren mit den quadrierten Korrelationen der jeweiligen Faktorpaare. Da die quadrierten Korrelationen eines Faktorpaares jeweils unterhalb der durchschnittlich erfassten Varianzen der entsprechenden Faktoren liegen (vgl. Tabelle 34), kann von Diskriminanzvalidität ausgegangen werden.

Faktor[646]		1	2	3	4	5	6	7	8	9	10	11	12
	DEV	-*	0,70	0,79	0,62	-*	-*	0,73	0,69	0,70	0,61	0,72	0,74
1	-*	-											
2	0,70	0,37	-										
3	0,79	0,42	0,67	-									
4	0,62	0,32	0,37	0,39	-								
5	-*	0,23	0,22	0,31	0,18	-							
6	-*	0,19	0,18	0,29	0,21	0,37	-						
7	0,73	0,13	0,16	0,24	0,19	0,23	0,36	-					
8	0,69	0,23	0,37	0,44	0,24	0,26	0,26	0,24	-				
9	0,70	0,03	0,06	0,09	0,05	0,07	0,03	0,04	0,14	-			
10	0,61	0,02	0,04	0,05	0,05	0,04	0,03	0,04	0,08	0,12	-		
11	0,72	0,04	0,05	0,07	0,06	0,05	0,03	0,02	0,11	0,18	0,15	-	
12	0,74	0,02	0,04	0,05	0,04	0,01	0,01	0,00	0,12	0,07	0,12	0,16	-

* Eine Berechnung dieser Maße ist für formative Faktoren nicht möglich bzw. sinnvoll.

Tabelle 34: Fornell/Larcker-Kriterium zur Beurteilung der Diskriminanzvalidität der Faktoren

646 Die Bezeichnung des jeweiligen Faktors kann Tabelle 33 entnommen werden.

5.3 Hypothesenformulierung

In diesem Abschnitt werden die Hypothesen über die vermuteten Wirkungszusammenhänge zwischen der internen Kundenorientierung des Controllerbereichs und der Beziehung zwischen dem Management und dem Controllerbereich sowie dem Controlling- und Unternehmenserfolg aufgestellt. Die Basishypothese ist, dass die interne Kundenorientierung des Controllerbereichs sowohl maßgeblich die Beziehung zwischen dem Management und dem Controllerbereich verbessert als auch positiv auf den Erfolg des Controllings wirkt.

Eine Steigerung der internen Kundenorientierung des Controllerbereichs impliziert eine erhöhte Generierung von Informationen über den Bedarf des Managements. Dies erfordert eine Intensivierung der Interaktion zwischen Controllern und Managern. Die Controller erlangen dabei nicht nur intensive Kenntnisse über den Informationsbedarf des Managers, sondern können zugleich zusätzliche Informationen über die Ziele, Aufgaben, Probleme und Fähigkeiten eines Managers gewinnen.[647] Zusätzlich umfasst eine erhöhte interne Kundenorientierung eine entsprechende Verteilung der Informationen im Controllerbereich und eine Reaktion des Controllerbereichs auf diese Informationen. Die Reaktion kann sowohl in einer Anpassung der Prozesse im Controllerbereich als auch in einer Anpassung der Leistungen des Controllerbereichs münden. Insgesamt sind somit positive Auswirkungen der internen Kundenorientierung auf alle drei Dimensionen der Dienstleistungsqualität zu erwarten: So steigert sich die Kompetenz der Controller durch das vermehrte Wissen über die Bedürfnisse des Managements (Potenzialqualität). Gleichzeitig steigt die Qualität bei der Bearbeitung von Anfragen oder Rückfragen (Prozessqualität) sowie letztendlich die Qualität der aufbereiteten Daten und Informationen, da die Controller diese nun verständlicher, umfassender und plausibler aufbereiten und zusammenstellen können (Ergebnisqualität).[648] Anzumerken ist hierbei, dass die Unterstellung einer linearen Beziehung zwischen der internen Kundenorientierung des Controllerbereichs und der Qualität der Controllerleistungen eine Vereinfachung darstellt. Es gibt auch einen dysfunktionalen Bereich

[647] Vgl. Walter (1998), S. 119; Hunold (2003), S. 190.
[648] Aust (1999), S. 158; Hunold (2003), S. 190.

interner Kundenorientierung, bei dem eine weitere Erfüllung des subjektiven Informationsbedarfs die Qualität senkt.[649]

Die Annahme der positiven Wirkung der internen Kundenorientierung des Controllerbereichs wird auch durch die Ergebnisse der empirischen Untersuchungen von HUNOLD (2003) und AUST (1999) gestärkt.[650] Beide stellen fest, dass die Kontakthäufigkeit zwischen Manager und Controller positiv auf die Dienstleistungsqualität wirkt. Die Kontakthäufigkeit bezieht sich dabei auf die Frequenz des Kontaktes zwischen dem Manager und dem Controller. Es kann unterstellt werden, dass interne Kundenorientierung des Controllerbereichs ebenfalls zu einer Erhöhung der Kontakthäufigkeit führt. Somit lautet die erste Hypothese zu den Erfolgsauswirkungen der internen Kundenorientierung wie folgt:

H1: Je stärker die interne Kundenorientierung des Controllerbereichs, desto höher die Ergebnisqualität der Leistungen des Controllerbereichs.

Eine erhöhte Ergebnisqualität wiederum sollte auch die Zufriedenheit mit dem Controllerbereich stärken. Der Effekt der Ergebnisqualität auf die Zufriedenheit kann mittels des C/D-Paradigmas erklärt werden. Die durch die interne Kundenorientierung des Controllerbereichs gestiegene Ergebnisqualität führt dazu, dass sich die Erträge aus der Beziehung erhöhen. Dies sollte unter der Annahme, dass sich die Erwartungshaltung des Managements bei einer erhöhten internen Kundenorientierung des Controllerbereichs nicht verändert, dazu führen, dass die Zufriedenheit mit dem Controllerbereich steigt.[651]

Die angenommene positive Beziehung zwischen Qualität und Zufriedenheit mit den Controllerleistungen wird auch durch die empirische Untersuchung von BAUER (2002) gestützt. Er zeigt in seiner empirischen Analyse eine hohe Korrelation zwischen Qualität und Zufriedenheit auf.[652] In der Marketingliteratur finden sich ebenfalls zahlreiche Indizien, die die Hypothese einer positiven Beziehung zwischen Qualität

649 Vgl. Weber (2004), S. 118 ff. So kann eine Ignorierung des objektiven Informationsbedarfs zu Lasten des subjektiven Informationsbedarfs z.B. zu einem Information Overload führen, was einer geringeren Ergebnisqualität gleichkommt.

650 Vgl. Aust (1999), S. 180; Hunold (2003), S. 200.

651 Vgl. die Ausführungen zum C/D-Paradigma in Kapitel 2.3.4.3.

652 Vgl. Bauer (2002), S. 249.

und Kundenzufriedenheit[653] stützen. Somit lässt sich die zweite Hypothese wie folgt formulieren:

H2: Je höher die Ergebnisqualität der Leistungen des Controllerbereichs, desto höher die Zufriedenheit mit dem Controllerbereich.

Die erhöhte Zufriedenheit sollte auch dazu führen, dass das Vertrauen zwischen dem Management und dem Controllerbereich steigt. Dieser Zusammenhang kann aus der sozialen Austauschtheorie abgeleitet werden. Positive Erträge aus Transaktionen oberhalb der Erwartungen führen zu Zufriedenheit. Diese eher transaktionsbezogene Bewertung der Beziehung hat auch Auswirkungen auf die soziale Beziehung zwischen Manager und Controllerbereich. So stärkt die Zufriedenheit das Vertrauen, welches eine langfristigere Bewertung der Beziehung darstellt. Das erzeugte Vertrauen stellt für die Austauschpartner auch eine Art soziale Verpflichtung dar und stärkt somit das Commitment in die Beziehung. Neben der Ableitung einer positiven Beziehung aus der Theorie können auch Ergebnisse der empirischen Marketingforschung angeführt werden, die ebenfalls eine positive Beziehung zwischen Zufriedenheit und Vertrauen feststellen.[654] Somit kann folgende Hypothese formuliert werden:

H3: Je höher die Zufriedenheit mit dem Controllerbereich, desto höher das Vertrauen zwischen dem Management und dem Controllerbereich.

Zusätzlich zur Wirkung der Ergebnisqualität auf die Zufriedenheit mit dem Controllerbereich und auf das Vertrauen zwischen Management und Controllerbereich sollte auch ein direkter Effekt der internen Kundenorientierung des Controllerbereichs auf beide Variablen bestehen.

Eine verstärkte interne Kundenorientierung des Controllerbereichs führt dazu, dass die Controller mehr Informationen über den subjektiven Informationsbedarf aufnehmen, das Wissen darüber im Controllerbereich verbreiten und entsprechend auf den Bedarf und die Wünsche der Manager reagieren. Allein der erhöhte Kontakt zwischen Managern und Controllerbereich, der zur Erfassung des subjektiven Informationsbedarfs der Manager notwendig ist, sollte die Vertrautheit zwischen dem Management und dem

653 Vgl. Churchill/Surprenant (1982), S. 498; Oliver/DeSarbo (1988), S. 501; Anderson/Narus (1990), S. 52; Spreng/Mackoy (1996), S. 208; Meffert/Bruhn (2003), S. 301.

654 Vgl. Garbarino/Johnson (1999), S. 79; Augustin/Singh (2005), S. 99.

Controllerbereich steigern. Des Weiteren sollte die bessere Reaktion auf die Wünsche der Manager das empfundene Wohlwollen der Manager steigern. Somit sollte die interne Kundenorientierung das Vertrauen zwischen Management und dem Controllerbereich positiv beeinflussen. Durch die intensive Auseinandersetzung mit dem Informationsbedarf des Managements sowie durch die schnellere Reaktion auf die Wünsche des Managements sollte sich durch die interne Kundenorientierung des Controllerbereichs auch die Zufriedenheit mit dem Controllerbereich steigern. Darüber hinaus zeigen auch empirische Erkenntnisse aus der Marketingforschung eine positive Wirkung der Kundenorientierung auf die Kundenzufriedenheit und das Vertrauen der Kunden in die Unternehmung auf.[655] Somit ergeben sich folgende Hypothesen:

H4: Je stärker die interne Kundenorientierung des Controllerbereichs, desto höher die Zufriedenheit mit dem Controllerbereich.

H5: Je stärker die interne Kundenorientierung des Controllerbereichs, desto höher das Vertrauen zwischen dem Management und dem Controllerbereich.

Aus der Ressourcenabhängigkeitsperspektive kann allgemein gefolgert werden, dass durch den Einsatz der internen Kundenorientierung des Controllerbereichs, also durch ein Eingehen auf die Anforderungen der Interessengruppe der Manager, die Nachfrage nach und somit die Nutzung von Controllerleistungen steigt. Es ist darüber hinaus möglich, die psychologischen Gründe für die erhöhte Nutzungsintensität von Controllerleistungen aufzuzeigen. Hierzu soll die Dissonanztheorie und die Risikotheorie auf den vorliegenden Sachverhalt angewandt werden, wobei die Dissonanztheorie die Wirkung der Zufriedenheit und die Risikotheorie die Wirkung des Vertrauens begründen kann. Dabei werden die Hypothesen allgemein für Controllerleistungen abgeleitet. In der anschließenden Prüfung der Hypothese wird sie für die Führungsunterstützungsaufgaben bzw. Rationalitätssicherungsaufgaben getrennt analysiert.
Nach der *Dissonanztheorie* versuchen Kunden, bzw. im vorliegenden Fall die Manager, kognitive Dissonanzen zu vermeiden bzw. sie nach ihrem Entstehen abzubauen. Zufriedenheit mit einer Leistung hingegen erzeugt konsonante Kognitionen. Bei konsonanten Kognitionen hat das Management keinen Grund, sein Verhalten zu ändern. Mehr noch, es ist eher gewillt, dem Controllerbereich weitere Leistungen abzunehmen,

655 Vgl. Narver/Slater (1990), S.31; Homburg (2000), S. 151; Lings/Greenley (2005), S. 300.

um mögliche kognitive Dissonanzen, die bei der Beauftragung anderer Lieferanten entstehen könnten, zu vermeiden.

Darüber hinaus leisten auch empirische Befunde der Forschung zu Informationssystemen weitere Indizien für eine positive Beziehung zwischen Zufriedenheit und Nutzungsintensität.[656] Somit können folgende Hypothesen abgeleitet werden:

H6: Je höher die Zufriedenheit mit dem Controllerbereich, desto größer ist die Nutzungsintensität der Führungsunterstützungsaufgaben.

H7: Je höher die Zufriedenheit mit dem Controllerbereich, desto größer ist die Nutzungsintensität der Rationalitätssicherungsaufgaben.

Die *Risikotheorie* besagt, dass das Kaufverhalten eines Kunden dadurch bestimmt ist, das mit dem Kauf verbundene Risiko zu reduzieren. Analog zur externen Kunden-Lieferanten-Beziehung kann aus der Risikotheorie abgeleitet werden, dass Manager bei der Entscheidungsvorbereitung und Entscheidungsfindung versuchen, ihr persönliches Risiko zu minimieren. Das Risiko entsteht durch die beschränkte Rationalität der beteiligten Personen. So liegen dem Manager unvollständige Informationen zur Beurteilung der Controllerleistung vor. Vertrauen in den Controllerbereich kann das empfundene Risiko des Managers senken und zur Abnahme der Controllerleistung durch den Manager führen. Die Reduktion des empfundenen Risikos kann somit zu einem Mehrverbrauch einer ähnlichen Leistung, aber auch zu einer Nachfrage einer bisher noch nicht bezogenen Leistung führen.

Auch in der Marketingliteratur finden sich Indizien für eine positive Beziehung zwischen Vertrauen und der Nutzungsintensität von Controllerbereichsleistungen. So konnten MOORMAN/ZALTMAN/DESPHANDÉ (1992) die hohe Bedeutung von Vertrauen für die Nutzung von Marktforschungsinformationen aufzeigen und KARLSHAUS (2000) belegte die positive Wirkung von Vertrauen bei der Nutzung von Kostenrechnungsinformationen.[657]

H8: Je stärker das Vertrauen zwischen dem Management und dem Controllerbereich, desto größer ist die Nutzungsintensität der Führungsunterstützungsaufgaben.

H9: Je stärker das Vertrauen zwischen dem Management und dem Controllerbereich, desto größer ist die Nutzungsintensität der Rationalitätssicherungsaufgaben.

---

[656] Vgl. Gelderman (1998), S. 15; DeLone/McLean (2003), S. 14.

[657] Vgl. Moorman/Zaltman/Deshpandé (1992), S. 320 ff.; Karlshaus (2000), S. 161.

Bei dem Einfluss des Vertrauens auf die Nutzungsintensität von Controllerleistungen kann jedoch nicht nur eine Hypothese bezüglich der Richtung der Wirkung, sondern auch eine Hypothese über deren Höhe formuliert werden. Hierzu wird auf die Erkenntnisse der Informationsökonomik zurückgegriffen.

Analog zu Konsumgütern können Controllerleistungen in Such-, Erfahrungs- und Vertrauensgüter eingeteilt werden.[658] Suchgüter sind dadurch charakterisiert, dass ein Kunde sie vor dem Kauf "[...] gänzlich auf seine Zwecke hin beurteilen kann."[659] Ein häufig zitiertes Beispiel für ein Suchgut stellt die Banane dar, die ihren Reifegrad durch ihre Farbe signalisiert.[660] Erfahrungsgüter hingegen können von den Kunden erst nach dem Konsum bzw. nach der Nutzung vollständig beurteilt werden. Vertrauensgüter schließlich können nie von den Kunden in Gänze überprüft werden. Ein Beispiel hierfür sind für Europäer nicht bekannte tropische Früchte. Überträgt man diese Logik auf das Produktportfolio der Controller, so kann angemerkt werden, dass Führungsunterstützungsaufgaben einen hohen Anteil an Sucheigenschaften aufweisen, während die Rationalitätssicherungsaufgaben, also Beratung und kritischer Counterpart, eher als Vertrauensgüter charakterisiert werden können. Da Suchgüter vollständig von dem Manager beurteilt werden können, wird das Management sie auch nachfragen, wenn kein besonderes Vertrauensverhältnis zwischen Controllerbereich und Manager besteht. Ein Vertrauensgut wird dagegen vom Kunden nur abgenommen, wenn der Anbieter eine hohe Reputation genießt und der Kunde dem Anbieter Vertrauen schenkt.[661] Somit dürfte eine Erhöhung des Vertrauens insbesondere einen Anstieg der Rationalitätssicherungsaufgaben zur Folge haben.

H10: Der Einfluss des Vertrauens zwischen dem Management und dem Controllerbereich auf die Nutzungsintensität der Rationalitätssicherungsaufgaben ist höher als der Einfluss auf die Nutzungsintensität von Führungsunterstützungsaufgaben.

Auf Basis des in Kapitel 5.2.4 beschriebenen Ansatzes von HICKSON ET AL. (1971) kann die Wirkungsbeziehung zwischen der Nutzungsintensität von Controllerleistungen und dem Einfluss des Controllerbereichs abgeleitet werden, wobei hier insbeson-

658 Vgl. Weber (2004), S. 133 f.; vgl. zu den Begriffen die Ausführungen in Kapitel 2.3.2.
659 Vgl. Weber (2004), S. 133.
660 Vgl. Weber (2004), S. 133; Weber/Paefgen/Spillecke (2004), S. 49 f.
661 Vgl. Weber (2004), S. 134.

dere der Nutzungsintensität von Rationalitätssicherungsaufgaben eine entscheidende Rolle zukommt.

HICKSON ET AL. (1971) führen den Einfluss einer Unternehmenseinheit auf drei Dimensionen zurück: Grad des Schutzes vor Unsicherheit, Grad der Substituierbarkeit und Zentralitätsgrad.[662] Für jede der Dimensionen wird nun die Auswirkung der Erhöhung der Nutzungsintensität von Führungsunterstützungs- sowie Rationalitätssicherungsaufgaben überprüft.

In der ersten Dimension, dem *Schutz vor Unsicherheit*, nimmt der Controllerbereich durch die interne Kundenorientierung des Controllerbereichs eine veränderte Rolle ein. Da, wie im obigen Abschnitt abgeleitet, durch interne Kundenorientierung die Nutzungsintensität der Rationalitätssicherungsaufgaben stärker steigen sollte, ändert sich der Aufgabenmix des Controllerbereichs hin zu einem höheren Anteil kritischer Counterpart- und Beratungsfunktion. Durch die Ausübung der Beratungs- und kritischen Counterpartfunktion reduziert der Controllerbereich beispielsweise durch maßgebliche Unterstützung von z.B. strategischen Beratungsprojekten die Freiheitsgrade anderer Bereiche und somit auch ihre empfundene Unsicherheit. Aber nicht nur durch die erhöhte Nutzungsintensität von Rationalitätssicherungsaufgaben kann der empfundene Schutz vor Unsicherheit erhöht werden. Auch durch eine vermehrte Bereitstellung von Informationen oder durch eine verstärkte Planung kann der empfundene Schutz vor Unsicherheit verstärkt werden.

In der zweiten Dimension, der *Substituierbarkeit der Fähigkeiten*, ändert sich das Bild des Controllerbereichs ebenfalls durch eine erhöhte interne Kundenorientierung des Controllerbereichs. Auf Grund der höheren Ausübungsintensität der Rationalitätssicherungsaufgaben ergibt sich eine geringere Substituierbarkeit der Aufgaben des Controllerbereichs. So leitet WEBER (2004) ab, dass die Rationalitätssicherung die originäre Aufgabe des Controllerbereichs ist und dass andere Abteilungen deutlich schlechter für die Übernahme dieser Funktion geeignet sind.[663] Die Führungsunterstützungsaufgaben hingegen können durch andere Funktionsbereiche leicht übernommen werden. So übernimmt das externe Rechnungswesen in vielen Unternehmen die Berichterstattung im Hinblick auf die wertorientierten Unternehmenszahlen. Auch werden in Großunternehmen Kontrollaufgaben oftmals an die interne Revision vergeben.

Bei der letzten Dimension, dem *Zentralitätsgrad*, wirkt sich die erhöhte Nutzungsintensität der Controllerbereichsleistungen aus. Der Zentralitätsgrad hängt von den bei-

---

662 Vgl. Hickson et al. (1971), S. 219. Vgl. Kapitel 5.2.4.

663 Vgl. Weber (2004), S. 146.

den Subebenen Durchdringungsgrad der Aktivitäten sowie Direktheit der Wirkung der Aktivitäten ab. Der Durchdringungsgrad beschreibt die Stärke, mit der die Arbeitsgänge der betrachteten Abteilung mit den Arbeitsgängen anderer Abteilungen verbunden sind. Die Direktheit der Wirkung der Aktivitäten beschreibt die Geschwindigkeit und das Ausmaß, in dem Handlungen einer Subeinheit die Outputs einer anderen Subeinheit bestimmen.[664] Zwar ist der Durchdringungsgrad des Controllerbereichs auch im Rahmen der Führungsunterstützungsaufgaben, wie z.B. der Informationsversorgung, als sehr hoch zu bezeichnen, jedoch ist die direkte Wirkung der Führungsunterstützungsaufgaben als eher gering anzunehmen. Die direkte Wirkung steigt signifikant bei den Aufgaben der internen Beratung bzw. der Rolle des kritischen Counterparts, wenn wichtige Unternehmensentscheidungen wesentlich vorbereitet oder teilweise mitentschieden werden. Somit sollte die Wirkung der Nutzungsintensität von Rationalitätssicherungsmaßnahmen auf den Zentralitätsgrad des Controllerbereichs stärker sein als die Wirkung der Nutzungsintensität von Führungsunterstützungsaufgaben.

Fasst man die Ausführungen zu den drei Dimensionen des Einflusses zusammen, so kann festgehalten werden, dass die Erhöhung der Nutzungsintensität von Rationalitätssicherungsaufgaben eine Wirkung auf alle drei Dimensionen hat, während die Erhöhung der Nutzungsintensität von Führungsunterstützungsaufgaben vor allem auf die erste Dimension, den Schutz vor Unsicherheit, wirkt. Somit ist zum einen davon auszugehen, dass beide Nutzungsintensitäten den Einfluss des Controllerbereichs erhöhen, und zum anderen kann angenommen werden, dass die Wirkung der Nutzungsintensität der Rationalitätssicherungsaufgaben stärker ist. Es ergeben sich folgende Hypothesen:

H11: Je größer die Nutzungsintensität der Führungsunterstützungsaufgaben, desto größer der Einfluss des Controllerbereichs.

H12: Je größer die Nutzungsintensität der Rationalitätssicherungsaufgaben, desto größer der Einfluss des Controllerbereichs.

H13: Die Wirkung der Nutzungsintensität der Rationalitätssicherungsaufgaben auf den Einfluss des Controllerbereichs ist höher als die Wirkung der Nutzungsintensität der Führungsunterstützungsaufgaben.

Zusätzlich zu den Nutzungsintensitäten der Controllerbereichsleistungen sollte auch das Vertrauen zwischen Management und Controllerbereich eine signifikant positive

664 Hickson et al. (1971), S. 221 f.

Wirkung auf den Einfluss des Controllerbereichs haben. Dabei wirkt Vertrauen vor allem über die Dimension *Schutz vor Unsicherheit* auf den Einfluss des Controllerbereichs.[665] Auf Grund des erhöhten Vertrauens sind die Controller eher gewillt, dem Manager sehr offen Informationen zu geben. Der dadurch erlangte Informationsvorsprung führt dazu, dass der Unsicherheitsgrad bei Entscheidungen des Managers reduziert werden kann. Dies dürfte dem Manager einen Informationsvorsprung geben und somit dürfte der Unsicherheitsgrad in seinen Entscheidungen reduziert werden. Dies bedeutet aber gleichzeitig, dass der Einfluss des Controllerbereichs in der Entscheidungsfindung des Managers entsprechend steigt. Somit kann folgende Hypothese formuliert werden:

H14: Je höher das Vertrauen zwischen dem Management und dem Controllerbereich, desto größer der Einfluss des Controllerbereichs.

Neben den Auswirkungen der internen Kundenorientierung des Controllerbereichs auf die Beziehung zwischen Management und Controllerbereich sollten sich auch positive Effekte auf den Erfolg des Controllings bzw. den Unternehmenserfolg ergeben. Als Maßstab für den Erfolg des Controllings wird die Qualität des Führungszyklus herangezogen. Die Qualität des Führungszyklus steigt, wenn die Könnens- und Wollensdefizite der Manager durch die Rationalitätssicherung und durch die Führungsunterstützung der Controller reduziert werden. Je stärker die Manager die Leistungen des Controllings nutzen, desto geringer sollten die Rationalitätsdefizite der Manager sein und desto höher sollte auch die Qualität des Führungszyklus sein. Entsprechend positiv sollte sich auch der Effekt auf den Unternehmenserfolg gestalten. Daher leiten sich folgende Hypothesen ab:[666]

H15: Je höher die Nutzungsintensität der Führungsunterstützungsaufgaben, desto höher die Qualität des Führungszyklus.

H16: Je höher die Nutzungsintensität der Führungsunterstützungsaufgaben, desto höher die Anpassungsfähigkeit des Unternehmens.

---

[665] Vgl. Abschnitt 5.2.4 für die Beschreibung der Dimensionen des Einflusses.

[666] Eine Hypothese, die eine direkte Wirkung der Nutzungsintensität von Controlleraufgaben auf den Markt- bzw. Kundenerfolg unterstellt, wird nicht formuliert, da die Rationalitätssicherung nur zu einer besseren Entscheidung bzw. Leistung der Manager führen kann, aber nicht direkt einen höheren Markt- bzw. Kundenerfolg herbeiführen kann.

H17: Je höher die Nutzungsintensität der Rationalitätssicherungsaufgaben, desto höher die Qualität des Führungszyklus.

H18: Je höher die Nutzungsintensität der Rationalitätssicherungsaufgaben, desto höher die Anpassungsfähigkeit des Unternehmens.

Die Qualität des Führungszyklus und der Unternehmenserfolg sollte jedoch nicht nur durch eine Erhöhung der Menge an durchgeführten Controllerleistungen steigen, sie sollte auch durch eine Steigerung der Qualität der Controllerleistungen positiv beeinflusst werden.

H19: Je höher die Ergebnisqualität der Leistungen des Controllerbereichs, desto höher die Qualität des Führungszyklus.

H20: Je höher die Ergebnisqualität der Leistungen des Controllerbereichs, desto höher die Anpassungsfähigkeit des Unternehmens.

Schließlich sollte sich der gestiegene Einfluss des Controllerbereichs positiv auf die Qualität des Führungszyklus auswirken. Der gestiegene Einfluss erlaubt es dem Controllerbereich, die Rationalitätssicherungsfunktion effektiver zu übernehmen. Der Controllerbereich kann somit bei auftretenden Könnens- und Wollensdefiziten mit mehr Wirkung auf andere Unternehmensbereiche intervenieren. Daher können folgende Hypothesen formuliert werden:

H21: Der Einfluss des Controllerbereichs beeinflusst die Qualität des Führungszyklus positiv.

H22: Der Einfluss des Controllerbereichs beeinflusst die Anpassungsfähigkeit des Unternehmens positiv.

Um den Gesamteffekt der internen Kundenorientierung auf den Unternehmenserfolg zu analysieren, ist noch eine Hypothese bezüglich der Wirkung der Qualität des Führungszyklus auf den Unternehmenserfolg notwendig.
Hierbei kann angenommen werden, dass bei einer hohen Qualität des Führungszyklus "gute" Entscheidungen getroffen und schnell und effektiv umgesetzt werden. Dies sollte einen hohen kunden- und marktbezogenen Erfolg sichern. Zusätzlich werden bei einer hohen Qualität des Führungszyklus Abweichungen umgehend festgestellt und entsprechende Anpassungen getroffen. Als weitere Indizien für die Hypothese kann

SANDT (2004) angeführt werden, der diesbezüglich eine positive Wirkungsbeziehung feststellen konnte.[667]

H23: *Die Qualität des Führungszyklus beeinflusst die Anpassungsfähigkeit des Unternehmens positiv.*

H24: *Die Qualität des Führungszyklus beeinflusst den kundenbezogenen Erfolg positiv.*

H25: *Die Qualität des Führungszyklus beeinflusst den marktbezogenen Erfolg positiv.*

667 Vgl. Sandt (2004), S. 201.

5.4 Ergebnisse der Hypothesenprüfung

Im folgenden Kapitel werden die im obigen Abschnitt aufgestellten Hypothesen empirisch überprüft. Als Verfahren der Dependenzanalyse kommt hierbei PLS zum Einsatz, da bei kovarianzbasierten Verfahren wie AMOS die Nutzung formativer Konstrukte nicht problemlos möglich ist. Eine Übersicht des mit PLS analysierten Strukturmodells findet sich in Abbildung 13 und die Gütekriterien zum Strukturmodell gehen aus Tabelle 35 hervor.

Hypothese H1 unterstellt eine positive Wirkung der internen Kundenorientierung des Controllerbereichs auf die Ergebnisqualität. Der Pfadkoeffizient zwischen der internen Kundenorientierung des Controllerbereichs und der Ergebnisqualität ist mit 0,61 sehr hoch und auf dem 1%-Niveau signifikant. Die Effektgröße von 0,58 weist auf einen sehr starken Zusammenhang hin. Auch der Anteil der erklärten Varianz ist mit 36,7% ebenfalls hoch. Somit wird die Hypothese H1 gestützt.

Hypothese H2 unterstellt eine positive Wirkung der Ergebnisqualität der Controllerleistungen auf die Zufriedenheit mit dem Controllerbereich. Diese Hypothese kann ebenfalls bestätigt werden. Die Effektgröße von 0,98 deutet auf einen sehr starken Zusammenhang hin.

Die dritte Hypothese unterstellt eine Wirkung der Zufriedenheit mit dem Controllerbereich auf das Vertrauen zwischen dem Management und dem Controllerbereich. Der Pfadkoeffizient von 0,44 ist auf dem 1%-Niveau signifikant. Die Effektgröße von 0,2 weist auf einen moderaten bis starken Zusammenhang hin. Somit wird die Hypothese ebenfalls bestätigt.

Auch die direkte Wirkung der internen Kundenorientierung des Controllerbereichs sowohl auf die Zufriedenheit mit dem Controllerbereich (Hypothese H4) als auch auf das Vertrauen zwischen dem Management und dem Controllerbereich (Hypothese H5) lässt sich bestätigen. Beide Beziehungen sind auf dem 1%-Niveau signifikant. Die Effektgröße deutet dabei auf einen moderaten Zusammenhang hin.

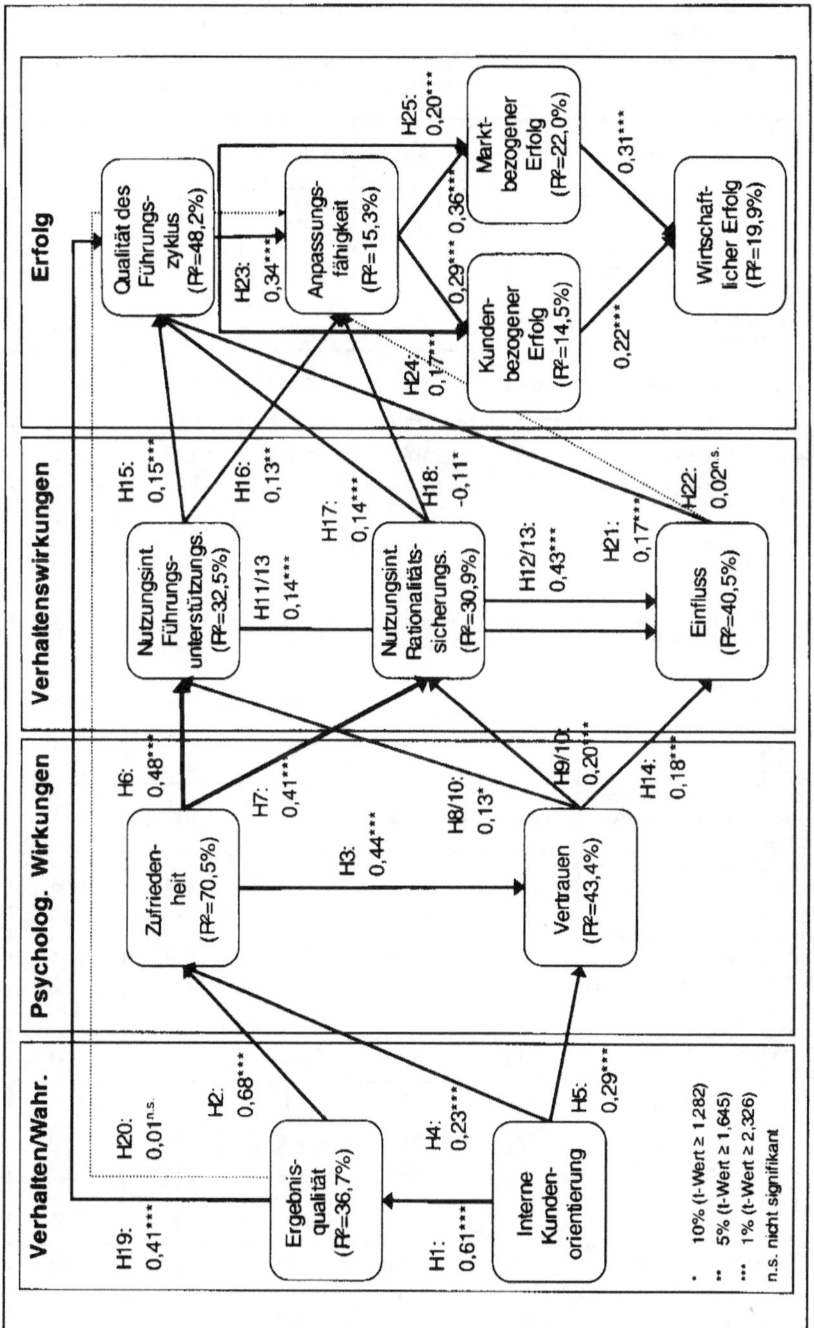

Abbildung 13: Strukturmodell zur Messung der Erfolgsauswirkungen der internen Kundenorientierung des Controllerbereichs

Informationen zum Strukturmodell					
Bezeichnung des Indikators	Ursprüngliche Schätzwerte	Mittelwert der erzeugten Fälle	Standardabweichung	t-Werte	Effektgröße f²
Interne Kundenorientierung des Controllerbereichs -> Ergebnisqualität	0,61	0,61	0,03	21,82	0,58
Ergebnisqualität -> Zufriedenheit	0,68	0,68	0,03	19,93	0,98
Zufriedenheit -> Vertrauen	0,44	0,44	0,04	10,09	0,20
Interne Kundenorientierung des Controllerbereichs -> Zufriedenheit	0,23	0,23	0,03	7,08	0,11
Interne Kundenorientierung des Controllerbereichs -> Vertrauen	0,29	0,29	0,05	5,95	0,09
Zufriedenheit -> Nutzungsintensität Führungsunterstützungsaufgaben	0,48	0,49	0,07	6,77	0,21
Zufriedenheit -> Nutzungsintensität Rationalitätssicherungsaufgaben	0,41	0,42	0,06	3,09	0,15
Vertrauen -> Nutzungsintensität Fühurungsunterstützungsaufgaben	0,13	0,13	0,08	1,51	0,01
Vertrauen -> Nutzungsintensität Rationalitätssicherungsaufgaben	0,20	0,20	0,06	3,09	0,03
Nutzungsintensität Führungsunterstützungsaufgaben -> Einfluss	0,14	0,14	0,06	2,57	0,02
Nutzungsintensität Rationalitätssicherungsaufgaben -> Einfluss	0,43	0,43	0,07	6,57	0,18
Vertrauen -> Einfluss	0,18	0,18	0,06	2,96	0,04
Nutzungsintensität Führungsunterstützungsaufgaben -> Qualität des Führungszyklus	0,15	0,15	0,04	3,35	0,03
Nutzungsintensität Fühurungsunterstützungsaufgaben -> Anpassungsfähigkeit	0,13	0,12	0,07	1,87	0,01
Nutzungsintensität Rationalitätssicherungsaufgaben -> Qualität des Führungszyklus	0,14	0,14	0,05	2,79	0,03
Nutzungsintensität Rationalitätssicherungsaufgaben -> Anpassungsfähigkeit	-0,11	-0,09	0,07	1,58	0,01
Ergebnisqualität -> Qualität des Führungszyklus	0,41	0,41	0,04	9,30	0,24
Ergebnisqualität -> Anpassungsfähigkeit	0,01	0,03	0,06	0,24	0,00
Einfluss -> Qualität des Führungszyklus	0,17	0,17	0,05	3,42	0,03
Einfluss -> Anpassungsfähigkeit	0,02	0,02	0,06	0,34	0,00
Qualität des Führungszyklus -> Anpassungsfähigkeit	0,34	0,35	0,06	5,59	0,07
Qualität des Führungszyklus -> kundenbezogener Erfolg	0,17	0,16	0,05	3,32	0,03
Qualität des Führungszyklus -> marktbezogener Erfolg	0,20	0,19	0,05	4,13	0,04
Anpassungsfähigkeit -> kundenbezogener Erfolg	0,29	0,29	0,04	6,37	0,08

Informationen zum Strukturmodell (Fortsetzung)					
Bezeichnung des Indikators	Ursprüngliche Schätzwerte	Mittelwert der erzeugten Fälle	Standardabweichung	t-Werte	Effektgröße f^2
Anpassungsfähigkeit -> marktbezogener Erfolg	0,36	0,36	0,04	8,64	0,14
Kundenbezogener Erfolg -> wirtschaftlicher Erfolg	0,22	0,22	0,06	3,60	0,05
Marktbezogener Erfolg -> wirtschaftlicher Erfolg	0,31	0,32	0,05	5,93	0,10

Tabelle 35: Informationen zum Strukturmodell der Auswirkungen der internen Kundenorientierung des Controllerbereichs

Die Stützung der obigen Hypothesen durch die empirische Analyse bestätigt die Wichtigkeit der internen Kundenorientierung des Controllerbereichs in der Entwicklung einer guten Beziehung zwischen dem Management und dem Controllerbereich. Der Gesamteffekt der internen Kundenorientierung des Controllerbereichs auf die Zufriedenheit und das Vertrauen setzt sich dabei aus dem direkten Effekt und dem indirekten Effekt über die Ergebnisqualität zusammen. Somit ergibt sich ein sehr hoher Gesamteffekt der internen Kundenorientierung des Controllerbereichs auf die Zufriedenheit mit dem Controllerbereich von 0,64 und von 0,57 auf das Vertrauen zwischen Management und Controllerbereich. Auch die erklärte Varianz der Zufriedenheit mit 70,5 Prozent sowie des Vertrauens mit 43,4 Prozent sind als hoch zu bezeichnen.

Die Hypothesen H6 und H7 unterstellen eine positive Wirkung der Zufriedenheit mit dem Controllerbereich auf die Nutzungsintensitäten der Controllingleistungen. Sowohl die Nutzungsintensität der Führungsunterstützungsaufgaben als auch die Nutzungsintensität der Rationalitätssicherungsaufgaben werden von der Zufriedenheit positiv beeinflusst. Beide Pfadkoeffizienten sind auf dem 1%-Niveau signifikant. Beide Effektgrößen weisen auf einen moderaten Zusammenhang hin.

Die Wirkung des Vertrauens auf die beiden Nutzungsintensitäten der Controllerleistungen, die in den Hypothesen H8 und H9 angenommen wurden, ist geringer als die der Zufriedenheit. Die Wirkung des Vertrauens auf die Nutzungsintensität der Führungsunterstützungsaufgaben weist einen Pfadkoeffizienten von 0,13 auf und ist auf dem 5%-Niveau nicht signifikant. Die Wirkung des Vertrauens auf die Nutzungsintensität der Rationalitätssicherungsaufgaben weist einen Pfadkoeffizienten von 0,20 auf und ist auf dem 1%-Niveau signifikant. Somit kann nur Hypothese H9 gestützt werden. Allerdings weist der Effektwert auch hier auf einen schwachen Zusammenhang hin. Darüber hinaus wird auch Hypothese H10 gestützt. Diese Hypothese ging von einem stärkeren Effekt des Vertrauens auf die Nutzungsintensität der Rationalitätssicherungsaufgaben im Vergleich zu der Nutzungsintensität der Führungsunterstützungsaufgaben aus.

Das Ergebnis der obigen Hypothesenprüfung bedeutet, dass eine gute Beziehung – also eine hohe Zufriedenheit und ein gutes Vertrauensverhältnis zwischen Management und Controllerbereich – ein wesentlicher Treiber für die Nutzungsintensität des Controllerbereichs ist. Und dies gilt sowohl für die "Stammaufgaben" des Controllerbereichs wie die Führungsunterstützung als auch für die Übertragung von Rationalitätssicherungsaufgaben. Somit zeigt sich, dass Beziehungsvariablen wichtige Gründe für eine Vergabe von Aufgaben an den Controllerbereich darstellen.

Die Hypothesen H11, H12 und H14 unterstellen positive Effekte auf den Einfluss des Controllerbereichs, ausgehend von den Nutzungsintensitäten der Führungsunterstützungs- und Rationalitätssicherungsaufgaben sowie dem Vertrauen zwischen Managern und Controllerbereich. Bei der Hypothesenprüfung zeigt sich, dass alle drei Pfade auf dem 1%-Niveau signifikant sind. Die stärkste Wirkung geht dabei von der Nutzungsintensität der Rationalitätssicherungsaufgaben auf den Einfluss des Controllerbereichs aus. Die Effektgröße von 0,18 deutet dabei auf einen moderaten Zusammenhang hin, während die beiden anderen Einflussgrößen nur einen schwachen Zusammenhang mit dem Einfluss des Controllerbereichs aufweisen. Damit kann auch Hypothese H13 bestätigt werden, die unterstellte, dass die Wirkung der Nutzungsintensität der Rationalitätssicherungsaufgaben auf den Einfluss des Controllerbereichs größer ist als die Nutzungsintensität der Führungsunterstützungsaufgaben.
Insgesamt können die drei Variablen 40,5 Prozent der Varianz des Einflusses des Controllerbereichs erklären, was als ein recht hoher Wert erachtet werden kann.

Bei den Auswirkungen der Nutzungsintensität von Controllerleistungen auf den Controlling- bzw. Unternehmenserfolg zeigt sich, dass sowohl die Nutzungsintensität der Führungsunterstützungsaufgaben als auch die Nutzungsintensität der Rationalitätssicherungsaufgaben positiv auf die Qualität des Führungszyklus wirkt. Beide Beziehungen sind auf dem 1%-Niveau signifikant, jedoch ist ihre Wirkung auf Grund der geringen Effektstärke als schwach zu bezeichnen. Die Hypothesen H15 und H17 werden somit gestützt.

Der Einfluss der Nutzungsintensität der Führungsunterstützungsaufgaben auf die Anpassungsfähigkeit des Unternehmens (Hypothese H16) ist dagegen nur auf dem 5%-Niveau signifikant und weist eine sehr geringe Effektgröße auf. Dennoch kann die Hypothese gestützt werden.
Der Pfadkoeffizient der Nutzungsintensität von Rationalitätssicherungsaufgaben auf die Anpassungsfähigkeit der Unternehmung ist mit -0,11 sogar negativ, aber auf dem 5%-Niveau nicht signifikant. Hypothese H18, die eine positive Beziehung unterstellte, wird somit verworfen.
Dieses Ergebnis bedeutet inhaltlich, dass die Counterpartfunktion des Controllers bzw. der Einsatz der Controller als interne Berater eventuell dysfunktionale Auswirkungen auf die Anpassungsfähigkeit des Unternehmens haben. Das oftmals zitierte Bild des Controllers als "Bremser" scheint sich hierbei zu bestätigen oder wie es WEBER (2005) formuliert: "Wenn nun – und dies ist die Kernaussage auf die es mir ankommt – Controller [...] in ihrer hinterfragenden Funktion deutlich gestärkt werden, kann es sein, dass sie schleichend den Fuß immer stärker auf die Bremse stellen – und es damit schließlich übertreiben."[668]

Der Einfluss des Controllerbereichs hat ebenfalls nur auf die Qualität des Führungszyklus einen signifikanten Effekt auf. Der Pfadkoeffizient von 0,17 ist dabei auf dem 1%-Niveau signifikant. Die Effektgröße deutet allerdings nur auf einen schwachen Zusammenhang hin. Dennoch kann Hypothese H21 gestützt werden.
Hypothese H22, die einen positiven Effekt des Einflusses des Controllerbereichs auf die Anpassungsfähigkeit des Unternehmens unterstellt, muss dagegen verworfen werden.

Hypothese H19 unterstellt eine positive Wirkung der Ergebnisqualität auf die Qualität des Führungszyklus. Der Pfadkoeffizient von 0,41 ist auf dem 1%-Niveau signifikant und weist eine Effektgröße von 0,24 auf, was auf einen moderaten bis starken Zusammenhang hindeutet. Somit wird Hypothese H19 gestützt. Insgesamt werden 48,2 Prozent der Varianz der Qualität des Führungszyklus mit den genannten Einflussvariablen

---

668 Weber (2005), S. 89.

erklärt. Es zeigt sich somit, dass qualitativ hochwertige Controllerarbeit von den untersuchten Variablen den stärksten Einfluss auf die Qualität des Führungszyklus hat. Der Fokus der Controller auf eine hohe Qualität ist somit elementar für den Controllingerfolg. Auf die Anpassungsfähigkeit des Unternehmens lässt sich jedoch kein direkter Effekt der Ergebnisqualität feststellen, so dass Hypothese H20 verworfen werden muss.

Die Hypothesen H23, H24 und H25, die eine positive Wirkung der Qualität des Führungszyklus auf den Unternehmenserfolg unterstellen, können gestützt werden. Alle drei Pfadkoeffizienten sind auf dem 1%-Niveau signifikant. Die Effektgröße deutet jedoch nur auf einen schwachen bis leicht moderaten Zusammenhang hin. Das Ergebnis zeigt also, dass die Arbeit des Controllerbereichs über die Verbesserung der Qualität des Führungszyklus einen positiven Effekt auf den Gesamterfolg der Unternehmung ausübt.

Abschließend sei nun die Wirkung der internen Kundenorientierung auf den Controlling- bzw. Unternehmenserfolg zusammengefasst. Wie gezeigt, wirkt die interne Kundenorientierung des Controllerbereichs über die Erhöhung der Ergebnisqualität und die Erhöhung der Nutzungsintensität der Controllingleistungen auf den Controllingerfolg. Um die Signifikanz und das Ausmaß der Wirkung auf den Controlling- und Unternehmenserfolg, die direkt auf die interne Kundenorientierung des Controllerbereichs zurückgehen, zu quantifizieren, wird die direkte Wirkung in einem weiteren Strukturmodell ermittelt (vgl. Abbildung 14).

Es zeigt sich, dass die Wirkung der internen Kundenorientierung auf die Qualität des Führungszyklus mit einem Pfadkoeffizienten von 0,48 auf dem 1%-Niveau signifikant ist. Die interne Kundenorientierung alleine erklärt 23,2 Prozent der Varianz der Qualität des Führungszyklus, die als Indikator für den Controllingerfolg verwendet wird. Somit ist die Bedeutung der internen Kundenorientierung des Controllerbereichs auf den Controllingerfolg insgesamt als sehr hoch zu bewerten. Außerdem wirkt der Controllingerfolg wiederum signifikant auf den Erfolg des Unternehmens, so dass die hohe Bedeutung der internen Kundenorientierung des Controllerbereichs aufgezeigt werden konnte.

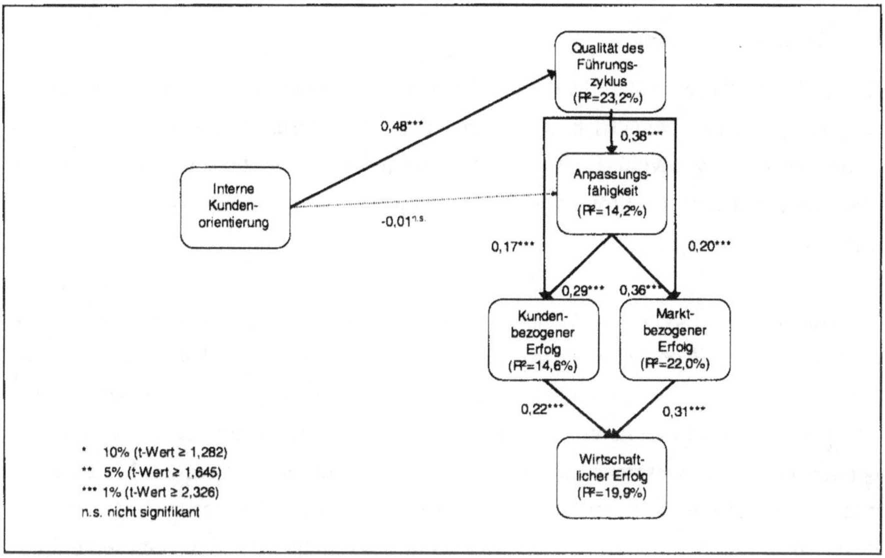

Abbildung 14: Strukturmodell zur Messung der direkten Erfolgswirkung der internen Kundenorientierung des Controllerbereichs

Informationen zum Strukturmodell					
Bezeichnung des Indikators	Ursprüngliche Schätzwerte	Mittelwert der erzeugten Fälle	Standardabweichung	t-Werte	Effektgröße f^2
Interne Kundenorientierung des Controllerbereichs -> Qualität des Führungszyklus	0,48	0,49	0,04	11,16	0,30
Interne Kundenorientierung des Controllerbereichs -> Anpassungsfähigkeit	-0,01	-0,01	0,05	0,20	0,00

Tabelle 36: Informationen zum Strukturmodell zur Messung der direkten Erfolgsauswirkung der internen Kundenorientierung des Controllerbereichs

5.5 Zusammenfassung

Die Basishypothese im Bereich der Erfolgsauswirkungen der internen Kundenorientierung des Controllerbereichs besteht darin, dass die interne Kundenorientierung des Controllerbereichs sowohl signifikante Auswirkungen auf die Beziehung zwischen den Managern und dem Controllerbereich als auch auf den Controlling- und Unternehmenserfolg hat.

Die empirischen Ergebnisse zeigen, dass die Beziehungsqualität zwischen dem Management und dem Controllerbereich wesentlich durch die interne Kundenorientierung des Controllerbereichs determiniert wird. Die interne Kundenorientierung des Controllerbereichs hat einen Gesamteffekt von 0,64 auf die Zufriedenheit mit dem Controllerbereich und einen Gesamteffekt von 0,57 auf das Vertrauen zwischen Management und Controllerbereich. Somit zeigt sich eine sehr starke Wirkung der internen Kundenorientierung des Controllerbereichs auf die Beziehung zwischen Management und Controllerbereich.

Des Weiteren ergibt die Auswertung der empirischen Datenbasis, dass die Qualität der Beziehung zwischen Management und Controllerbereich entscheidend für die Nutzungsintensität der Controllerbereichsaufgaben ist. Somit haben die Zufriedenheit mit dem Controllerbereich und das Vertrauen zwischen Management und Controllerbereich einen signifikanten Einfluss auf das Verhalten der Manager im Hinblick auf die Nutzungsintensität von Führungsunterstützungsaufgaben und Rationalitätssicherungsaufgaben.

Es ergeben sich darüber hinaus auch generell positive Effekte auf den Controllingerfolg. Zum einen wirkt die interne Kundenorientierung des Controllerbereichs über die Ergebnisqualität positiv auf den Controllingerfolg. Zum anderen bewirkt die Erhöhung der Nutzungsintensitäten ebenfalls einen positiven Effekt auf den Controllingerfolg. Die direkten Auswirkungen der Ergebnisqualität bzw. der Nutzungsintensität von Controlleraufgaben auf die Anpassungsfähigkeit des Unternehmens sind nicht oder nur schwach signifikant. Überraschend ist das Ergebnis der Beziehung zwischen der Nutzungsintensität der Rationalitätssicherungsaufgaben und der Anpassungsfähigkeit des Unternehmens. Hier ergibt sich ein negativer Effekt.

Abschließend zeigte sich noch eine positive Wirkung des Controllingerfolgs auf den Unternehmenserfolg. So beeinflusst die Qualität des Führungszyklus sowohl die Anpassungsfähigkeit als auch den kundenbezogenen und marktbezogenen Erfolg des Unternehmens positiv.

Eine abschließende Übersicht der Ergebnisse der Hypothesenprüfung ist in Tabelle 37 zusammengestellt.

Ergebnisse der Hypothesenprüfung	Bestätigt	Abgelehnt
H1: Interne Kundenorientierung des Controllerbereichs (+) -> Ergebnisqualität der Leistungen des Controllerbereichs (+)	X	
H2: Ergebnisqualität der Leistungen des Controllerbereichs (+) -> Zufriedenheit mit dem Controllerbereich (+)	X	
H3: Zufriedenheit mit dem Controllerbereich (+) -> Vertrauen zwischen dem Management und dem Controllerbereich (+)	X	
H4: Interne Kundenorientierung des Controllerbereichs (+) -> Zufriedenheit mit dem Controllerbereich (+)	X	
H5: Interne Kundenorientierung des Controllerbereichs (+) -> Vertrauen zwischen Management und Controllerbereich (+)	X	
H6: Zufriedenheit mit dem Controllerbereich (+) -> Nutzungsintensität der Führungsunterstützungsaufgaben (+)	X	
H7: Zufriedenheit mit dem Controllerbereich (+) -> Nutzungsintensität der Rationalitätssicherungsaufgaben (+)	X	
H8: Vertrauen zwischen Management und Controllerbereich (+) -> Nutzungsintensität der Führungsunterstützungsaufgaben (+)		X
H9: Vertrauen zwischen Management und Controllerbereich (+) -> Nutzungsintensität der Rationalitätssicherungsaufgaben (+)	X	
H10: Wirkung Vertrauen zwischen Management und Controllerbereich auf Nutzungsintensität der Rationalitätssicherungsaufgaben > Wirkung Vertrauen zwischen Management und Controllerbereich auf Nutzungsintensität der Führungsunterstützungsaufgaben	X	
H11: Nutzungsintensität der Führungsunterstützungsaufgaben (+) -> Einfluss Controllerbereich (+)	X	
H12: Nutzungsintensität der Rationalitätssicherungsaufgaben (+) -> Einfluss Controllerbereich (+)	X	
H13: Wirkung der Nutzungsintensität der Rationalitätssicherungsaufgaben auf den Einfluss Controllerbereich > Wirkung der Nutzungsintensität der Führungsunterstützungsaufgaben auf den Einfluss Controllerbereich	X	
H14: Vertrauen zwischen Management und Controllerbereich (+) -> Einfluss Controllerbereich (+)	X	
H15: Nutzungsintensität der Führungsunterstützungsaufgaben (+) -> Qualität des Führungszyklus (+)	X	
H16: Nutzungsintensität der Führungsunterstützungsaufgaben (+) -> Anpassungs fähigkeit des Unternehmens (+)	X	
H17: Nutzungsintensität der Rationalitätssicherungsaufgaben (+) -> Qualität des Führungszyklus (+)	X	
H18: Nutzungsintensität der Rationalitätssicherungsaufgaben (+) -> Anpassungs fähigkeit des Unternehmens (+)		X
H19: Ergebnisqualität der Leistungen des Controllerbereichs (+) -> Qualität des Führungszyklus (+)	X	
H20: Ergebnisqualität der Leistungen des Controllerbereichs (+) -> Anpassungsfähigkeit des Unternehmens (+)		X
H21: Einfluss des Controllerbereichs (+) -> Qualität des Führungszyklus (+)	X	
H22: Einfluss des Controllerbereichs (+) -> Anpassungsfähigkeit des Unterneh mens (+)		X
H23: Qualität des Führungszyklus (+) -> Anpassungsfähigkeit des Unternehmens (+)	X	
H24: Qualität des Führungszyklus (+) -> Kundenbezogener Erfolg (+)	X	
H25: Qualität des Führungszyklus (+) -> Marktbezogener Erfolg (+)	X	

Tabelle 37: Ergebnisse der Hypothesenprüfung zu den Determinanten der internen Kundenorientierung des Controllerbereichs

6 Determinanten der internen Kundenorientierung des Controllerbereichs

Im folgenden Kapitel soll der Frage nachgegangen werden, welche Einflüsse in der Praxis dazu führen, dass ein Controllerbereich sich durch eine hohe interne Kundenorientierung auszeichnet. Dabei sollen sowohl Faktoren untersucht werden, die eine interne Kundenorientierung des Controllerbereichs fördern als auch solche, die diese hemmen. Hierzu ist es zunächst erforderlich, die relevanten Faktoren auszuwählen und zu beschreiben. Im Anschluss gilt es, diese zu operationalisieren und empirisch zu validieren. Abschließend werden dann die Forschungshypothesen abgeleitet und mit Hilfe von Kausalmodellen überprüft.

6.1 Grundlagen und Vorgehensweise

Betrachtet man den Controllerbereich als eine organisatorische Einheit, die sich ständig an die Umwelt anpasst, so kann entsprechend dem situativen Ansatz vermutet werden, dass der Grad der internen Kundenorientierung durch zahlreiche Determinanten innerhalb und außerhalb des Controllerbereichs beeinflusst wird. Nachfolgend sollen wesentliche Determinanten der internen Kundenorientierung des Controllerbereichs identifiziert und ihre Wirkung empirisch geprüft werden.

Die Basishypothese dieses Abschnitts ist, dass die interne Kundenorientierung des Controllerbereichs insbesondere von der Organisationsstruktur des Controllerbereichs und der Unsicherheit der Unternehmensumwelt abhängt. Für diese Basishypothese gibt es zahlreiche Indizien aus der bisherigen empirischen Forschung zur externen und internen Kundenorientierung, die einen solchen Zusammenhang für den Controllerbereich nahelegen:

- In Bezug auf den Einfluss der Umweltvariablen konnten DIAMANTOPOULOS/HART (1993) einen signifikanten Einfluss der "market turbulence" und der "intensity of competition" auf die Marktorientierung eines Unternehmens zeigen.[669]

[669] Vgl. Diamantopoulos/Hart (1993), S. 107.

- PFLESSER (1999) zeigte ebenfalls einen signifikanten Einfluss der Umweltvariablen Wettbewerbsintensität, Marktdynamik, technologische Dynamik sowie Marktwachstum auf den Grad der Marktorientierung des Unternehmens.[670]
- In Bezug auf die Variablen der Organisationsstruktur ist anzumerken, dass JAWORSKI/KOHLI (1993) einen signifikanten Zusammenhang zwischen dem Grad der Zentralisierung des Unternehmens und dem Grad der Marktorientierung aufzeigen konnten.[671]
- Darüber hinaus belegte HOMBURG (2000) einen signifikanten Zusammenhang zwischen zahlreichen Variablen der Organisationsstruktur (Spezialisierungsgrad, Koordinationsmechanismen, Entscheidungsdelegation, Formalisierungsgrad, Unternehmensgröße) und dem Grad der Kundennähe.[672]

Die Untersuchung der Auswirkungen der Organisationsstruktur des Controllerbereichs und der extern induzierten Unsicherheit auf die interne Kundenorientierung des Controllerbereichs wird in den folgenden Abschnitten dargestellt. Dabei werden jeweils zuerst die relevanten Konstrukte konzeptualisiert, operationalisiert und danach empirisch validiert. Nachfolgend werden die Forschungshypothesen formuliert sowie empirisch überprüft.

670 Vgl. Pflesser (1999), S. 181 ff.
671 Vgl. Jaworski/Kohli (1993), S. 61.
672 Vgl. Homburg (2000), S. 195.

6.2 Organisationsstruktur des Controllerbereichs und interne Kundenorientierung des Controllerbereichs

6.2.1 Konzeptualisierung und Operationalisierung der Konstrukte

Zur Konzeptualisierung der relevanten Einflussfaktoren auf die interne Kundenorientierung des Controllerbereichs, die die Organisationsstruktur betreffen, wird auf KIESER/WALGENBACH (2003) zurückgegriffen. Sie beschreiben formale Organisationsstrukturen entlang von fünf Hauptdimensionen: Spezialisierung, Koordination, Konfiguration, Entscheidungsdelegation und Formalisierung.[673] In der Marketingliteratur zur externen Kundenorientierung wurde insbesondere bezogen auf die Dimensionen der Spezialisierung[674], der Entscheidungsdelegation[675] und der Formalisierung[676] ein Einfluss auf die Kundenorientierung festgestellt.[677] Daher sollen diese drei Konstrukte im Folgenden näher analysiert werden.

6.2.1.1 Spezialisierungsgrad des Controllerbereichs

In Anlehnung an KIESER/WALGENBACH (2003) soll Spezialisierung verstanden werden als eine "Form der Arbeitsteilung, bei der Teilaufgaben unterschiedlicher Art entstehen."[678] In dieser Untersuchung steht dabei die Arbeitsteilung der Controlleraufgaben im Mittelpunkt. Bei der Spezialisierung kann zwischen der Art und dem Grad

673 Vgl. Kieser/Kubicek (1992), S. 73 ff.; Kieser/Walgenbach (2003), S. 77 ff. Die Herleitung dieser Hauptdimensionen basiert auf dem Bürokratiemodell von Weber (1972). Eine ähnliche Klassifizierung ist bei Hill/Fehlbaum/Ulrich (1989), S. 170 ff. zu finden, die die formale Organisationsstruktur mit den Dimensionen Zentralisation/Dezentralisation, Funktionalisierung, Delegation, Partizipation, Standardisierung und Arbeitszerlegung beschreiben.

674 Vgl. Homburg (2000), S. 195; Jaworski/Kohli (1993) finden dagegen keinen signifikanten Zusammenhang von Spezialisierung und Marktorientierung.

675 Vgl. Jaworski/Kohli (1993), S. 61; Homburg (2000), S. 195. Auch für die Nutzung von Informationen wurde ein negativer signifikanter Zusammenhang in der Marketingliteratur festgestellt; vgl. Deshpandé (1982), S. 98.

676 Vgl. Homburg (2000), S. 195. Jaworski/Kohli (1993), S. 63 finden dagegen keinen signifikanten Effekt. Auch für die Nutzung von Informationen wurde ein negativer signifikanter Zusammenhang in der Marketingliteratur festgestellt; vgl. hierfür Deshpandé (1982), S. 98; Deshpandé/Zaltman (1982), S. 23.

677 Homburg (2000), S. 195 weist darüber hinaus auch einen Einfluss der Koordinationsmechanismen auf die Kundenorientierung nach.

678 Kieser/Walgenbach (2003), S. 79; vgl. auch Pugh et al. (1968), S. 72; Amshoff (1993), S. 288; Homburg (2000), S. 187; Bea/Göbel (2002), S. 250.

der Spezialisierung unterschieden werden.[679] Als *Art der Spezialisierung* wird die inhaltliche Ausrichtung der zu bildenden Stellen bezeichnet.[680] Im Bereich des Controllings kann nach dem Kriterium der Verrichtung (Funktionsbereichscontrolling), z.B. Marketingcontrolling, F&E-Controlling, und nach dem Objekt, z.B. Divisions- und Beteiligungscontrolling, unterschieden werden.[681] Im Fokus dieser Untersuchung soll jedoch nur der *Grad der Spezialisierung* stehen. Eine hochgradige Spezialisierung liegt dabei vor, "[...] wenn die Gesamtaufgabe in sehr viele unterschiedliche, jeweils eng umrissene Teilaufgaben zerlegt wird."[682] Somit ist ein Controllerbereich hochgradig spezialisiert, wenn der Controllerbereich Spezialisten zu sehr vielen Fachthemen wie Investitionscontrolling, Budgetierung, F&E-Controlling, Projektcontrolling etc. aufweist.

Zur Messung des Spezialisierungsgrades finden sich in der Literatur drei unterschiedliche Varianten. Diese beinhalten die Messung des Spezialisierungsgrades über

- die Anzahl unterschiedlicher Stellenbeschreibungen,[683]
- eine Liste von Tätigkeiten und der Frage, ob es hierfür Spezialisten gibt,[684]
- den Grad der Zustimmung zu der Aussage, dass in der Organisation ein hoher Spezialisierungsgrad vorherrscht.[685]

Das Konstrukt wird in dieser Untersuchung über eine Kombination der beiden letztgenannten Varianten operationalisiert.[686] Zum einen wird die Existenz von sechs unterschiedlichen Controllingspezialisierungen ermittelt und dabei im Einzelnen nach der Existenz von Spezialisten für das Marketing-, Investitions-, Divisions-, Finanz-, Produktions- und Logistikcontrolling gefragt. Hierzu wird jede Tätigkeit als binäre Variable codiert, die bei der Existenz der Spezialisierung im untersuchten Unternehmen den Wert eins annimmt. Der Indikator für den Spezialisierungsgrad ergibt sich dann über die Summe der binären Variablen. Zusätzlich wird noch der Grad der Spezialisierung in einer direkten Frage ermittelt. Die Gütekriterien für das Konstrukt sind Tabelle

679 Vgl. Bea/Göbel (2002), S. 250; Kieser/Walgenbach (2003), S. 79. In der Literatur wird statt vom Grad auch vom Umfang der Spezialisierung gesprochen; vgl. Kieser/Walgenbach (2003), S. 100.

680 Vgl. Bea/Göbel (2002), S. 251. Als mögliche Arten der Spezialisierung können die Spezialisierung nach Verrichtung, Objekt oder Rang unterschieden werden.

681 Vgl. Amshoff (1993), S. 290.

682 Bea/Göbel (2002), S. 250.

683 Vgl. Kieser/Walgenbach (2003), S. 184.

684 Vgl. Pugh et al. (1968), S. 73; Amshoff (1993), S. 288 ff.; Homburg (2000), S. 187.

685 Vgl. Homburg (2000), S. 187.

686 Die Operationalisierung erfolgt analog zu Homburg (2000), S. 187.

38 zu entnehmen. Sowohl das Cronbachsche Alpha als auch die erklärte Varianz des Konstrukts sind zufrieden stellend.

Informationen zu den einzelnen Indikatoren des Faktors "**Spezialisierungsgrad**"			
Bezeichnung des Indikators	Item-to-Total-Korrelation	Indikator-reliabilität	t-Wert der Faktorladung
Unsere Controllingabteilung ist sehr stark spezialisiert.	0,60	-*	-*
Anzahl der unterschiedlichen Spezialisierungen (Marketing-, Investitions-, Sparten-, Finanz-, Produktion-, Logistikcontrolling)	0,60	-*	-*
Informationen zum Faktor "**Spezialisierungsgrad**"			
Cronbachsches Alpha: 0,74	Erklärte Varianz: 0,60		
Chi-Quadrat-Wert (Freiheitsgrade): -*	p-Wert: -*		
GFI: -*	AGFI: -*		
CFI: -*	RMSEA: -*		
Faktorreliabilität: -*	Durchschnittlich erfasste Varianz: -*		
* Zur Durchführung einer konfirmatorischen Faktorenanalyse ist eine Mindestzahl von drei Indikatoren notwendig. Eine Berechnung dieser Maße ist daher nicht möglich.			

Tabelle 38: Informationen zum Konstrukt "Spezialisierungsgrad"

6.2.1.2 Entscheidungsdelegation des Controllerbereichs

Entscheidungsdelegation soll als das Ausmaß definiert werden, in dem Entscheidungsbefugnisse auf Grund genereller Regelungen offiziell auf die unteren Hierarchieebenen verteilt werden.[687] In der angloamerikanischen Literatur wird hierfür auch der Ausdruck Entscheidungsdezentralisation verwendet.[688] Laut DALE (1962) ist das Ausmaß der Entscheidungsdelegation umso stärker,

- je mehr Entscheidungen auf unterer Ebene getroffen werden dürfen;
- je wichtiger die auf den unteren Ebenen getroffenen Entscheidungen sind (finanzielle Höhe);
- je stärker andere Stellen von den auf unteren Ebenen getroffenen Entscheidungen berührt werden;

687 Vgl. Kieser/Walgenbach (2003), S. 167. Vgl. für analoge Definitionen auch Deshpandé (1982), S. 93; Jaworski/Kohli (1993), S. 56; Homburg (2000), S. 190; Bea/Göbel (2002), S. 253.

688 Vgl. Pugh et al. (1968), S. 76; Deshpandé (1982), S. 93; Jaworski/Kohli (1993), S. 56; Bea/Göbel (2002), S. 253; Kieser/Walgenbach (2003), S. 166.

- je weniger Abstimmung mit übergeordneten Stellen gefordert wird, d.h. je weniger andere Stellen zu konsultieren sind und je niedriger deren hierarchische Position ist.[689]

Zur Operationalisierung des Konstrukts der Entscheidungsdelegation finden sich in der Literatur drei unterschiedliche Verfahren:[690]

- Als erstes wird insbesondere in der Organisationsforschung häufig auf eine indirekte Weise der Grad der Entscheidungsdelegation erfasst. Dies geschieht unter anderem über die Leitungsspanne, die zeitliche Kontroll- und Leitungsspanne und die Höhe der Gehälter auf unterer Ebene.[691]
- Als zweites findet sich die von PUGH ET AL. (1968) eingeführte, direkte Variante der stellenbezogenen Vorgehensweise.[692] Hierbei wird für eine Liste typischer Entscheidungen die Ebene der Entscheider ermittelt.
- Als dritte Technik findet sich der Grad der Zustimmung zu globalen Aussagen zur Entscheidungsdelegation.[693]

In dieser Untersuchung soll die letztgenannte Methodik verwendet werden. Die Erhebung erfolgt über ein reflektives Konstrukt mit vier Indikatoren. Die Informationen zur Konstruktvalidierung sind Tabelle 39 zu entnehmen. Sowohl die indikatorspezifischen als auch die indikatorübergreifenden Gütekriterien weisen gute Werte auf, so dass von einer validen und reliablen Messung ausgegangen werden kann.

[689] Vgl. Dale (1962), S. 177 ff.; Kieser/Walgenbach (2003), S. 194.
[690] Es finden sich auch Kombinationen der drei Varianten; vgl. u.a. Homburg (2000), S. 190.
[691] Vgl. Kieser/Walgenbach (2003), S. 194.
[692] Vgl. Pugh et al. (1968), S. 76 ff.
[693] Vgl. Homburg (2000), S. 190.

Informationen zu den einzelnen Indikatoren des Faktors "**Grad der Entscheidungsdelegation**"			
Bezeichnung des Indikators	Item-to-Total-Korrelation	Indikator-reliabilität	t-Wert der Faktorladung
Bei fast allen Entscheidungen benötigen die Controller eine Genehmigung von ihrem Vorgesetzten. (RC)	0,67	0,56	-
Unsere Controller müssen selbst bei kleinsten Angelegenheiten ihren Vorgesetzten konsultieren. (RC)	0,76	0,81	15,05
Ein Controller, der eigenständig Entscheidungen treffen wollte, wäre in unserem Controlling schnell entmutigt. (RC)	0,67	0,56	14,57
Wir versuchen im Controlling, fast alle Entscheidungen und Kompetenzen an die operativ zuständigen Controller zu delegieren.		Eliminiert	

Informationen zum Faktor "**Grad der Entscheidungsdelegation**"			
Cronbachsches Alpha:	0,83	Erklärte Varianz:	0,64
Chi-Quadrat-Wert (Freiheitsgrade):	-*	p-Wert:	-*
GFI:	-*	AGFI:	-*
CFI:	-*	RMSEA:	-*
Faktorreliabilität:	0,84	Durchschnittlich erfasste Varianz:	0,63
* Bei drei Indikatoren hat ein konfirmatorisches Modell keine Freiheitsgrade. Eine Berechnung dieser Maße ist daher nicht sinnvoll.			

Tabelle 39: Informationen zum Konstrukt "Grad der Entscheidungsdelegation"

6.2.1.3 Formalisierungsgrad des Controllerbereichs

Der Formalisierungsgrad wird nach PUGH ET AL. (1968) definiert als "[...] the extent to which rules, procedures, and instructions, and communications are written."[694] Die Formalisierung des Controllerbereichs bezeichnet also den Grad der schriftlichen Fixierung von organisatorischen Regeln im Controllerbereich. PUGH ET AL. (1968) unterteilen Formalisierung in drei Dimensionen und zwar in "[...] Formalization of Role Definition, Information Processing, Recording of Role Performance."[695]

Die erste Dimension, die *Stellenformalisierung* [formalization of role definition], bezieht sich auf den Grad der schriftlichen Fixierung organisatorischer Regeln.[696] Die Stellenformalisierung des Controllerbereichs ist also durch den Grad der Verwendung von schriftlich fixierten Organigrammen, Stellenbeschreibungen und Arbeitsanwei-

694 Pugh et al. (1968), S. 75; vgl. auch Amshoff (1993), S. 301; Kieser/Walgenbach (2003), S. 169.

695 Pugh et al. (1968), S. 76; vgl. auch Amshoff (1993), S. 301 ff.; Kieser/Walgenbach (2003), S. 169 ff.

696 Vgl. Kieser/Walgenbach (2003), S. 169. Anstelle von Stellenformalisierung wird auch von Strukturformalisierung gesprochen.

sungen bzw. Verfahrensrichtlinien gekennzeichnet.[697] AMSHOFF (1993) unterteilt die Stellenformalisierung des Controllerbereichs weiter in Stellenformalisierung im engeren Sinne bezogen auf Organigramme und Stellenbeschreibungen und in Aufgabenformalisierung, die den Grad der Formalisierung von Controllingaufgaben betrifft.[698]

Die zweite Dimension, die *Leistungsdokumentation* [formalization of recording of role performance], wird von PUGH ET AL. (1968) wie folgt definiert: "Role-performance records notified or authorized in writing the accomplishment of some part of a role [...]".[699] Leistungsdokumentation beschreibt also den Formalisierungsgrad der Leistungserfassung und -beurteilung im Controllerbereich.[700] Da Leistungsmessung für Controller nicht unproblematisch ist,[701] wird von einer empirischen Erhebung dieser Dimension abgesehen.

Die *Informationsflussformalisierung* [formalization of information processing] umfasst die organisatorischen Regeln, die vorschreiben, dass die Kommunikationsprozesse im Controllerbereich schriftlich zu erfolgen haben.[702]
Sie umfassen also z.B. schriftliche Übermittlung persönlicher Weisungen, Aktennotizen, Sitzungsprotokolle, Memos zu organisatorischen Entscheidungen.

Zur Operationalisierung des Konstrukts werden eine Frage zur Stellenformalisierung, zwei Fragen zur Aufgabenformalisierung und eine Frage zur Formalisierung des Informationsflusses verwendet. Die Formulierung der Indikatoren ist an bestehende Konstrukte von PUGH ET AL. (1968), AMSHOFF (1993) sowie HOMBURG (2000) angelehnt und kann Tabelle 40 entnommen werden.

697 Vgl. Amshoff (1993), S. 301 f.
698 Vgl. Amshoff (1993), S. 301 f.
699 Pugh et al. (1968), S. 76.
700 Vgl. Kieser/Walgenbach (2003), S. 176.
701 Gerade die Leistungen der Controller im Bereich der Kontrolle und Rationalitätssicherung sind in der Praxis schwer zu erfassen.
702 Vgl. Pugh et al. (1968), S. 76; Amshoff (1993), S. 302; Kieser/Walgenbach (2003), S. 175.

Informationen zu den einzelnen Indikatoren des Faktors "**Formalisierungsgrad**"			
Bezeichnung des Indikators	Item-to-Total-Korrelation	Indikator-reliabilität	t-Wert der Faktorladung
Die Verantwortlichkeiten im Controlling sind durch schriftliche Stellenbeschreibungen ganz klar fixiert.	0,52	0,36	-
Die Controller folgen in ihrer Arbeit sehr strikten Verfahrensvorschriften.	0,70	0,68	11,41
Wie Dinge angegangen werden, liegt ganz in der freien Entscheidung der einzelnen Controller. (RC)	0,67	0,60	11,22
Die Controller kommunizieren fast immer in standardisierter, schriftlicher Form (z.B. Protokolle, Formulare).	0,54	0,40	9,94
Informationen zum Faktor "**Formalisierungsgrad**"			
Cronbachsches Alpha:	0,79	Erklärte Varianz:	0,51
Chi-Quadrat-Wert (Freiheitsgrade):	5,39 (2)	p-Wert:	0,07
GFI:	0,99	AGFI:	0,97
CFI:	0,99	RMSEA:	0,06
Faktorreliabilität:	0,80	Durchschnittlich erfasste Varianz:	0,50

Tabelle 40: Informationen zum Konstrukt "Formalisierungsgrad"

Die Indikatorreliabilität des ersten Indikators liegt mit 0,36 leicht unterhalb des Zielwertes von 0,40. Da aus inhaltlichen Gründen ein Verbleib des ersten Indikators wünschenswert ist, wird eine Schwäche in der Indikatorreliabilität in Kauf genommen. Die übrigen Gütekriterien weisen sehr zufrieden stellende Werte auf.

6.2.2 Hypothesenformulierung

Da das Konstrukt der internen Kundenorientierung des Controllerbereichs aus drei Faktoren besteht, würde eine Untersuchung der Einwirkung der Determinanten auf die interne Kundenorientierung des Controllerbereichs die Betrachtung zahlreicher Beziehungen erfordern. Um jedoch die Übersichtlichkeit der Untersuchung zu wahren, werden lediglich Hypothesen formuliert, die sich auf die Gesamtheit der Faktoren der internen Kundenorientierung des Controllerbereichs beziehen. Bei der Überprüfung der Hypothesen ist dann zu untersuchen, inwieweit diese sich auch auf der Ebene der einzelnen Faktoren bestätigen lassen.

Für die Wirkung der Determinanten der Organisationsstruktur auf die Kundenorientierung existieren in der empirischen Forschung zur Markt- und Kundenorientierung zahlreiche Hinweise.[703] In der Annahme der Übertragbarkeit der Erkenntnisse auf den Controllerbereich wird die Hypothese aufgestellt, dass die Organisationsstruktur des Controllerbereichs einen signifikanten Einfluss auf die interne Kundenorientierung des Controllerbereichs hat. Diese Hypothese wird auch durch konzeptionelle Erkenntnisse der Controllingforschung gestützt, die einen Einfluss der Controllerorganisation auf die Beziehung zwischen Management und Controllerbereich unterstellen.[704]

Zur Wirkung des Spezialisierungsgrades des Controllerbereichs auf die interne Kundenorientierung wird folgende Hypothese formuliert:

H26: Je höher der Spezialisierungsgrad des Controllerbereichs, desto geringer der Grad der internen Kundenorientierung des Controllerbereichs.

Zur Stützung der Hypothese kann auf Erkenntnisse der Organisationsforschung zurückgegriffen werden. Die Erkenntnisse sind analog auf die Controllerorganisationen zu übertragen. So finden sich in der Literatur Beschreibungen negativer Effekte der Spezialisierung. WEBER (1972) sieht als Folge der Spezialisierung ein mangelndes Eingehen auf individuelle Kundenbedürfnisse. Dabei stellt er fest, dass die Arbeit in Bürokratien, die eine hochgradige Spezialisierung aufweist, ohne Liebe und Enthusiasmus ausgeübt wird.[705] Darüber hinaus kann auch festgestellt werden, dass es in Bürokratien durch die "[...] rein formale, sachlich kühle Gleichbehandlung aller Fälle [...]" zu Konflikten bei der Behandlung von konkreten Fällen mit konkreten Personen kommt.[706] BEA/GÖBEL (2002) beschreiben diesen mangelnden Kundenfokus einer hochspezialisierten Organisation als eine "Mentalität des 'geht mich nichts an, dafür bin ich nicht zuständig'".[707] Eine weitere Schwachstelle von hochgradig spezialisierten Organisationen ist die Inflexibilität. So weist DERLIEN (1992) darauf hin, dass ein hoher Spezialisierungsgrad dazu führen kann, "[...] dass neue Anforderungen aus der

---

703 Vgl. Kohli/Jaworski (1990), S. 11; Jaworski/Kohli (1993), S. 56; Hurley/Hult (1998), S. 45; Homburg (2000), S. 184 f.; vgl. auch die konzeptionellen Überlegungen von Frese/Werder (1989), S. 3 ff.; Menon/Varadarajan (1992), S. 63 sehen die Organisationsstruktur als einen wesentlichen Faktor zur Beeinflussung der Nutzung von Marketinginformationen an.

704 Vgl. Lanter (1996), S. 64; Küpper (2001), S. 492 ff.; Mosiek (2002), S. 102 ff.; Weber (2002), S. 525 ff.; Horváth (2003), S. 833 ff.

705 Vgl. Weber (1972), S.129 ff.

706 Bea/Göbel (2002), S. 47.

707 Bea/Göbel (2002), S. 251.

Umwelt der Organisation nicht umfassend erkannt oder verarbeitet werden."[708] Eine ebenfalls häufig diskutierte Problematik der Spezialisierung ist die Schnittstellenbildung, die ebenfalls eine reduzierte Kundenorientierung zur Folge haben kann. "Da jede Schnittstelle eine Quelle von Missverständnissen und Fehlern ist"[709], sinkt die Qualität der Leistungen und die Zeit, bis Wünsche des Kunden befriedigt werden, steigt deutlich.[710] Aus empirischer Sicht bestätigen die Ergebnisse von HOMBURG (2000) eine entsprechende im Hinblick auf die externe Kundennähe aufgestellte Hypothese.[711]

Es sei an dieser Stelle angemerkt, dass Spezialisierung auch positive Effekte erzielen kann, wie beispielsweise die Nutzung unterschiedlicher Fähigkeiten von Personen oder die Nutzung von Lerneffekten. So stellt die Hypothese eine Vereinfachung dar, da man eigentlich von einer U-förmigen Beziehung ausgehen müsste. Die Hypothese bezieht sich somit nur auf den in der Unternehmenspraxis vorzufindenden Teil der Spezialisierung und beschreibt somit lediglich einen Ausschnitt des Zusammenhangs zwischen Spezialisierung und der internen Kundenorientierung des Controllerbereichs.[712]

Zu der Beziehung des Grades der Entscheidungsdelegation zum Grad der internen Kundenorientierung des Controllerbereichs wird folgende Hypothese formuliert:

H27: Je stärker der Grad der Entscheidungsdelegation des Controllerbereichs, desto höher der Grad der internen Kundenorientierung des Controllerbereichs.

Die Formulierung der Hypothese kann mittels einer Analogie zur externen Kundenorientierung begründet werden. So wird eine stärkere Entscheidungsdelegation in der Literatur vielfach als eine wesentliche Determinante für eine Verbesserung der Kundenorientierung genannt.[713] Dabei stellt z.B. BRUHN (2001) fest, dass Unternehmen eine dezentrale Organisationsstruktur anstreben, "[...] um einen besseren Informationsfluss und somit eine höhere Flexibilität zur Lösung der Kundenprobleme sicherzustellen."[714] Auch BEA/GÖBEL (2002) nennen eine größere Flexibilität sowie eine stärkere Moti-

---

708 Derlien (1992), Sp. 397.
709 Kieser/Walgenbach (2003), S. 83.
710 Vgl. Horváth (2003), S. 865.
711 Vgl. Homburg (2000), S. 195; Jaworski/Kohli (1993), S. 56 sehen eine starke Spezialisierung (departmentalization) als eine Kommunikationsbarriere an.
712 Vgl. auch Homburg (2000), S. 192.
713 Vgl. Jaworski/Kohli (1993), S. 61; Homburg (2000), S. 195; Bruhn (2001), S. 185.
714 Bruhn (2001), S. 185.

vation der Mitarbeiter als Vorteile der Delegation.[715] Da Flexibilität einer Organisation ein wichtiges Element ist, um schnell auf Kundenwünsche reagieren zu können, wird ein positiver Zusammenhang vermutet. Die Hypothese über einen Zusammenhang zwischen der Organisationsstruktur und der externen Kundenorientierung soll auf den Zusammenhang zwischen der Controllerorganisation und der internen Kundenorientierung des Controllerbereichs übertragen werden. Gestützt wird diese Annahme durch Erkenntnisse der Controllingliteratur, die ebenfalls einen Einfluss des Dezentralisierungsgrades der Controllerorganisation auf die interne Kundenorientierung postulieren. So stellt z.B. LANTER (1996) fest, dass eine erhöhte Nähe des dezentralen Controllings zu dem Bereichsleiter den Nutzen des Controllings verstärkt.[716]

Die Hypothese zur Beziehung des Formalisierungsgrades zur internen Kundenorientierung lautet:

H28: Je höher der Grad der Formalisierung des Controllerbereichs, desto geringer der Grad der internen Kundenorientierung des Controllerbereichs.

Die Hypothese leitet sich zum einen daraus ab, dass der Grad der Formalisierung auch stark mit dem Grad der Bürokratisierung korreliert.[717] Die negativen Effekte der Bürokratisierung wurden im obigen Abschnitt bereits näher erläutert. Zum anderen zeigen die bisherigen empirischen Untersuchungen einen negativen Zusammenhang zwischen Formalisierung und Kundenorientierung.[718] Auch zwischen der Nutzung marktrelevanter Informationen und dem Ausmaß der Formalisierung wurde in der empirischen Literatur ein negativer Zusammenhang festgestellt,[719] so dass insbesondere hinsichtlich der Reaktion des Controllerbereichs, also der Nutzung der verteilten Informationen, ein negativer Zusammenhang erwartet wird. Es ist jedoch anzumerken, dass Formalisierung durchaus positive Effekte (z.B. eine schnelle Reaktion) haben kann. Somit stellt auch diese Hypothese wiederum eine Vereinfachung dar und soll nur den in der Unternehmenspraxis vorkommenden Ausschnitt der Beziehung zwischen dem Formali-

715 Vgl. Bea/Göbel (2002), S. 255.
716 Vgl. Lanter (1996), S. 64.
717 Vgl. Bea/Göbel (2002), S. 249; Kieser/Walgenbach (2003), S. 169.
718 Vgl. Homburg (2000), S. 195.
719 Vgl. Deshpandé (1982), S. 98; Deshpandé/Zaltman (1982), S. 23.

sierungsgrad und der internen Kundenorientierung des Controllerbereichs beschreiben.[720]

6.2.3 Ergebnisse der Hypothesenprüfung

Die Vorstellung und Diskussion der Hypothesen erfolgt zweigeteilt: Zuerst wird der Einfluss der Determinanten auf das Gesamtkonstrukt der internen Kundenorientierung des Controllerbereichs aufgezeigt. Nachfolgend wird der Einfluss der Determinanten auf die vier Faktoren der internen Kundenorientierung des Controllerbereichs untersucht.

Im Wesentlichen sind im Rahmen des Kausalmodells zwei Fragestellungen interessant. Zum einen ist die Frage, inwieweit sich die aufgestellten Hypothesen bestätigen lassen, von großem Interesse. Zum anderen gilt es aufzuzeigen, welchen Anteil der Varianz eines Faktors durch die untersuchten Determinanten erklärt werden kann. Erst durch die Kombination dieser beiden Ergebnisse lässt sich ein Urteil über die Bedeutung der Determinanten fällen. Darüber hinaus soll auch die Frage beantwortet werden, welche der Determinanten am stärksten auf die interne Kundenorientierung des Controllerbereichs wirkt.

Das Strukturmodell zur Überprüfung der Hypothesen bezüglich der Determinanten des Gesamtkonstrukts der internen Kundenorientierung des Controllerbereichs ist Abbildung 15 zu entnehmen. Die Gütekriterien des Strukturmodells finden sich in Tabelle 41.

---

[720] Hierbei wird angenommen, dass bereits alle Unternehmen über 200 Mitarbeitern über ein gewisses Mindestmaß an Formalisierung verfügen, so dass eine stärkere Formalisierung eher negative Effekte haben dürfte.

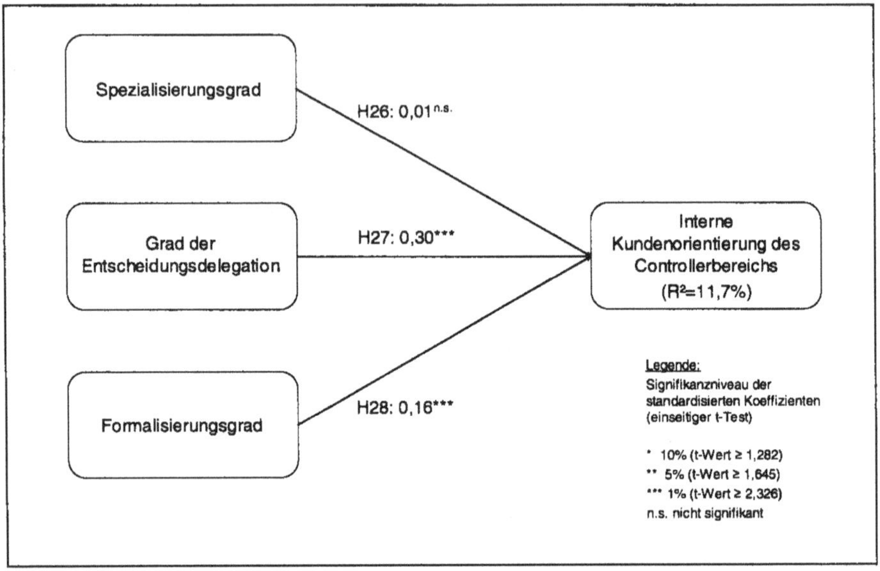

Abbildung 15: Strukturmodell zur Wirkung der Determinanten der Organisationsstruktur auf die interne Kundenorientierung des Controllerbereichs

Informationen zum Strukturmodell					
Bezeichnung des Indikators	Ursprüngliche Schätzwerte	Mittelwert der erzeugten Fälle	Standardabweichung	t-Werte	Effektgröße f^2
Spezialisierungsgrad -> Interne Kundenorientierung des Controllerbereichs	0,01	0,02	0,05	0,31	0,00
Grad der Entscheidungsdelegation -> Interne Kundenorientierung des Controllerbereichs	0,30	0,31	0,05	6,46	0,10
Formalisierungsgrad -> Interne Kundenorientierung des Controllerbereichs	0,16	0,17	0,04	3,71	0,03
Erklärte Varianz (R^2)	11,7%				

Tabelle 41: Informationen zur Wirkung der Determinanten der Organisationsstruktur auf die interne Kundenorientierung des Controllerbereichs

Für den Index der internen Kundenorientierung des Controllerbereichs werden 11,7 Prozent der Varianz erklärt. Der Wert kann als schwacher Erklärungsgrad eingestuft werden. Er ist jedoch dadurch zu erklären, dass im Rahmen der Untersuchung nur wenige Einflussfaktoren analysiert werden und keineswegs eine vollständige Betrachtung aller Determinanten erfolgte.

Der *Spezialisierungsgrad* hat keinen signifikanten Effekt auf die interne Kundenorientierung des Controllerbereichs. Zum einen ist der Pfadkoeffizient sehr gering und nicht signifikant und zum anderen weist die Effektgröße einen Wert von 0 auf. So kann Hypothese H26 im Hinblick auf das Gesamtkonstrukt der internen Kundenorientierung des Controllerbereichs nicht gestützt werden.

Der *Grad der Entscheidungsdelegation* weist dagegen einen signifikant positiven Zusammenhang auf. Je stärker die Entscheidungskompetenzen an die operativ tätigen Controller delegiert werden, desto stärker ist die interne Kundenorientierung des Controllerbereichs. Dieses Ergebnis ist auf dem 1%-Niveau signifikant. Die Effektgröße von $f^2 = 0{,}10$ deutet auf einen moderaten Zusammenhang hin.

Der *Formalisierungsgrad* beeinflusst die interne Kundenorientierung des Controllerbereichs positiv. Dieses Ergebnis ist auf dem 1%-Niveau signifikant. Der Effektwert $f^2 = 0{,}03$ deutet allerdings auf einen schwachen Zusammenhang hin. Das Ergebnis widerspricht damit Hypothese H28, die einen negativen Zusammenhang zwischen beiden Variablen unterstellt.

Nachfolgend sollen nun die Auswirkungen auf der Ebene der einzelnen Faktoren der internen Kundenorientierung des Controllerbereichs untersucht werden. Tabelle 42 zeigt die Auswirkungen der Determinanten auf die formelle Informationsgenerierung. Der erklärte Varianzanteil für den Faktor beträgt 12,0 Prozent. Sowohl die Richtung als auch die Höhe der Wirkung der Determinanten der Organisationsstruktur auf die formelle Informationsgenerierung stimmt mit den obigen Ergebnissen bzw. ihrer Wirkung auf das Gesamtkonstrukt weitgehend überein.

Informationen zu dem Strukturmodell					
Bezeichnung des Indikators	Ursprüngliche Schätzwerte	Mittelwert der erzeugten Fälle	Standardabweichung	t-Werte	Effektgröße f^2
Spezialisierungsgrad -> Formelle Informationsgenerierung	0,10	0,09	0,05	2,33	0,01
Grad der Entscheidungsdelegation -> Formelle Informationsgenerierung	0,26	0,28	0,04	5,98	0,08
Formalisierungsgrad -> Formelle Informationsgenerierung	0,17	0,18	0,04	4,06	0,03
Erklärte Varianz (R^2)	12,0%				

Tabelle 42: Informationen zur Wirkung der Determinanten der Organisationsstruktur auf die formelle Informationsgenerierung

Die Auswirkungen der Determinanten der Organisationsstruktur auf die informelle Informationsgenerierung kann Tabelle 43 entnommen werden. In der Tendenz entsprechen die Werten den Ergebnissen der formellen Informationsgenerierung, jedoch ist der Erklärungswert deutlich geringer.

Informationen zu dem Strukturmodell					
Bezeichnung des Indikators	Ursprüngliche Schätzwerte	Mittelwert der erzeugten Fälle	Standardabweichung	t-Werte	Effektgröße f^2
Spezialisierungsgrad -> Informelle Informationsgenerierung	0,06	0,07	0,08	0,74	0,00
Grad der Entscheidungsdelegation -> Informelle Informationsgenerierung	0,20	0,20	0,04	4,67	0,04
Formalisierungsgrad -> Informelle Informationsgenerierung	0,10	0,11	0,07	1,48	0,01
Erklärte Varianz (R^2)	5,6%				

Tabelle 43: Informationen zur Wirkung der Determinanten der Organisationsstruktur auf die informelle Informationsgenerierung

Für die Auswirkungen der Determinanten der Organisationsstruktur auf die Informationsverteilung zeigt sich, dass der Spezialisierungsgrad wiederum keinen Einfluss auf die Informationsverteilung hat. Die beiden anderen organisationalen Determinanten haben einen geringen, aber dennoch signifikanten Einfluss auf die Informationsverteilung. Daher ist die gesamte erklärte Varianz auch sehr gering. Damit kann keine der drei Variablen als ein wesentlicher Einflussfaktor der Informationsverteilung angesehen werden.

Informationen zum Strukturmodell					
Bezeichnung des Indikators	Ursprüngliche Schätzwerte	Mittelwert der erzeugten Fälle	Standardabweichung	t-Werte	Effektgröße f^2
Spezialisierungsgrad -> Informationsverteilung	0,05	0,01	0,10	0,48	0,00
Grad der Entscheidungsdelegation -> Informationsverteilung	0,17	0,18	0,05	3,28	0,03
Formalisierungsgrad -> Informationsverteilung	0,16	0,18	0,05	3,48	0,02
Erklärte Varianz (R^2)	6,2%				

Tabelle 44: Informationen zur Wirkung der Determinanten der Organisationsstruktur auf die Informationsverteilung

Der Anteil der erklärten Varianz an dem dritten Faktor, der Reaktion des Controllerbereichs, ist mit 16,0 Prozent zwar deutlich größer als bei der Informationsverteilung, aber immer noch ein eher geringer Wert. Bei den Determinanten ist insbesondere der Einfluss des Grades der Entscheidungsdelegation zu erwähnen. Er ist auf dem 1%-Niveau signifikant und weist einen hohen Pfadkoeffizienten von 0,36 auf. Die Effektgröße weist einen Wert von 0,15 auf und deutet auf einen moderaten Zusammenhang hin. Auch der Formalisierungsgrad hat einen auf dem 1%-Niveau signifikanten Einfluss. Der Spezialisierungsgrad weist wiederum keinen signifikanten Zusammenhang auf.

Informationen zum Strukturmodell					
Bezeichnung des Indikators	Ursprüngliche Schätzwerte	Mittelwert der erzeugten Fälle	Standardabweichung	t-Werte	Effektgröße f^2
Spezialisierungsgrad -> Reaktion des Controllerbereichs	0,02	0,01	0,07	0,25	0,00
Grad der Entscheidungsdelegation -> Reaktion des Controllerbereichs	0,36	0,36	0,05	7,97	0,15
Formalisierungsgrad -> Reaktion des Controllerbereichs	0,17	0,18	0,06	2,81	0,03
Erklärte Varianz (R^2)	16,0%				

Tabelle 45: Informationen zur Wirkung der Determinanten der Organisationsstruktur auf die Reaktion des Controllerbereichs

In Tabelle 46 findet sich eine Übersicht der Ergebnisse der vorangegangenen Analysen der Auswirkungen der Determinanten auf die einzelnen Faktoren der internen Kundenorientierung des Controllerbereichs. Ziel der Übersicht ist es, ein Gesamtbild zu erhalten, so dass ermittelt werden kann, welche der getroffenen Basishypothesen gestützt und welche verworfen werden können.

	Faktor				
Determinante	Formelle Informations-generierung	Informelle Informations-generierung	Informations-verteilung	Reaktion des Controllerbe-reichs	Gesamtkonstrukt
Spezialisierungsgrad	+***	+ (n.s.)	+ (n.s.)	+ (n.s.)	+ (n.s.)
Grad der Entschei-dungsdelegation	+***	+***	+***	+***	+***
Formalisierungsgrad	+***	+*	+***	+***	+***

+ positive Beeinflussung
* signifikant auf dem 10%-Niveau
** signifikant auf dem 5%-Niveau
*** signifikant auf dem 1%-Niveau
n.s. nicht signifikant

Tabelle 46: Übersicht der Auswirkungen der Determinanten der Organisationsstruktur

Tabelle 46 offenbart, dass der *Spezialisierungsgrad* lediglich auf die formelle Informationsgenerierung einen auf dem 1%-Niveau signifikanten, aber dennoch sehr geringen Einfluss hat. Somit ist Hypothese H26 nur in Bezug auf die formelle Informationsgenerierung zu stützen. Im Hinblick auf die drei anderen Faktoren der internen Kundenorientierung des Controllerbereichs sowie im Hinblick auf das Gesamtkonstrukt ist Hypothese H24 zu verwerfen.

Die Vorteile einer hohen Spezialisierung, insbesondere das höhere Fachwissen spezialisierter Controller, scheinen sich mit den Nachteilen einer Spezialisierung, insbesondere der dadurch entstehenden Vielzahl von Ansprechpartnern, die Waage zu halten. Bei der Interpretation des Ergebnisses ist aber auch die recht geringe Größe der einzelnen Controllerbereiche zu beachten.

Hypothese H27 bezüglich des positiven Einflusses des Grades der *Entscheidungsdelegation* auf den Grad der internen Kundenorientierung des Controllerbereichs kann gestützt werden. Sowohl auf der Ebene des Gesamtkonstrukts als auch bei den einzelnen Faktoren ergibt sich ein signifikanter Einfluss. Bezogen auf die Determinanten der

Organisationsstruktur hat der Grad der Entscheidungsdelegation den stärksten Einfluss auf die interne Kundenorientierung des Controllerbereichs.[721] Dabei beeinflusst der Grad der Entscheidungsdelegation insbesondere die Reaktion des Controllerbereichs. Es zeigt sich somit, dass eine Delegation der Entscheidungsbefugnisse zu einer schnelleren Anpassung an die Wünsche der Manager und insgesamt zu einer höheren internen Kundenorientierung des Controllerbereichs führt.

Die Übersicht zeigt weiter, dass der *Formalisierungsgrad* insgesamt einen signifikanten positiven Einfluss auf die interne Kundenorientierung des Controllerbereichs hat. Allerdings zeigt die Effektgröße, dass es sich dabei um einen schwachen Zusammenhang handelt. Auf Einzelfaktorebene bestätigt sich der Einfluss ebenfalls, wobei die Wirkung auf die informelle Informationsgenerierung nur auf dem 10%-Niveau signifikant ist. Die geringe Wirkung auf die informelle Informationsgenerierung ist allerdings sehr plausibel, da sich dieser Teil nur schwer formalisieren lässt. Insgesamt wirkt der Grad der Formalisierung somit positiv auf die interne Kundenorientierung des Controllerbereichs. Dieses Ergebnis widerspricht der aufgestellten Hypothese. Hypothese H28 ist daher abzulehnen. Es zeigt sich also, dass eine höhere Formalisierung der Prozesse insbesondere zu einer schnelleren Reaktion auf die Wünsche der Manager führt. Ein möglicher Erklärungsansatz ist somit in den positiven Wirkungen der Aufgaben-, Prozess- und Kommunikationsformalisierung zu suchen. Ein hoher Formalisierungsgrad führt dazu, dass die Freiheitsgrade in der Ausführung einer Tätigkeit sinken. Demgegenüber steht aber der Vorteil, dass Prozessschritte mit geringen Freiheitsgraden weitgehend "vorgedacht" und standardisiert sind, so dass die Zeit zur Reaktion auf Manageranfragen deutlich sinkt. Dieser Sachverhalt kann die positive Wirkung auf die Reaktion des Controllerbereichs erklären. Die positive Tendenz bei dem Einfluss auf die Informationsgenerierung kann dadurch entstehen, dass ein gewisser Formalisierungsgrad die Controller dazu anhält, kontinuierlich Feedback und Verbesserungsvorschläge einzuholen. Auch die Verbreitung der Informationen im Controllerbereich kann auf diese Weise gestärkt werden.

Es lässt sich somit festhalten, dass insbesondere der Grad der Entscheidungsdelegation sowie der Formalisierungsgrad einen zwar schwachen, aber dennoch signifikanten Einfluss auf die interne Kundenorientierung des Controllerbereichs ausüben.

[721] Dieser Befund ist analog zu den Ergebnissen von Kohli/Jaworski (1993), S. 61 die Entscheidungsdelegation als die wichtigste Determinante der Organisationsstruktur für die Marktorientierung des Unternehmens identifizieren.

6.3 Unsicherheit der Unternehmensumwelt und interne Kundenorientierung des Controllerbereichs

6.3.1 Konzeptualisierung und Operationalisierung der externen Großzügigkeit

Um Umweltunsicherheit in empirischen Studien greifbar zu machen, wurden Ansätze entwickelt, die diese auf möglichst wenige Variablen reduzieren. Basierend auf der Arbeit von ALDRICH (1979) konzeptionalisieren DESS/BEARD (1984) Unsicherheit mit den drei Dimensionen Großzügigkeit, Dynamik und Komplexität.[722]
Die meisten empirischen Untersuchungen im Bereich der Controllingforschung – aber auch der Marketingforschung – nutzen ein "Standardset"[723] von Kontextfaktoren, welches meistens die technologische und marktbezogene Dynamik und Komplexität beinhaltet.[724] Die externe Großzügigkeit bleibt zumeist unbeachtet.[725] Die Erfolge der Controllingforschung mit den Konstrukten Komplexität und Dynamik als Determinanten sind jedoch bislang begrenzt, da zumeist keine signifikanten Beziehungen zu den jeweils zu erklärenden Variablen ermittelt werden konnten.[726]
Ein möglicher Erklärungsansatz hierfür könnte darin liegen, dass der für den Controllerbereich entscheidende Rationalitätssicherungsbedarf der Führung insbesondere von der Großzügigkeit der Umwelt abhängt und weniger von der Komplexität und Dynamik.[727] Dies ist insofern von Bedeutung, als die Konzepte der Dynamik und Komplexität sowie der externen Großzügigkeit oftmals nicht zur selben Beurteilung einer Situation führen. So wird z.B. ein reifer Markt mit alter Technologie, in dem ein harter Verteilungskampf von statten geht, als ein Markt mit geringer Dynamik und geringer Komplexität eingestuft. Aber auf Grund der Stagnation des Marktes und des intensiven Wettbewerbs kann die Situation für das Management sehr schwierig sein. In diesem Fall besteht eine geringe Großzügigkeit der Umwelt und ein hoher Bedarf an Rationalitätssicherung. Die Annahme der Relevanz des Konzeptes der Großzügigkeit der Umwelt für den Controllerbereich wird zusätzlich auch durch die empirischen Arbei-

---

722 Vgl. Dess/Bread (1984), S. 55.
723 Vgl. Bauer (2002), S. 101.
724 Zusätzlich werden noch Faktoren wie z.B. die Abhängigkeit, die rechtlichen Rahmenbedingungen, die Wettbewerbsintensität oder die Situation auf den Beschaffungsmärkten untersucht. Vgl. auch Gaydoul (1980), S. 34 ff.; Amshoff (1992), S. 370 ff.
725 Zur Literatur über die Großzügigkeit vgl. Yasai-Ardekani (1989), S. 132 ff.; Castrogiovanni (1991), S. 542 ff.; Goll/Rasheed (1997), S. 584 ff.
726 Vgl. Niedermayr (1994), S. 335; Aust (1999), S. 181; Karlshaus (2000), S. 160. Gleiches gilt für Bauer (2002) und Sandt (2004).
727 Vgl. auch für nachfolgendes Beispiel Bauer (2002), S. 103.

ten von KOBERG (1987) und GOLL/RASHEED (1997) gestützt.[728] Somit erscheint das Konzept der externen Großzügigkeit am geeignetsten zur Beschreibung der Unsicherheit der Umwelt im Kontext des Controllings.
Nach CASTROGIOVANNI (1991) sei die externe Großzügigkeit (engl. munificence) definiert als "the scarcity or the abundance of critical sources needed by (one or more) firms operation within an environment."[729] Die externe Großzügigkeit beschreibt somit, wie stark die Unternehmensumwelt Fehler bzw. nicht optimales Verhalten der Unternehmensführung sanktioniert. Positiv formuliert bedeutet es, dass die externe Großzügigkeit abbildet, in welchem Ausmaß die Umwelt nachhaltiges Wachstum unterstützt.[730] Konkret impliziert eine hohe externe Großzügigkeit z.B. sehr günstige Marktbedingungen auf der Absatzseite oder auch die leichte Verfügbarkeit notwendiger Ressourcen.[731]

Im Rahmen der Operationalisierung wurde in der Literatur häufig der Ansatz von DESS/BEARD (1984) verwendet, der die externe Großzügigkeit mittels der Verwendung von Zeitreihen bzw. historischen Daten, wie z.B. der Wachstumsrate der abgerechneten Aufträge, misst.[732] In dieser Untersuchung soll aber zur Messung des Konstrukts der externen Unsicherheit auf der Operationalisierung von BAUER (2002) aufgebaut werden. BAUER (2002) bezieht sich in seiner Operationalisierung auf den "[...] inhaltlichen Ausgangspunkt der Diskussion zur externen Großzügigkeit, die 'scarcity of resources'".[733] Er bildet daher ein Konstrukt, welches in direkter Weise die Knappheit wichtiger Ressourcen auf der Beschaffungs- und auf der Absatzseite einbezieht.[734] Zusätzlich berücksichtigt er die Robustheit der Erfolgsgrößen der Unternehmung gegenüber Managementfehlern bzw. externen Einflüssen.[735] Die Großzügigkeit wird aus Sicht des Managements und somit subjektiv ermittelt.
Die Operationalisierung von BAUER (2002) ist aber insofern zu kritisieren, als er den komplexen Aufbau des Konstrukts in der Operationalisierung und der empirischen

---

728 Goll/Rasheed (1997), S. 588 kommen zu dem Resultat, dass die Wirkung der Rationalität von Entscheidungen auf den Erfolg des Unternehmens durch die Großzügigkeit positiv moderiert wird. Koberg (1987), S. 804 zeigt, dass eine abnehmende Großzügigkeit Änderungen an Planungs- und Kontrollsystemen herbeiführt.
729 Castrogiovanni (1991), S. 542.
730 Vgl. Starbuck (1976), S. 1080 ff.
731 Vgl. Bauer (2002), S. 103.
732 Vgl. Dess/Beard (1984), S. 55.
733 Bauer (2002), S. 180.
734 Vgl. Bauer (2002), S. 180.
735 Vgl. Bauer (2002), S. 181.

Auswertung nicht berücksichtigt. Er bildet lediglich den Mittelwert über alle Items und unterlässt eine Angabe von Gütekriterien.

BAUER (2002) misst zum einen die Robustheit der Erfolgsgrößen gegenüber Managementfehlern und externen Effekten. Dies kann als ein reflektives Maß für die Großzügigkeit der Umwelt interpretiert werden, denn eine großzügige Umwelt hat zur Folge, dass sich Managementfehler bzw. externe Effekte nicht stark im Erfolg des Unternehmens niederschlagen. Die beiden anderen Dimensionen – die Knappheit des Beschaffungsmarktes und die Großzügigkeit des Absatzmarktes – wiederum sind formative Elemente der Großzügigkeit der Umwelt. Eine Umwelt ist dann großzügig, wenn die Ressourcen ausreichend und leicht verfügbar sind und wenn günstige Marktbedingungen auf der Absatzseite vorliegen.

Somit wird das Konstrukt der externen Großzügigkeit in modifizierter Form operationalisiert und es sollen nur die beiden Dimensionen der Knappheit des Beschaffungsmarktes und der Großzügigkeit des Absatzmarktes zur Bildung des Konstrukts der externen Großzügigkeit verwendet werden.

Im Folgenden werden zunächst die Gütekriterien für die beiden Faktoren überprüft, bevor im nächsten Schritt ein MIMIC-Modell der externen Großzügigkeit berechnet wird.

Die Knappheit des Beschaffungsmarktes beschreibt, inwieweit die für die Unternehmung benötigten Ressourcen leicht verfügbar sind. Die einzelnen Indikatoren des Konstrukts beziehen sich dabei auf die Zeit zur Beschaffung, die Qualität der verfügbaren Ressourcen sowie die verfügbare Menge an Ressourcen. Da diese drei Dimensionen Auswirkungen eines knappen Beschaffungsmarktes beschreiben, ist das Konstrukt reflektiv operationalisiert. Die Gütekriterien für das Konstrukt Knappheit des Beschaffungsmarktes sind Tabelle 47 zu entnehmen. Die Werte der untersuchten Gütekriterien können insgesamt als sehr zufrieden stellend bezeichnet werden.

Informationen zu den einzelnen Indikatoren des Faktors "**Knappheit des Beschaffungsmarktes**"			
Bezeichnung des Indikators	Item-to-Total-Korrelation	Indikator-reliabilität	t-Wert der Faktorladung
Die von uns benötigten Ressourcen (Rohstoffe, Personal, Finanzmittel) sind sehr schnell zu beschaffen.	0,82	0,73	-
Die von uns benötigten Ressourcen sind sehr leicht in der benötigten Qualität zu beschaffen.	0,87	0,87	25,36
Die von uns benötigten Ressourcen sind sehr leicht in ausreichender Menge zu bekommen.	0,85	0,81	24,42
Informationen zum Faktor "**Knappheit des Beschaffungsmarktes**"			
Cronbachsches Alpha:	0,92	Erklärte Varianz:	0,80
Chi-Quadrat-Wert (Freiheitsgrade):	-*	p-Wert:	-*
GFI:	-*	AGFI:	-*
CFI:	-*	RMSEA:	-*
Faktorreliabilität:	0,92	Durchschnittlich erfasste Varianz:	0,80
* Bei drei Indikatoren hat ein konfirmatorisches Modell keine Freiheitsgrade. Eine Berechnung dieser Maße ist daher nicht sinnvoll.			

Tabelle 47: Informationen zum Konstrukt "Knappheit des Beschaffungsmarktes"

Das zweite Konstrukt der externen Großzügigkeit, die Großzügigkeit des Absatzmarktes, beschreibt, inwieweit günstige Marktbedingungen auf der Absatzseite vorliegen. Dabei wird angenommen, dass günstige Marktbedingungen dann vorliegen, wenn z.B. Maßnahmen der Wettbewerber oder konjunkturelle Schwankungen nur geringe Auswirkungen auf den Absatz des betrachteten Unternehmens haben.

Zur Operationalisierung werden Indikatoren formuliert, die sich auf die Auswirkung von den Marketingmaßnahmen der Wettbewerber auf den Absatz des betrachteten Unternehmens beziehen. Die Werte der Gütekriterien sind Tabelle 48 zu entnehmen. Es muss angemerkt werden, dass sowohl die lokalen als auch die globalen Gütekriterien keine zufrieden stellenden Ergebnisse ergeben. Ein Grund hierfür könnte darin liegen, dass die Indikatoren zumeist reverse coded items darstellen, die generell schlechtere Gütekriterien aufweisen. In weiteren empirischen Arbeiten gilt es, die Operationalisierung der Großzügigkeit des Absatzmarktes neu zu überarbeiten. Trotz der wenig zufrieden stellenden Werte soll das Konstrukt hier weiter verwendet werden. Die nachfolgenden Ergebnisse sind somit unter der Einschränkung der wenig zufrieden stellenden Gütekriterien zu betrachten.

Informationen zu den einzelnen Indikatoren des Faktors "**Großzügigkeit des Absatzmarktes**"			
Bezeichnung des Indikators	Item-to-Total-Korrelation	Indikator-reliabilität	t-Wert der Faktorladung
Unsere Kunden legen großen Wert auf die einzigartigen Merkmale unserer Produkte.	Eliminiert		
Der Absatz unserer Produkte reagiert sehr stark auf Preisänderungen unserer Wettbewerber. (RC)	0,42	0,31	-*
Der Absatz unserer Produkte reagiert sehr stark auf Werbemaßnahmen unserer Wettbewerber. (RC)	0,44	0,36	6,60
Der Absatz unserer Produkte reagiert sehr stark auf Produktverbesserungen unserer Wettbewerber. (RC)	0,46	0,43	6,40
Der Absatz unserer Produkte reagiert sehr stark auf konjunkturelle Einflüsse. (RC)	Eliminiert		
Informationen zum Faktor "**Großzügigkeit des Absatzmarktes**"			
Cronbachsches Alpha:	0,63	Erklärte Varianz:	0,36
Chi-Quadrat-Wert (Freiheitsgrade):	-*	p-Wert:	-*
GFI:	-*	AGFI:	-*
CFI:	-*	RMSEA:	-*
Faktorreliabilität:	0,63	Durchschnittlich erfasste Varianz:	0,36
* Bei drei Indikatoren hat ein konfirmatorisches Modell keine Freiheitsgrade. Eine Berechnung dieser Maße ist daher nicht sinnvoll.			

Tabelle 48: Informationen zum Konstrukt "Großzügigkeit des Absatzmarktes"

Zur Berechnung des MIMIC-Modells wird zusätzlich die externe Großzügigkeit reflektiv gemessen. Hierbei werden Indikatoren von BAUER (2002) verwendet.[736] Die Werte der untersuchten Gütekriterien können insgesamt als gut bezeichnet werden (vgl. Tabelle 49).

[736] Vgl. Bauer (2002), S. 182.

Informationen zu den einzelnen Indikatoren des Faktors "**Direkte Messung der externen Großzügigkeit**"			
Bezeichnung des Indikators	Item-to-Total-Korrelation	Indikator-reliabilität	t-Wert der Faktorladung
Unser Ergebnis ist gegenüber Schwankungen allgemeinwirtschaftlicher Faktoren (z.B. Konjunktur) recht stabil.	0,64	-	-
In allgemeinwirtschaftlich schwierigen Zeiten (z.B. Rezessionen) können wir trotzdem ein zufrieden stellendes Ergebnis erzielen.	0,64	-	-

Informationen zum Faktor "**Direkte Messung der externen Großzügigkeit**"			
Cronbachsches Alpha:	0,78	Erklärte Varianz:	0,64
Chi-Quadrat-Wert (Freiheitsgrade):	-*	p-Wert:	-*
GFI:	-*	AGFI:	-*
CFI:	-*	RMSEA:	-*
Faktorreliabilität:	-*	Durchschnittlich erfasste Varianz:	-*
* Zur Durchführung einer konfirmatorischen Faktorenanalyse ist eine Mindestzahl von drei Indikatoren notwendig. Eine Berechnung dieser Maße ist daher nicht möglich.			

Tabelle 49: Informationen zum Konstrukt "Direkte Messung der externen Großzügigkeit"

Zur Bildung des formativen Gesamtkonstrukts aus den beiden Faktoren Knappheit des Beschaffungsmarktes und Großzügigkeit des Absatzmarktes wird ein MIMIC-Modell berechnet. Es zeigt sich, dass beide Faktoren ein signifikantes Gewicht bei der Bildung des formativen Gesamtkonstrukts aufweisen. Die Gütekriterien des MIMIC-Modells, die Tabelle 50 zu entnehmen sind, sind als zufrieden stellend zu bezeichnen. Basierend auf den Ergebnissen wird ein Index der externen Großzügigkeit gebildet und nachfolgend der Einfluss der externen Großzügigkeit auf die interne Kundenorientierung des Controllerbereichs untersucht.

Informationen zum MIMIC-Modell	
X^2/df	2,37
p-Wert:	0,13
RMSEA:	0,06
GFI:	1,00
AGFI:	0,97
CFI:	0,99

Informationen zu den einzelnen Faktoren und Indikatoren			
Bezeichnung des Indikators	Schätzwert	Standardabweichung	t-Wert der Faktorladung
Knappheit des Beschaffungsmarktes	0,23	0,06	4,16
Großzügigkeit des Absatzmarktes	0,09	0,06	1,51

Tabelle 50: Informationen zum MIMIC-Modell der externen Großzügigkeit

6.3.2 Hypothesenformulierung

Die Hypothese zur Beziehung zwischen der externen Großzügigkeit und der internen Kundenorientierung des Controllerbereichs lautet:

H29: Je geringer die externe Großzügigkeit der Umwelt, desto höher die interne Kundenorientierung des Controllerbereichs.

Eine sehr geringe Großzügigkeit der Umwelt bedeutet, dass die Ressourcen knapp, die Großzügigkeit des Absatzmarktes gering und die Robustheit des Erfolgs ebenfalls gering ist. Das heißt, dass selbst kleine Fehler des Managements umgehend bestraft werden. In einer Situation mit geringer externer Großzügigkeit ist es wichtig, dass die Controller genau die Problemstellungen und Informationsbedürfnisse des Managements kennen, um rechtzeitig notwendige Informationen bereitzustellen oder auch rationalitätssichernd bei Entscheidungen eingreifen zu können. Mit anderen Worten bedeutet es, dass ein hoher Grad an interner Kundenorientierung des Controllerbereichs erforderlich ist, um die Funktion der Rationalitätssicherung gut erfüllen zu können. Auf der anderen Seite erfordert eine Situation, die sehr tolerant gegenüber Fehlentscheidungen ist, nur ein geringes Maß an Rationalitätssicherung. Aus diesem Grund muss der Controllerbereich in einer Situation mit externer Großzügigkeit auch nicht besonders kundenorientiert agieren.

6.3.3 Ergebnisse der Hypothesenprüfung

Nachfolgend wird nun die Hypothese zur externen Großzügigkeit überprüft. Hierbei wird zum einen die Wirkung auf das Gesamtkonstrukt der internen Kundenorientierung und zum anderen die Wirkung auf die einzelnen Faktoren der internen Kundenorientierung des Controllerbereichs aufgezeigt. Hierzu werden jeweils vier unterschiedliche Strukturmodelle berechnet. Die Ergebnisse können der Tabelle 51 entnommen werden.

Informationen zu den Strukturmodellen						
Bezeichnung des Indikators	Ursprüngliche Schätzwerte	Mittelwert der erzeugten Fälle	Standardabweichung	t-Werte	Effektgröße f^2	Bestimmtheitsmaß R^2
Externe Großzügigkeit -> Interne Kundenorientierung des Controllerbereichs	-0,10	-0,10	0,05	1,84	0,01	1,0%
Externe Großzügigkeit -> Formelle Informationsgenerierung	-0,07	-0,06	0,10	0,69	0,00	0,4%
Externe Großzügigkeit -> Informelle Informationsgenerierung	-0,05	-0,02	0,09	0,58	0,00	0,3%
Externe Großzügigkeit -> Informationsverteilung	-0,20	-0,20	0,05	4,14	0,04	3,8%
Externe Großzügigkeit -> Reaktion des Controllerbereichs	-0,19	-0,20	0,05	3,89	0,04	3,4%

Tabelle 51: Informationen zur Wirkung der externen Großzügigkeit auf die interne Kundenorientierung des Controllerbereichs

Es zeigt sich, dass die Großzügigkeit der Umwelt auf die interne Kundenorientierung des Controllerbereichs keinen wesentlichen Einfluss hat. Zwar ist der Pfadkoeffizient auf dem 5%-Niveau signifikant, aber das R^2 von 1 Prozent ist sehr gering. Aus diesem Grunde kann Hypothese H29 für das Gesamtkonstrukt der internen Kundenorientierung des Controllerbereichs nicht gestützt werden.

Für die einzelnen Faktoren der internen Kundenorientierung allerdings ergeben sich teilweise signifikante Effekte. Zwar sind auch diese als schwach einzustufen, aber dennoch ist die Wirkung der externen Großzügigkeit auf die Informationsverteilung und auf die Reaktion des Controllerbereichs auf dem 1%-Niveau signifikant.

Somit kann angenommen werden, dass bei einer wenig großzügigen Umwelt sowohl die Informationsverteilung als auch die Reaktion des Controllerbereichs höher ist.

6.4 Zusammenfassung

Im vorherigen Kapitel wurden die Einflussfaktoren der internen Kundenorientierung des Controllerbereichs analysiert.

Im Bereich der *Determinanten der Organisationsstruktur* wurden der Spezialisierungsgrad, der Grad der Entscheidungsdelegation und der Formalisierungsgrad untersucht. Hierbei zeigte sich insbesondere, dass der Grad der Entscheidungsdelegation den Grad der internen Kundenorientierung positiv beeinflusst. Die größte Auswirkung hat er dabei auf die Reaktion des Controllerbereichs. Auch der Formalisierungsgrad hat einen signifikanten Einfluss auf die interne Kundenorientierung des Controllerbereichs. Lediglich für den Spezialisierungsgrad konnte nur im Hinblick auf die formelle Informationsgenerierung ein signifikanter Einfluss aufgezeigt werden.

Als Maß für die externe Unsicherheit wurde das Konstrukt der externen Großzügigkeit ausgewählt. Das Konstrukt der externen Großzügigkeit wurde mit den beiden Dimensionen Knappheit des Beschaffungsmarktes und Großzügigkeit des Absatzmarktes konzeptualisiert und formativ zu einem Index der externen Großzügigkeit zusammengefügt. Einschränkend muss erwähnt werden, dass die Gütekriterien der Großzügigkeit des Absatzmarktes wenig zufrieden stellend sind.
Bei der Untersuchung der Wirkung der externen Großzügigkeit auf die interne Kundenorientierung des Controllerbereichs zeigt sich insbesondere eine signifikante, aber schwache Wirkung auf die Informationsverteilung und die Reaktion des Controllerbereichs.

7 Zusammenfassung und Implikationen

Im abschließenden Kapitel werden die Ergebnisse der Arbeit zusammengefasst. Darüber hinaus werden Implikationen für Theorie und Praxis abgeleitet, wobei die Ableitung von Implikationen für die Theorie sowohl aus inhaltlicher als auch aus methodischer Sicht erfolgt. Dieses Kapitel beantwortet somit die letzte noch offene Forschungsfrage dieser Untersuchung nach den Implikationen für die Praxis.

7.1 Zentrale Ergebnisse

Ausgangspunkt der Untersuchung war die Erkenntnis, dass die interne Kundenorientierung für den Controllerbereich eine Möglichkeit darstellt, sich einem gestiegenen Leistungsdruck zu stellen. Es zeigte sich aber, dass in der Controllingtheorie nur wenige wissenschaftliche Erkenntnisse über das Konstrukt der internen Kundenorientierung des Controllerbereichs, seine Determinanten und seine Erfolgswirkungen bekannt sind. Neben der Lücke in der wissenschaftlichen Forschung wird auch die Umsetzung der internen Kundenorientierung des Controllerbereichs in der Praxis bemängelt.
Diese Arbeit möchte daher zum besseren Verständnis der internen Kundenorientierung des Controllerbereichs in Theorie und Praxis beitragen. Im Einzelnen wurden folgende Forschungsfragen aufgestellt:

- Was bedeutet interne Kundenorientierung des Controllerbereichs und wie kann das Konstrukt konzeptualisiert und operationalisiert werden?

- Welchen Einfluss hat die interne Kundenorientierung des Controllerbereichs auf die Beziehung zwischen Management und Controllerbereich, den Controllingerfolg sowie den Unternehmenserfolg?

- Welche situativen Einflussfaktoren der Unternehmensumwelt und der Controllerorganisation beeinflussen die interne Kundenorientierung des Controllerbereichs?

Zur Beantwortung dieser Forschungsfragen wurden Hypothesen auf Basis der bisherigen Erkenntnisse zu dem Themengebiet aufgestellt und mittels einer empirischen Online-Befragung bei den Kunden des Controllerbereichs überprüft. Insgesamt beteiligten sich 435 Manager der ersten und zweiten Führungsebene an der Untersuchung, wobei nur 415 Fragebögen die Anforderungen bezüglich der Vollständigkeit des Fragebogens erfüllten. Auf dieser Datenbasis wurden die aufgestellten Forschungsfragen untersucht.

Die interne Kundenorientierung des Controllerbereichs stellt ein komplexes Konstrukt dar. Auf der Grundlage der informationsbezogenen Sichtweise wurde ein Vierfaktorenmodell erarbeitet. Die einzelnen Faktoren beschreiben die formelle Informationsgenerierung, die informelle Informationsgenerierung, die Informationsverteilung im Controllerbereich und die Reaktion des Controllerbereichs auf diese Informationen. Diese vier Faktoren wurden in der Arbeit mit 18 Indikatoren gemessen. Das Messmodell wurde anhand der Gütekriterien der ersten und zweiten Generation validiert. Bei der Verdichtung der vier Faktoren zu einem formativen Gesamtkonstrukt zeigt sich, dass die informelle Informationsgenerierung nur einen geringen Beitrag zur internen Kundenorientierung des Controllerbereichs liefert. Die Reaktion des Controllerbereichs weist dagegen das höchste Faktorgewicht auf.

Anschließend wurden mittels der Kausalanalyse die Erfolgsauswirkungen der internen Kundenorientierung des Controllerbereichs untersucht. Dabei wurde festgestellt, dass die interne Kundenorientierung signifikant die Zufriedenheit mit dem Controllerbereich und das Vertrauen zwischen Management und Controllerbereich beeinflusst.

Die interne Kundenorientierung des Controllerbereichs beeinflusst jedoch nicht nur die Beziehung zwischen Management und Controllerbereich, sondern auch den Controllingerfolg. Dieser Einfluss ergibt sich zum einen durch den Anstieg der Ergebnisqualität der Leistungen des Controllerbereichs und zum anderen durch den Anstieg der Nutzungsintensität der Controlleraufgaben. Sowohl die Ergebnisqualität als auch die Nutzungsintensität der Controlleraufgaben wirken ihrerseits positiv auf die Qualität des Führungszyklus. Auch der durch das Vertrauen zwischen Management und Controllerbereich sowie durch die Nutzungsintensität von Rationalitätssicherungsaufgaben getriebene Einfluss des Controllerbereichs zeigt eine signifikante Wirkung auf die Qualität des Führungszyklus.

Darüber hinaus wurde auch eine signifikante Wirkung des Controllingerfolgs auf den Unternehmenserfolg nachgewiesen. Es zeigt sich somit, dass eine erfolgreiche Arbeit des Controllerbereichs auch unmittelbar Auswirkungen auf den Erfolg des Unternehmens hat.

Bei den Determinanten der internen Kundenorientierung des Controllerbereichs wurden zum einen die Determinanten der Organisationsstruktur betrachtet, und zwar der Spezialisierungsgrad, der Formalisierungsgrad und der Grad der Entscheidungsdelegation. Zum anderen wurde die Wirkung der externen Großzügigkeit als Maßstab für Unsicherheit auf die interne Kundenorientierung des Controllerbereichs untersucht. Bei der empirischen Analyse zeigt sich, dass insbesondere der Formalisierungsgrad und der Grad der Entscheidungsdelegation positiv auf die interne Kundenorientierung des Controllerbereichs wirken. Der Spezialisierungsgrad hingegen hat keine signifikante Auswirkung auf das Ausmaß der internen Kundenorientierung des Controllerbereichs. Die externe Großzügigkeit wiederum hat nur eine sehr schwache Wirkung auf die interne Kundenorientierung des Controllerbereichs und diese insbesondere auf die Informationsverteilung und die Reaktion des Controllerbereichs.

Nach der Darstellung der Ergebnisse der empirischen Analyse erfolgt im nächsten Abschnitt eine wissenschaftliche Bewertung der Arbeit.

7.2 Wissenschaftliche Bewertung

Die wissenschaftliche Bewertung der Ergebnisse der Arbeit erfolgt zweigeteilt. Zuerst werden die Ergebnisse in Hinblick auf ihren inhaltlichen Beitrag bewertet. Anschließend werden methodische Aspekte beleuchtet.

Mit der Konzeptualisierung und Operationalisierung der internen Kundenorientierung des Controllerbereichs ist es gelungen, deutlich über die bisher vorliegenden Arbeiten im Bereich der Controllingforschung hinauszugehen.[737] Die Konzeptualisierung erfolgte konsequent auf Basis der informationsbezogenen Perspektive der Kundenorientierung. Das Messinstrument wurde entsprechend seiner Konzeptualisierung als Konstrukt höherer Ordnung mit reflektiven Indikatoren auf der ersten und mit formativen auf der zweiten Ebene operationalisiert. Das Messmodell überwindet somit Schwächen, die in den bisherigen Untersuchungen zur Kundenorientierung in der informationsbezogenen Sichtweise vorlagen. Die Gütekriterien des Konstrukts weisen insgesamt sehr gute Werte auf. Es liegt somit ein empirisch validiertes Messinstrument zur Erhebung der internen Kundenorientierung des Controllerbereichs vor, welches in Folgestudien verwendet werden kann.

Darüber hinaus konnten auch Erfolgsauswirkungen der internen Kundenorientierung des Controllerbereichs sowohl auf die Beziehung zwischen Management und Controllerbereich als auch auf den Controllingerfolg nachgewiesen werden. Somit wurde zum ersten Mal mittels einer empirisch großzahligen Untersuchung die Vorteilhaftigkeit der internen Kundenorientierung des Controllerbereichs aufgezeigt.

Wissenschaftlich sind insbesondere auch die Erkenntnisse von Bedeutung, die durch die Betrachtung der kundenbezogenen Erfolgskette erlangt werden konnten.
So ist es ein entscheidender Erkenntnisfortschritt, dass die Nutzungsintensität von Controllingleistungen durch die Güte der Beziehung zwischen Management und Controllerbereich getrieben wird. Dieses Ergebnis stützt die Forderung nach der Einnahme eines stärker verhaltensorientierten Blickwinkels auf das Controlling im Sinne eines "Behavioral Controllings".[738] Verhaltensorientierte Gesichtspunkte sollten bei der Analyse von Controllingfragestellungen nicht außer Acht gelassen werden.

---

[737] Vgl. die Übersicht zu bisherigen Arbeiten in Abschnitt 2.2.3.

[738] Vgl. Schäffer/Weber (2001), S. 1.

Ein weiterer wichtiger Erkenntnisbeitrag der Arbeit ergibt sich aus der schwach negativen Wirkung der Nutzungsintensität der Rationalitätssicherungsaufgaben auf die Anpassungsfähigkeit des Unternehmens. Dieser Befund ist wichtig für die Controlling-Community, da die Rationalitätssicherungsaufgabe als Kern des Controllings verstanden wird.[739] Eine negative – wenn auch nicht signifikante – Wirkung der Kernaufgabe des Controllerbereichs auf die Anpassungsfähigkeit des Unternehmens ist bedenklich. Diese negative Beziehung stützt den Vorwurf des "Bremsers", der in der Praxis oftmals gegenüber Controllern erhoben wird. Die Rolle des kritischen Counterparts scheint in der Praxis daher eher so ausgestaltet zu sein, dass wichtige Anpassungsmaßnahmen verzögert oder gar verworfen werden. Eigentlich sollte die Rolle dazu dienen neue wichtige Anpassungsmaßnahmen einzuleiten.
Ein Erklärungsansatz für diesen negativen Befund findet sich möglicherweise in dem Fähigkeitsprofil der Controller. Das Anforderungsprofil an einen Controller, der Führungsunterstützungsaufgaben übernehmen soll, dürfte signifikant differenzieren von dem Anforderungsprofil an einen Controller, der Rationalitätssicherungsaufgaben übernehmen soll. Es kann somit die Hypothese aufgestellt werden, dass die Controller in der Praxis (noch) nicht die notwendigen Fähigkeiten besitzen, um die Rationalitätssicherungsfunktion erfolgreich auszuüben. Eine Überprüfung dieser Hypothese bzw. eine detaillierte Analyse der Gründe für den Befund sollte im Mittelpunkt weiterer Forschungsvorhaben stehen.

Zusätzlich ergibt sich weiterer Forschungsbedarf aus den inhaltlichen Restriktionen der Arbeit. So beschränkt sich die Untersuchung der internen Kundenorientierung des Controllerbereichs auf die informationsbezogene Perspektive. Eine Untersuchung bzw. eine Erweiterung um andere Sichtweisen analog zu PFLESSER (1999), der die kulturelle und die informationsbezogene Sichtweise verbindet, bietet einen weiteren Ansatzpunkt für zukünftige Forschungsarbeiten.

Auch bei den Determinanten ist die Arbeit in Teilen an ihre Grenzen gestoßen. So wurden zwar mit dem Formalisierungsgrad und dem Grad der Entscheidungsdelegation wichtige organisatorische Determinanten identifiziert, aber auf Grund der umfangmäßigen Begrenzung eines Fragebogens konnte bei weitem keine vollständige Analy-

739 Vgl. Weber (2004), S. 45 ff.

se der Determinanten und Kontextfaktoren der internen Kundenorientierung des Controllerbereichs durchgeführt werden.

Ein weiterer Bereich, der in der Studie unberücksichtigt blieb, ist das Zusammenspiel von zentralem und dezentralem Controlling. Eine Erweiterung der Betrachtung der internen Kundenorientierung des Controllerbereichs in diesem Sinne steht ebenfalls noch aus.

Nach der Darstellung der inhaltlichen Erkenntnisbeiträge sowie Restriktionen der Arbeit sollen nachfolgend die methodischen Gesichtspunkte der Arbeit beleuchtet werden.
Methodisch beschreitet die Arbeit Neuland für die Controllingforschung, indem sie als eine der ersten in der Controllingforschung PLS als Methode zur Kausalanalyse nutzt. Diese Nutzung von PLS ermöglicht es, formative Konstrukte zu verwenden und somit z.B. Konstrukte wie die Nutzungsintensität der Führungsunterstützungsaufgaben.
Um die reflektiven Konstrukte aber für weitere Forschung mittels der kovarianzbasierten Kausalanalyse nutzbar zu machen, wurden die Gütekriterien der ersten und zweiten Generation für diese Konstrukte mit einem kovarianzbasierten Verfahren berechnet. Somit genügt die Arbeit hohen methodischen Anforderungen.

Des Weiteren gilt es noch zu erwähnen, dass die Studie sich von anderen Controllingarbeiten dadurch abhebt, dass konsequent Kunden des Controllerbereichs befragt wurden. Sie unterscheidet sich somit von der Vielzahl der Studien zum Controllerbereich, die Mitarbeiter des Controllerbereichs befragen.[740]

Trotz des umfassenden Ansatzes der Untersuchung ergeben sich einige methodische Restriktionen der Arbeit.
Zum einen ist einschränkend zu erwähnen, dass in der Studie die Erhebung der Einflussfaktoren und der Erfolgsindikatoren bei einer Person je Unternehmen erfolgte. Somit kann eine Common Method Variance nicht ausgeschlossen werden.[741] Zur Mi-

740 Vgl. unter anderem die Arbeiten von Sathe (1978); Döpke (1986).

741 Die Common Method Variance beschreibt das Phänomen, dass die Beziehung zwischen zwei Variablen überschätzt werden kann bzw. dass es sich dabei um eine "unechte" Beziehung handeln kann. So kann ein Teil der Korrelation zwischen zwei Variablen unter Umständen durch eine Drittvariable, wie z.B. soziales Antwortverhalten, zurückgeführt werden. Vgl. Kline/Sulsky/Rever-Moriyama (2000), S. 401 f.

nimierung des Common Method Variance wurden die Empfehlungen von NUNNALLY/BERNSTEIN (1994) im Fragebogendesign berücksichtigt.[742]
Des Weiteren analysiert die Arbeit die Abhängigkeitsbeziehungen mit einem statischen Untersuchungsdesign. Jedoch können sich bei der Analyse der Zusammenhänge in einem dynamischen Design neue Erkenntnisse ergeben. Eine dynamische Betrachtung könnte z.B. Aufschluss darüber geben, in welcher Weise sich die Nutzungsintensitäten der Controlleraufgaben auf den Controllingerfolg auswirken.

[742] Nunnally/Bernstein (1994), S. 418.

7.3 Implikationen für die Unternehmenspraxis

Die Implikationen für die Unternehmenspraxis ergeben sich im Wesentlichen aus drei Kernergebnissen der Arbeit:

- Der positive Effekt der internen Kundenorientierung des Controllerbereichs auf den Controlling- bzw. Unternehmenserfolg impliziert eine Umsetzung der internen Kundenorientierung des Controllerbereichs in der Praxis.
- Die hohe Wirkung der Ergebnisqualität der Controllerleistungen auf den Controllingerfolg impliziert eine verstärkte Konzentration der Controller auf die Qualität ihrer Leistungen.
- Die nicht signifikante bzw. sogar schwach negative Beziehung zwischen der Nutzungsintensität der Rationalitätssicherungsaufgaben und der Anpassungsfähigkeit sollte auch in der Praxis Anlass sein, die Rationalitätssicherungsaufgaben kritisch zu beleuchten.

Alle drei Punkte sollen nachfolgend näher erläutert werden.

Die wohl entscheidende Implikation der Arbeit für die Unternehmenspraxis liegt in der Erkenntnis, dass die interne Kundenorientierung des Controllerbereichs den Controllingerfolg positiv beeinflusst. Somit sollte es in der Praxis Ziel eines jeden Controllerbereichs sein, eine möglichst starke interne Kundenorientierung aufzubauen. Es sollten somit Strukturen etabliert und Maßnahmen ergriffen werden, die die Informationsgenerierung über den subjektiven Informationsbedarf der Manager, die Verteilung der Informationen im Controllerbereich sowie die Reaktion des Controllerbereichs fördern. Da die Reaktion des Controllerbereichs das höchste Gewicht bei der Bildung des übergeordneten Konstrukts der internen Kundenorientierung hat, sollte auch hierauf ein besonderes Gewicht gelegt werden.
Zwei Ansätze zur Verbesserung der internen Kundenorientierung des Controllerbereichs können direkt dieser Arbeit entnommen werden. Da sowohl der Formalisierungsgrad als auch die Entscheidungsdelegation positiv auf die interne Kundenorientierung des Controllerbereichs wirken, sollten diese beiden organisatorischen Determinanten zur Forcierung der internen Kundenorientierung des Controllerbereichs genutzt werden. So sollte z.B. der Prozess der Erhebung des subjektiven Informationsbedarfs standardisiert werden. Organisatorische Regeln, wie z.B. halbjährige Abfrage der Kundenzufriedenheit, jährliche Befragung nach Verbesserungsvorschlägen oder Beantwortung von Managementanfragen innerhalb von 24 Stunden, können die interne

Kundenorientierung des Controllerbereichs positiv beeinflussen. Des Weiteren sollten auch die operativ tätigen Controller gestärkt werden: Sie sollten nach Möglichkeit einen höheren Grad an Entscheidungsbefugnissen erhalten, damit sie entsprechend schnell und flexibel auf Kundenwünsche reagieren können.

Eine weitere Implikation ergibt sich aus der hohen Wirkung der Ergebnisqualität der Controlleraufgaben auf den Controllingerfolg. Diese übersteigt deutlich die Wirkung, die sich aus einer Steigerung der Nutzungsintensität von Controllerleistungen ergibt. Somit sollte der Controllerbereich besonderen Wert auf eine interne Qualitätskontrolle der Controllerleistungen legen. Auch wenn diese Aussage geradezu banal erscheint, ist sie dennoch von hoher Wichtigkeit für den Controllingerfolg. Dieses Ergebnis ermahnt darüber hinaus, keine zusätzlichen Aufgaben zu übernehmen, die zu Lasten der Qualität von bereits angenommenen Controlleraufgaben führen.

Die letzte Implikation für die Unternehmenspraxis ergibt sich schließlich aus der nicht signifikanten Wirkung der Nutzungsintensität von Rationalitätssicherungsaufgaben auf den Controllererfolg. Hierbei müssen sich die Controllerbereiche kritisch selbst fragen, wie die Erfolgswirksamkeit dieser Tätigkeiten gesteigert werden kann. Möglicher Ansatzpunkt für den Controllingleiter könnten die Betrachtung der Fähigkeitsprofile der Mitarbeiter oder Tiefeninterviews mit Managern sein. Hier ist aber auch, wie oben angemerkt, die Wissenschaft gefordert, weitere Erkenntnisse zu liefern.

8 Anhang: Fragebogen

WHU
Excellence in Management Education

Wissenschaftliche Hochschule
für Unternehmensführung
Otto-Beisheim-Hochschule

Burgplatz 2
56179 Vallendar
Tel: 0261 6509-472
Fax: 0261 6509-479
E-Mail: dennis.spillecke@whu.edu
http://www.whu.edu

Interne Kundenorientierung des Controllings

Univ.-Prof. Dr. Jürgen Weber
Dipl.-Kfm. Dennis Spillecke

Wir bitten Sie um ca. 20 Minuten Ihrer Zeit.

Dafür bieten wir Ihnen bei Rücksendung:

Einen individuellen und exklusiv erstellten Benchmarking-Bericht, aus dem Sie Handlungsempfehlungen zur Verbesserung der Controllingleistungen erhalten. *Sowie*

Zwei Gratisexemplare aus der Reihe "Advanced Controlling" der WHU **im Gegenwert von ca. 50 EUR**. *Sowie*

Eine Einladung für eine eintägige Fortbildung an der WHU für Sie oder einen Controller aus Ihrem Unternehmen zum Thema "Neuausrichtung des Controllings".

Alle Daten werden anonym und streng vertraulich behandelt!
Eine kommerzielle Verwertung findet nicht statt.

Wir bedanken uns bei Ihnen für Ihr Vertrauen und Ihre Mitarbeit!

Bitte vor Ausfüllen des Fragebogens lesen!

Hinweise zur Beantwortung der Fragen

- Bitte beziehen Sie alle Fragen zu Ihrem Unternehmen immer auf Ihre Geschäftseinheit (oder Unternehmensbereich, Sparte, Division etc.) **bzw. auf den Teilbereich des Unternehmens, für den Sie (mit)verantwortlich sind**.

- Im Verlauf des Fragebogens werden verschiedene Sachverhalte durch **ähnliche Fragestellungen** erfasst. Wir bitten Sie hierfür um Verständnis, da dies aus methodischen Gründen erforderlich ist.

- Die Fragen beziehen sich nachfolgend oftmals auf "Unsere Controller". Falls Sie nicht alle Controller bewerten können, beziehen Sie bitte die Fragen auf den **Controller mit dem Sie am meisten zu tun haben bzw. auf Ihren Ansprechpartner im Controlling.**

- Die **Vollständigkeit Ihrer Antworten** ist für den Erfolg der Studie von größter Bedeutung. Sollten Sie keine bzw. wenig Informationen zur Beantwortung einer Frage haben, so bitten wir Sie bewusst um **Ihre subjektive Einschätzung**. Bitte überspringen Sie eine Frage nur dann, wenn Sie diese in keinem Fall sinnvoll beantworten können.

Allgemeine Hinweise zum Fragebogen

- Der Fragebogen befasst sich mit den **Einflüssen und Auswirkungen von interner Kundenorientierung der Controllingabteilung**, also der Ausrichtung des Controlling auf den Manager als internen Kunden.

- Dieser Fragebogen dient **rein wissenschaftlichen Zwecken** im Rahmen unserer Forschung. Grundsatz unserer wissenschaftlichen Arbeit ist es, konkrete Handlungsempfehlungen für die Praxis zu erarbeiten. Eine kommerzielle Auswertung der Ergebnisse wird nicht stattfinden.

- Wir sichern Ihnen ausdrücklich zu, dass alle Angaben in diesem Fragebogen **streng vertraulich** behandelt werden. Alle Antworten werden anonym ausgewertet.

- Für Rückfragen steht Ihnen gerne Herr Dipl.-Kfm. **Dennis Spillecke** unter der Rufnummer **0261 6509-472** oder der E-Mail-Adresse **dennis.spillecke@whu.edu** zur Verfügung.

Vielen Dank für Ihre Unterstützung!

A. Interne Kundenorientierung Ihrer Controllingabteilung

Inwieweit erkennt das Controlling den Bedarf des Managements? Unsere Controller…	*Trifft gar nicht zu*				*Trifft voll zu*
• … erkennen Veränderungen im Informationsbedarf der Manager sehr schnell.	O	O	O	O	O
• … treffen sich regelmäßig mit dem Management, um herauszufinden, welche Controllingleistungen in Zukunft benötigt werden.	O	O	O	O	O
• …versuchen aktiv die Informationsbedürfnisse des Managements zu verstehen.	O	O	O	O	O
• …erheben regelmäßig die Zufriedenheit der Manager mit ihren Leistungen.	O	O	O	O	O
• … treten häufig direkt mit dem Management in Kontakt, um zu verstehen, wie die Zufriedenheit mit dem Controlling weiter gesteigert werden kann.	O	O	O	O	O
• …befragen die Manager regelmäßig, um die Qualität Ihrer Arbeit einschätzen zu können.	O	O	O	O	O
• … haben persönlich sehr engen Kontakt zu den wesentlichen Entscheidern in der Firma.	O	O	O	O	O
• … sprechen auch informell regelmäßig mit den Managern, um ihre Bedürfnisse zu verstehen.	O	O	O	O	O
• … diskutieren auch oftmals außerhalb der offiziellen Treffen (z.B. abends bei einem Bier/auf dem Flur) mit dem Management über aktuelle Themen.	O	O	O	O	O
• … nutzen auch informelle Treffen, um die Fragestellungen des Managements besser zu verstehen (z.B. während des Mittagessens).	O	O	O	O	O
• …beteiligen sich sehr aktiv an Flurgesprächen mit Managern, die sich auf aktuelle Probleme des Unternehmens beziehen.	O	O	O	O	O

Wie würden Sie den Informationsfluss innerhalb der Controllingabteilung beurteilen?	*Trifft gar nicht zu*				*Trifft voll zu*
• Unsere Controller stimmen sich untereinander nicht ab, daher muss man jedem Controller das Gleiche noch mal erzählen.	O	O	O	O	O
• Der Informationsfluss zwischen den Controllern ist meines Erachtens sehr gut.	O	O	O	O	O
• Wenn ein Controller etwas Wichtiges über den Bedarf eines Managers in Erfahrung bringt, sind in kürzester Zeit alle Controller informiert.	O	O	O	O	O
• Es passiert sehr selten, dass zwei Controller die gleichen Sachverhalte erfragen bzw. die gleichen Fragen stellen.	O	O	O	O	O
• Wenn ein neuer/ungewöhnlicher Informationsbedarf im Management besteht, wissen alle Controller in kürzester Zeit darüber Bescheid.	O	O	O	O	O
• Die Controller sind meines Erachtens untereinander sehr gut "vernetzt".	O	O	O	O	O

Inwieweit reagieren Controller auf festgestellte Änderungen im Informationsbedarf?	*Trifft gar nicht zu*				*Trifft voll zu*
• Unsere Controller benötigen sehr lange, um auf Anfragen der Manager zu reagieren.	O	O	O	O	O
• Unsere Controller tendieren dazu, Veränderungen im Informationsbedarf der Manager zu ignorieren.	O	O	O	O	O
• Beschwerden des Managements fallen auf "taube Ohren" im Controlling.	O	O	O	O	O
• Unser Controlling kann gute Ideen **nicht** in angemessener Zeit umsetzten.	O	O	O	O	O
• Wenn die Controller merken, dass eine Unzufriedenheit mit einer Leistung besteht, reagieren sie sofort.	O	O	O	O	O
• Änderungswünsche an Controllingleistungen (z.B. Berichte) werden vom Controlling schnellstens bearbeitet.	O	O	O	O	O
• Unsere Controller überarbeiten regelmäßig ihre Leistungen, um sicherzustellen, dass sie die Kundenbedürfnisse erfüllen.	O	O	O	O	O
• Unsere Controller unternehmen alles, um den Änderungswünschen der Manager gerecht zu werden.	O	O	O	O	O

Inwieweit treffen folgende Werte auf Ihre Controllingabteilung zu? Unsere Controller...	*Trifft gar nicht zu*				*Trifft voll zu*
• ...sind sehr bemüht, die Wünsche der Manager zu erfüllen.	O	O	O	O	O
• ...sind sehr angestrebt, den Nuten ihrer Leistungen für die Manager zu erhöhen.	O	O	O	O	O
• ...sind sehr bemüht, ein tiefes Verständnis der Bedürfnisse der Manager zu erlangen.	O	O	O	O	O
• ...setzten sich eine hohe Zufriedenheit der Manager mit ihrer Arbeit zum Ziel.	O	O	O	O	O
• ...erheben regelmäßig die Zufriedenheit der Manager mit Ihren Leistungen.	O	O	O	O	O
• ...legen großen Wert auf eine schnelle und umfassende Beantwortung von Fragen der Manager.	O	O	O	O	O
• ...behandelt Manager wie Kunden.	O	O	O	O	O

Wie gut ist die interne Kundenorientierung des Controllings insgesamt?	*Trifft gar nicht zu*				*Trifft voll zu*
• Unser Controlling richtet sich sehr stark nach seinem internen Kunden, dem Management, aus.	O	O	O	O	O
• Die interne Kundenorientierung (Ausrichtung am Management) des Controllings ist sehr hoch.	O	O	O	O	O

B. Ausgangsinformationen zu Ihrer Controllingabteilung

Inwieweit treffen folgende Organisationsmerkmale auf Ihre Controlling-abteilung zu?	*Trifft gar nicht zu*				*Trifft voll zu*
• Die Verantwortlichkeiten im Controlling sind durch schriftliche Stellen-beschreibungen ganz klar fixiert.	O	O	O	O	O
• Die Controller folgen in ihrer Arbeit sehr strikten Verfahrensvorschrif-ten.	O	O	O	O	O
• Der Ablauf von Controllingprozessen ist klar vorgegeben.	O	O	O	O	O
• Die Controller kommunizieren fast immer in standardisierter, schriftli-cher Form (z.B. Protokolle, Formulare).	O	O	O	O	O
• Bei fast allen Entscheidungen benötigen die Controller eine Genehmi-gung von ihrem Vorgesetzten.	O	O	O	O	O
• Unsere Controller müssen selbst bei kleinsten Angelegenheiten ihren Vorgesetzten konsultieren.	O	O	O	O	O
• Ein Controller, der eigenständig Entscheidungen treffen wollte, wäre in unserem Controlling schnell entmutigt.	O	O	O	O	O
• Wir versuchen im Controlling, fast alle Entscheidungen und Kompeten-zen and die operativ zuständigen Controller zu delegieren.	O	O	O	O	O

Gibt es in Ihrer Controllerorganisation Spezialisten für folgende Tätig-keiten, d.h. Mitarbeiter, die überwiegend diese Tätigkeit ausüben? Spezi-alisten für...	*Bitte Zutreffendes ankreuzen*	
• Marketingcontrolling	O Ja	O Nein
• Investitionscontrolling	O Ja	O Nein
• Sparten- oder Divisionscontrolling	O Ja	O Nein
• Finanzcontrolling	O Ja	O Nein
• Produktions-/Fertigungscontrolling	O Ja	O Nein
• Logistikcontrolling	O Ja	O Nein

Zusammenfassend inwieweit ist Ihre Controlling spezialisiert?	*Trifft gar nicht zu*				*Trifft voll zu*
• Unsere Controllingabteilung ist sehr stark spezialisiert.	O	O	O	O	O

Wie viele Mitarbeiter sind in ihrem Controlling circa beschäftigt?

_______________ Mitarbeiter

Mit welcher Intensität übernimmt das Controlling für Sie folgende Leistungen?	*keine Aufgabe unseres Controllings*				*eine Kernaufgabe unseres Controllings*
• Bereitstellung von monetären Informationen	O	O	O	O	O
• Bereitstellung von nicht-monetären Informationen	O	O	O	O	O
• Durchführung der operativen Planung	O	O	O	O	O
• Durchführung der Mittelfristplanung	O	O	O	O	O
• Erarbeitung von (Geschäftsfeld-)Strategien	O	O	O	O	O
• Durchführung von Soll-Ist-Vergleichen	O	O	O	O	O
• Ermittlung und Analyse der Abweichungsursachen	O	O	O	O	O
• Beratung in betriebswirtschaftlichen Fragen (z.B. Bewertung von Investitionsvorhaben)	O	O	O	O	O
• Erarbeitung von Lösungskonzepten für betriebswirtschaftliche Probleme	O	O	O	O	O
• Erarbeitung von operativen Verbesserungsmaßnahmen	O	O	O	O	O
• Unterstützung der Implementierung von operativen Verbesserungsmaßnahmen	O	O	O	O	O
• Unterstützung der Implementierung von (Geschäftsfeld-)Strategien	O	O	O	O	O
• Herausfordern/kritisches Hinterfragen von Entscheidungen des Managements	O	O	O	O	O
• Konstruktiver Sparringspartner des Managements bei wichtigen Entscheidungen	O	O	O	O	O
• Kritische Prüfung von Aussagen zu Ergebniswirkungen von geplanten Maßnahmen	O	O	O	O	O
• Kritisches Hinterfragen von Entscheidungsmaßnahmen und Szenarien	O	O	O	O	O

C. Interne Erfolgsauswirkungen der Kundenorientierung

Wie würden Sie die Qualität der Controllingleistungen beurteilen?	*Trifft gar nicht zu*				*Trifft voll zu*
• Die Arbeitsergebnisse des Controllings haben meine Qualitätsanforderungen immer voll erfüllt.	O	O	O	O	O
• Ich konnte mich bisher <u>nie</u> über eine mangelnde Qualität der Arbeitsergebnisse beklagen.	O	O	O	O	O
• Die Arbeitsergebnisse des Controllings sind fehlerfrei.	O	O	O	O	O
• Die Arbeitsergebnisse des Controllings übertreffen alle von uns geforderten Qualitätsstandards.	O	O	O	O	O

Inwieweit sind sie mit dem Controlling in Ihrer Geschäftseinheit zufrieden?	*Trifft gar nicht zu*				*Trifft voll zu*
• Mit unserem Controlling bin ich insgesamt sehr zufrieden.	O	O	O	O	O
• Unser Controlling hat meine Erwartungen immer zur vollsten Zufriedenheit erfüllt.	O	O	O	O	O
• Unser Controlling kommt meiner Idealvorstellung von einer perfekten Controllingabteilung sehr nahe.	O	O	O	O	O

Inwieweit vertrauen Sie dem Controlling?	*Trifft gar nicht zu*				*Trifft voll zu*
• Unser Controlling hält immer die Versprechen, die es mir macht.	O	O	O	O	O
• Manchmal habe ich das Gefühl, dass das Controlling unaufrichtig zu mir ist.	O	O	O	O	O
• Ich habe das Gefühl, dass unser Controlling die Interessen meiner Geschäftseinheit/Abteilung sehr gut vertritt.	O	O	O	O	O
• Unser Controlling ist bei auftretenden Problemen immer ehrlich zu mir.	O	O	O	O	O
• Ich bin davon überzeugt, dass unser Controlling sein möglichstes tut, um auftretende Probleme zu beseitigen.	O	O	O	O	O
• Unser Controlling ist ein absolut vertrauenswürdiger Partner.	O	O	O	O	O
• Unser Controlling hat ein starkes Interesse daran, dass meine Geschäftseinheit/Abteilung erfolgreich ist.	O	O	O	O	O

Wie groß ist der Einfluss des Controlling auf Managemententscheidungen?	*Trifft gar nicht zu*				*Trifft voll zu*
• Das Controlling spielt eine sehr wichtige Rolle bei der Entscheidungsfindung in unserer Organisation.	O	O	O	O	O
• Ich lege großen Wert auf die Meinung des Controllings bei der Entscheidungsfindung.	O	O	O	O	O
• Das Controlling hat einen starken Einfluss auf die Entscheidungen des Managements in unserer Geschäftseinheit.	O	O	O	O	O

Wie würden Sie die Qualität der Entscheidungen in Ihrem Unternehmen beurteilen?	*Trifft gar nicht zu*				*Trifft voll zu*
• Mit der *Informationsgrundlage bei wichtigen Entscheidungen* in unserem Hause bin ich sehr zufrieden.	O	O	O	O	O
• Mit dem *Prozess der Entscheidungsfindung* bin ich sehr zufrieden.	O	O	O	O	O
• Mit den *Ergebnissen wichtiger Entscheidungen* bin ich sehr zufrieden.	O	O	O	O	O
• Mit der *Umsetzung wichtiger Entscheidungen* bin ich sehr zufrieden.	O	O	O	O	O
• Mit der *Kontrolle wichtiger Entscheidungen* bin ich sehr zufrieden.	O	O	O	O	O

D. Informationen zu Ihrer Geschäftseinheit

Inwieweit treffen die folgenden Aussagen auf Ihre Geschäftseinheit zu?	*Trifft gar nicht zu*				*Trifft voll zu*
• Die von uns benötigten Ressourcen (Rohstoffe, Personal, Finanzmittel) sind *sehr schnell* zu beschaffen.	O	O	O	O	O
• Die von uns benötigten Ressourcen sind sehr leicht in der *benötigen Qualität* zu beschaffen.	O	O	O	O	O
• Die von uns benötigten Ressourcen sind sehr leicht in *ausreichender Menge* zu bekommen.	O	O	O	O	O
• Unsere Kunden legen großen Wert auf die einzigartigen Merkmale unserer Produkte.	O	O	O	O	O
• Der Absatz unserer Produkte reagiert sehr stark auf *Preisänderungen unserer Wettbewerber.*	O	O	O	O	O
• Der Absatz unserer Produkte reagiert sehr stark auf *Werbemaßnahmen unserer Wettbewerber.*	O	O	O	O	O
• Der Absatz unserer Produkte reagiert sehr stark auf *Produktverbesserungen unserer Wettbewerber.*	O	O	O	O	O
• Der Absatz unserer Produkte reagiert sehr stark auf *konjunkturelle Einflüsse.*	O	O	O	O	O
• Unsere Kapazitäten sind sehr leicht und schnell auf Absatzänderungen anzupassen.	O	O	O	O	O
• Kurzfristige Nachfrageschwankungen können wir recht gut kompensieren, so dass sie fast nicht auf das Ergebnis durchschlagen.	O	O	O	O	O
• Unser Ergebnis ist gegenüber Schwankungen allgemeinwirtschaftlicher Faktoren (z.B. Konjunktur) recht stabil.	O	O	O	O	O
• In allgemeinwirtschaftlich schwierigen Zeiten (z.B. Rezessionen) können wir trotzdem ein zufrieden stellendes Ergebnis erzielen.	O	O	O	O	O

E. Informationen zur Erfolgssituation Ihrer Geschäftseinheit

Bitte geben Sie im Folgenden Ihre Einschätzung bezüglich der Erfolgssituation Ihrer Geschäftseinheit ab. Wenn möglich, orientieren Sie Ihre Antworten bitte im **Vergleich zu anderen Unternehmen Ihrer Branche, ansonsten bitten wir Sie gerade hier um Ihre persönlich Einschätzung.**

Wie schätzen Sie den Erfolg Ihrer Geschäftseinheit entlang der folgenden Kriterien ein?	*Sehr schlecht*				*Sehr gut*
Erzielung von hoher (Markt-)Kundenzufriedenheit	O	O	O	O	O
Erzielung eines hohen Nutzen für die (Markt-) Kunden	O	O	O	O	O
Bindung bestehender (Markt-) Kunden	O	O	O	O	O
Gewinnung/Akquisition von neuen (Markt-) Kunden	O	O	O	O	O
Erreichung des angestrebten Wachstums	O	O	O	O	O
Erreichung des angestrebten Marktanteils	O	O	O	O	O

Wie schätzen Sie die Flexibilität Ihrer Geschäftseinheit bezüglich der folgenden Kriterien ein?	*Sehr schlecht*				*Sehr gut*
Hohe Anpassungsfähigkeit/Flexibilität der Organisation	O	O	O	O	O
Schnelle Anpassung der Produkte an neue Kundenbedürfnisse	O	O	O	O	O
Schnelle Reaktion auf neue Entwicklungen am Markt	O	O	O	O	O
Schnelle Nutzung neuer Marktchancen	O	O	O	O	O

Wie verhält sich Ihrer Einschätzung nach der Erfolg Ihrer Geschäftseinheit im Vergleich zu dem Ihrer Wettbewerber?	*Sehr viel schlechter*		*Ähnlich*		*Sehr viel besser*
• Unsere Umsatzrendite war im letzten Geschäftsjahr im Vergleich zu unseren Wettbewerbern ...	O	O	O	O	O
• Unsere Umsatzrendite war im Durchschnitt der letzten drei Geschäftsjahre im Vergleich zu unseren Wettbewerbern ...	O	O	O	O	O
• Die Entwicklung unserer Umsatzrendite war in den letzten drei Jahren im Vergleich zu der unserer Wettbewerber ...	O	O	O	O	O

O Bitte senden Sie mir einen individuellen Benchmarking-Bericht sowie die Advanced Controllingbände zu

Absender (ggf. keine Angabe; bitte geben sie auch Ihre Abteilung/Funktion an)

____

____

____

O Bitte senden Sie die Einladung für den Controllerworkshop an

Absender (ggf. keine Angabe)

____

____

____

Vielen herzlichen Dank für Ihre Unterstützung!

Literaturverzeichnis

Ackermann Karl-Friedrich/Meyer, Martin (1998), Kundenorientierung im Personalmanagement – auf dem Weg zum Dienstleistungszentrum Personalabteilung, in: Ackermann Karl-Friedrich/Meyer, Martin/Mez, Bernd (Hrsg.), Die kundenorientierte Personalabteilung: Ziele und Prozesse des effizienten HR-Managements, Wiesbaden 1998

Albers, Sönke/Eggert, Karin (1998), Kundennähe: Strategie oder Schlagwort?, in: Marketing ZFP, 10. Jg. (1998), H. 1, S. 5-16

Aldrich, Howard E. (1976), Resource Dependence and Interorganizational Relations, in: Administration and Society, Vol. 7 (1976), February, S. 419-454

Aldrich, Howard E./Pfeffer, Jeffrey (1976), Environments of Organizations, in: Annual Review of Sociology, Vol. 2 (1976), S. 79-105

Amshoff, Bernhard (1993), Controlling in deutschen Unternehmen: Realtypen, Kontext und Effizienz, 2. Auflage, Wiesbaden 1993

Anderson, James C./Gerbing, David W. (1988), Structural Equation Modeling in Practice: A Review and Recommended Two-Step Approach, in: Psychological Bulletin, Vol. 103 (1988), No. 3, S. 411-423

Anderson, James C./Narus, James A. (1990), A Model of Distributer Firm and Manufacturer Firm Working Partnerships, in: Journal of Marketing, Vol. 54 (1990), January, S. 42-58

Anderson, Paul F. (1982), Marketing, Strategic Planning and the Theory of the Firm, in: Journal of Marketing, Vol. 46 (1982), Spring, S. 15-26

Armstrong, Scott J./Overton, Terry S. (1977), Estimation Nonresponse Bias in Mail Surveys, in: Journal of Marketing Research, Vol. 14 (1977), August, S. 396-402

Augustin, Clara/Singh, Jagdip (2005), Curvilinear Effects of Consumer Loyalty Determinants in Relational Exchanges, in: Journal of Marketing Research, Vol. 42 (2005), Februar, S. 96-108

Aust, René (1999), Kostenrechnung als unternehmensinterne Dienstleistung, Wiesbaden 1999

Backhaus, Klaus/Erichson, Bernd/Pinke, Wulff/Weiber, Rolf (2003), Multivariate Analysemethoden: Eine anwendungsorientierte Einführung, 10. Auflage, Berlin et al. 2003

Bagozzi, Richard P. (1979), The Role of Measurement in Theory Construction and Hypothesis Testing: Towards a Holistic Model, in: Ferrell, Odies C./Brown, Stephen W./Lamb, Charles W. Jr (Hrsg.), Conceptual and Theoretical Developments in Marketing, Chicago 1979, S. 15-32

Bagozzi, Richard P./Fornell, Claes (1982), Theoretical Concepts, Measurements, and Meaning, in: Fornell, Claes (Hrsg.), A Second Generation of Multivariate Analysis Volume 2: Measurement and Evaluation, New York 1982

Bagozzi, Richard P./Phillips, Lynn W. (1982), Representing and Testing Organizational Theories: A Holistic Construal, in: Administrative Science Quarterly, Vol. 27 (1982), September, S. 459-489

Bagozzi, Richard P./Yi, Youjae (1988), On the Evaluation of Structural Equation Models, in: Journal of the Academy of Marketing Science, Vol. 16 (1988), No. 1, S. 74-94

Bagozzi, Richard P./Yi, Youjae/ Phillips, Lynn W. (1991), Assessing Construct Validity in Organizational Research, in: Administrative Science Quarterly, Vol. 36 (1991), S. 421-458

Batsching, Th. (1995), Kundenorientierung im Personalwesen: Eine Prozessbeschreibung, in: Personalführung, 4. Jg. (1995), S. 314-318

Bauer, Michael (2002), Controllership in Deutschland: Zur erfolgreichen Zusammenarbeit von Controllern und Managern, Wiesbaden 2002

Bauer, Raymond A. (1960), Consumer Behavior as Risk-Taking, in: Hancock, Robert S. (Hrsg.), Proceedings of the 43th Conference of the American Marketing Association, Chicago 1960, S. 389-398

Bea, Franz Xaver/Göbel, Elisabeth (2002), Organisation, 2. Auflage, Stuttgart 2002

Bearden, William O./Teel, Jesse E. (1983), Selected Determinants of Consumer Satisfaction and Complaint Reports, in: Journal of Marketing Research, Vol. 20 (1983), February, S. 21-28

Becker, Jan (1999), Marktorientierte Unternehmensführung: Messung – Determinanten – Erfolgsauswirkungen, Wiesbaden 1999

Belsley, David A./Kuh, Edwin/Welsch, Roy E. (1980), Regression Diagnostics: Identifying Influential Data and Sources of Collinearity, New York 1980

Bentler, P. M./Bonett, Douglas G. (1980): Significance Tests and Goodness of Fit in the Analysis of Covariance Structures, in: Psychological Bulletin, Vol. 88 (1980), No. 3, S. 588-606

Berry, Leonard L. (1981), The employee as customer, in: Journal of Retail Banking, Vol. 3 (1981), No. 1, S. 33-44

Berthel, Jürgen (1975), Betriebliche Informationssysteme, Stuttgart 1975

Beutin, Nikolas (2000), Kundennutzen in industriellen Geschäftsbeziehungen, Wiesbaden 2000

Bhargava, Mukesh/Dubelaar, Chris/Ramaswami, Sridhar (1994), Reconciling Diverse Measures of Performance: A Conceptual Framework and Test of Methodology, in: Journal of Business Research, Vol. 31 (1994), S. 235-246

Bierhoff, Hans Werner (1994), Austauschtheorien, in: Frey, Dieter/Grief, Siegfried (Hrsg.), Sozialpsychologie: Ein Handbuch in Schlüsselbegriffen, Weinheim 1994, S. 136-141

Biermann, Thomas/Dehr, Gunter (1998), Wenn Arbeitskollegen zu Kunden werden: Mit interner Kundenorientierung entwickelt sich das Unternehmen selbst zum Marktplatz, in: Harvard Business Manager, 20. Jg. (1998), H. 3, S. 93-99

Bircher, Bruno (1989), Planungssystem, in: Syzperski, Norbert/Winand, Udo (Hrsg.), Handwörterbuch der Planung, Stuttgart 1989, Sp. 1503-1515

Blau, Peter M. (2002), Exchange and Power in Social Life, 6. Auflage, New Brunswick/London 2002

Blohm, Hans (1974), Die Gestaltung des betrieblichen Berichtswesens als Problem der Leistungsorganisation, 2. Auflage, Herne/Berlin 1974

Bohrnstedt, George W. (1970), Reliability and Validity Assessment in Attitude Measurement, in: Summers, Gene F. (Hrsg.), Attitude Measurement, Chicago, S. 80-99

Bohrnstedt, George W. (1977), Use of Multiple Indicators-Multiple Causes (MIMIC) Model, in: American Sociological Review, Vol. 42 (1977), No. 4, S. 656-664

Boles, James S./Johnson, Julie T./Barksdale Jr., Hiram C. (2000), How Salespeople Build Quality Relationships: A Replication and Extension, in: Journal of Business Research, Vol. 48 (2000), S. 75-81

Bollen, Kenneth A. (1989), Structural Equations with Latent Variables, New York et al. 1989

Bollen, Kenneth/Lennox, Richard (1991), Conventional Wisdom on Measurement: A Structural Equation Perspective, in: Psychological Bulletin, Vol. 110 (1991), No. 2, S. 305-314

Bouncken, Ricarda (2000), Vertrauen – Kundenbindung – Erfolg? Zum Aspekt des Vertrauens bei Dienstleistungen, in: Bruhn, Manfred/Stauss, Bernd (Hrsg.), Dienstleistungsmanagement Jahrbuch 2000: Kundenbeziehungen im Dienstleistungsbereich, Wiesbaden 2000, S. 3-22

Bourque, Linda B./Fiedler, Eve P. (2003), How to conduct self-administered and mail surveys – The Survey Kit Volume 3, 2. Auflage, Thousand Oaks 2003

Braunstein, Christine (2001), Einstellungsforschung und Kundenbindung: zur Erklärung des Treueverhaltens von Konsumenten, Wiesbaden 2001

Brokemper, Andreas (2000), Wir sind doch alle kundenorientiert?! Kunden- und Marktorientierung im Controlling, in: Horváth, Péter (Hrsg.) Strategische Steuerung: Erfolgreiche Konzepte und Tools in der Controllingpraxis, Stuttgart 2000, S. 163-181

Browne, Michael, W./Cudeck, Robert (1993), Alternative Ways of Assessing Model Fit, in: Bollen, Kenneth A./Long, Scott J. (Hrsg.), Testing Structural Equation Models, Newbury Park 1993, S. 136-162

Bruhn, Manfred (2001), Relationship Marketing: Das Management von Kundenbeziehungen, München 2001

Butler Jr., John K. (1991), Towards Understanding and Measuring Conditions of Trust: Evolution of a Conditions of Trust Inventory, in: Journal of Management, Vol. 17 (1991), No. 3, S. 613-663

Carmines, Edward G./Zeller, Richard A. (1979), Reliability and Validity Assessment, Newsbury Park 1979

Castrogiovanni, Gary J. (1991), Environmental Munificence: A theroratical assessment, in: Academy of Management Review, Vol. 16 (1991), No. 3, S. 542-565

Child, John (1972), Organizational Structure, Environment and Performance: The Role of Strategic Choice, in: British Sociological Association, Vol. 6 (1972), S. 1-22

Chin, Wynne W. (1998), The Partial Least Squares Approach for Structural Equation Modeling, in: Marcoulides, George A. (Hrsg.), Modern Methods for Business Research, Mahwah, New Jersey 1998

Chin, Wynne W./Newsted Peter R. (1999), Structural Equation Modeling Analysis with Small Samples Using Partial Least Squares, in: Hoyle, Rick H. (Hrsg.), Statistical Strategies for Small Sample Research, Thousand Oaks 1999

Churchill Jr., Gilbert A. (1979), A Paradigm for Developing Better Measures of Marketing Constructs, in: Journal of Marketing Research, Vol. 16 (1979), February, S. 64-73

Churchill Jr., Gilbert A. (1999), Marketing Research: Methodological Foundations, 7. Auflage, Fort Worth 1999

Churchill Jr., Gilbert A./Surprenant, Carol (1982), An Investigation Into the Determinants of Customer Satisfaction, in: Journal of Marketing Research, Vol. 19 (1982), November, S. 491-504

Cirasuolo, George/Scheuing, Eberhard E. (1991), Using Internal Marketing to Enlighten Co-Workers, in: Risk Management, Vol. 32 (1991), July, S. 42-44

Cohen, Jacob (1988), Statistical Power Analysis for the Behavioral Sciences, 2. Auflage, Hillsdale, New Jersey 1988

Conduit, Jodie/Mavondo, Felix (2001), How critical is Internal Customer Orientation to Market Orientation?, in: Journal of Business Research, Vol. 51 (2001), S. 11-24

Connolly, Terry/Conlon, Edward J./Deutsch, Stuart J. (1980), Organizational Effectiveness: A Multiple-Constituency Approach, in: Academy of Management Review, Vol. 5 (1980), No. 2, S. 211-217

Crosby, Lawrence A./Evans, Kenneth R./Cowles, Deborah (1990), Relationship Quality in Service Selling: An Interpersonal Influence Perspective, in: Journal of Marketing, Vol. 54 (1990), July, S. 68-81

Cronbach, Lee J. (1951), Coefficient Alpha and the Internal Structure of Tests, in: Psychometrika, Vol. 16 (1951), No. 3, S. 297-334

Dale, Ernest (1962), Die großen Organisatoren: Eine Analyse des Erfolgs amerikanischer Konzerne, Düsseldorf/Wien 1962

Dalton, Dan R./Todor, William D./Spendolini, Michael J./Fielding, Gordon J./Porter, Lyman W. (1980), Organizational Structure and Performance: A Critical Review, in: Academy of Management Review, Vol. 5 (1980), No. 1, S. 49-64

Darby, Michael R./Krani, Edi (1973), Free Competition and the Optimal Amount of Fraud, in: Journal of Law and Economics, Vol. 16 (1973), S. 67-88

David, Ulrich (2004), Strategisches Management von Controllerbereichen, Vallendar 2004 (noch nicht veröffentlicht)

Day, George S. (1994), The Capabilities of Market-Driven Organizations, in: Journal of Marketing, Vol. 58 (1994), October, S. 37-52

Dehler, Markus (2001), Entwicklungsstand der Logistik: Messung – Determinanten - Erfolgsauswirkungen, Wiesbaden 2001

DeLone, William H./McLean, Ephraim, R. (2003), The DeLone and McLean Model of Information System Success: A Ten-Year Update, in: Journal of Management Information Systems, Vol. 19 (2003), No. 4, S. 9-30

Deng, Shengliang/Dart, Jack (1994), Measuring Market Orientation: A Multifactor, Multi-item Approach, in: Journal of Marketing Management, Vol. 10 (1994), S. 725-742

Denk, Robert/Kunesch, Hermann (1996), Einsatzvoraussetzungen, Gestaltungskontext und kritische Erfolgsfaktoren für die Gestaltung von Controllingsystemen, in: Eschenbach, Rolf (Hrsg.), Controlling, 2. Auflage, Stuttgart 1996

Derlien, Hans-Ulrich (1992), Bürokratie, in: Frese, Erich (Hrsg.), Handwörterbuch der Organisation, 3. Auflage, Stuttgart 1992, Sp. 391-400

Deshpandé, Rohit (1982), The Organizational Context of Market Research Use, in: Journal of Marketing, Vol. 46 (1982), Fall, S. 91-101

Deshpandé, Rohit/Farley, John U./Webster Jr., Frederick E. (1993), Corporate Culture, Customer Orientation, and Innovativeness in Japanese Firms: A Quadrad Analysis, in: Journal of Marketing, Vol. 57 (1993), January, S. 23-37

Deshpandé, Rohit/Zaltman, Gerald (1982), Factors Affecting the Use of Market Research Information: A Path Analysis, in: Journal of Marketing Research, Vol. 19 (1982), February, S. 14-31

Dess, Gregory G./Beard, Donald W. (1984), Dimensions of Organizational Task Uncertainty, in: Administrative Science Quarterly, Vol. 29 (1984), March, S. 52-73

Dess, Gregory G./Robinson Jr., Richard B. (1984), Measuring Organizational Performance in the Absence of Objective Measures: The Case of the Privately-held Firm and Conglomerative Business Unit, in: Strategic Management Journal, Vol. 5 (1984), S. 265-273

Deutsch, Morton (1962), Cooperation and Trust: Some Theoretical Notes, in: Jones, Marshall R. (Hrsg.), Nebraska Symposium on Motivation 1962, Lincoln 1962, S. 275-319

Deutsch, Morton/Kotik, Paul (1978), Altruism and Bargaining, in: Sauermann, Heinz (Hrsg.), Bargaining Behaviour, Tübingen 1978, S. 20-41

DeWulf, Kristof/Odekerken-Schröder, Gaby/Iacobucci, Dawn (2001), Investments in Consumer Relationships: A Cross-Country and Cross-Industry Exploration, in: Journal of Marketing, Vol. 65 (2001), October, S. 33-50

Diamantopoulos, Adamantios (1999), Export Performance Measurement: Reflective versus Formative Indicators, in: International Marketing Review, Vol. 16 (1999), No. 6, S. 444-457

Diamantopoulos, Adamantios/Hart, Susan (1993), Linking Market Orientation and Company Performance: Preliminary Evidence on Kohli and Jaworski's Framework, in: Journal of Strategic Marketing, Vol. 1 (1993), No. 2, S. 93-121

Diamantopoulos, Adamantios/Winklhofer, Heidi M. (2001), Index Construction with Formative Indicators: An Alternative to Scale Development, in: Journal of Marketing Research, Vol. 38 (2001), May, S. 269-277

Donabedian, Avedis (1980), The Definition of Quality and Approaches to its Assessment: Explorations in Quality Assessment and Monitoring Volume 1, Ann Arbor, Michigan 1980

Doney, Patricia/Cannon, Joseph P. (1997), An Examination of the Nature of Trust in Buyer-Seller Relationships, in: Journal of Marketing, Vol. 61 (1997), April, S. 35-51

Döpke, Ulrich (1986), Strategisches Marketing-Controllership: eine empirische Untersuchung auf Grundlage des situativen Ansatzes, Frankfurt 1986

Dorsch, Michael J./Swanson, Scott R./Kelley, Scott W. (1998), The Role of Relationship Quality in Stratification of Vendors as Perceived by Customers, in: Journal of the Academy of Marketing Science, Vol. 26 (1998), No. 2, S. 128-142

Downey, Kirk H./Hellriegel, Don/Slocum Jr., John W. (1975), Environmental Uncertainty: The Construct and Its Application, in: Administrative Science Quarterly, Vol. 20 (1975), December, S. 613-629

Duncan, Robert B. (1972), Characteristics of Organizational Environments and Perceived Environmental Uncertainty, in: Administrative Science Quarterly, Vol. 17 (1972), September, S. 313-327

Dwyer, Robert F./Schurr, Paul H./Oh, Sejo (1987), Developing Buyer-Seller Relationships, in: Journal of Marketing, Vol. 51 (1987), April, S. 11-27

Eggert, Andreas/Fassott, Georg (2003), Zur Verwendung formativer und reflektiver Indikatoren in Strukturgleichungsmodellen: Ergebnisse einer Metaanalyse und Anwendungsempfehlungen, Arbeitspapier, Universität Kaiserslautern, Kaiserslautern 2003

Eggert, Karin (1993), Die Strategie Kundennähe: Komponenten, Konzept, Erfolgspotenzial, Lüneburg 1993

Emerson, Richard M. (1962), Power-Dependence Relations, in: American Sociological Review, Vol. 27 (1962), No. 2, S. 31-41

Eschenbach, Rolf/Niedermayr, Rita (1996), Die Konzeption des Controllings, in: Eschenbach, Rolf (Hrsg.), Controlling, 2. Auflage, Stuttgart 1996, S. 65-91

Fassnacht, Martin (2003), Eine dienstleistungsorientierte Perspektive des Handelsmarketing, Wiesbaden 2003

Festinger, Leon (1957), A Theory of Cognitive Dissonance, Stanford 1957

Foreman, Susan K./Money, Arthur H. (1995), Internal Marketing: Concepts, Measurement and Application, in: Journal of Marketing Management, Vol. 11 (1995), S. 755-768

Fornell, Claes (1986), A second Generation of Multivariate Analysis: Classification of Methods and Implications for Marketing Research, Working Paper, University of Michigan, Ann Arbor 1986

Fornell, Claes/Larcker, David F. (1981), Evaluating Structural Equation Models with Unobservable Variables and Measurement Error, in: Journal of Marketing Research, Vol. 45 (1981), February, S. 39-50

Frese, Erich/Hüsch, Hans-Jürgen (1991), Kundenorientierte Angebotsabwicklung in der Investitionsgüterindustrie aus strategischer und organisatorischer Sicht, in: Müller-Böling, Detlef/Seibt, Dietrich/Winand, Udo (Hrsg.), Innovations- und Technologiemanagement, Stuttgart 1991, S. 177-198

Frese, Erich/Noetel, Wolfgang (1992), Kundenorientierung in der Auftragsabwicklung: Strategie, Organisation und Informationstechnologie, Stuttgart 1992

Frese, Erich/Werder, Alex v. (1989), Kundenorientierung als organisatorische Gestaltungsoption der Informationstechnologie, in: Frese, Erich/Maly, Werner (1989), Kundennähe durch moderne Informationstechnologien, ZfbF Sonderheft 25, Düsseldorf/Frankfurt 1989, S. 1-26

Frey, Dieter (1984), Die Theorie der kognitiven Dissonanz, in: Frey, Dieter/Irle, Martin (Hrsg.), Theorien der Sozialpsychologie – Band 1: Kognitive Theorien, Bern 1984, S. 243-292

Frey, Dieter (1994), Kognitive Theorien, in: Frey, Dieter/Grief, Siegfried (Hrsg.), Sozialpsychologie: Ein Handbuch in Schlüsselbegriffen, Weinheim 1994, S. 50-67

Frey, Dieter/Benning, Elke (1994), Dissonanz, in: Frey, Dieter/Grief, Siegfried (Hrsg.), Sozialpsychologie: Ein Handbuch in Schlüsselbegriffen, Weinheim 1994, S. 147-153

Fritz, Wolfgang (1992), Marktorientierte Unternehmensführung und Unternehmenserfolg, Stuttgart 1992

Fritz, Wolfgang (1996), Market orientation and corporate success: findings from Germany, in: European Journal of Marketing, Vol. 30 (1996), No. 8, S. 59-74

Ganesan, Shankan (1994), Determinants of Long-Term Orientation in Buyer-Seller Relationships, in: Journal of Marketing, Vol. 58 (1994), April, S. 1-19

Garbarino, Ellen/Johnson, Mark S. (1999), The Different Roles of Satisfaction, Trust, and Commitment in Customer Relationships, in: Journal of Marketing, Vol. 63 (1999), April, S. 70-87

Garvin, David A. (1988), Managing Quality: The Strategic and Competitive Edge, New York 1998

Gaydoul, Peter (1980), Controlling in der deutschen Unternehmenspraxis, Darmstadt 1980

Gelderman, Maarten (1998), The relationship between user satisfaction, usage of information systems and performance, in: Information & Management, Vol. 34 (1998), No. 1, S. 11-18

Georgi, Dominik (2000), Entwicklung von Kundenbeziehungen, Wiesbaden 2000

Gerbing, David W./Anderson James C. (1988), An updated Paradigm for Scale Development Incorporating Unidimensionality and Its Assessment, in: Journal of Marketing Research, Vol. 25 (1988), May, S. 186-192

Geyskens, Inge/Steenkamp, Jan-Benedict E. M./Kumar, Nirmalya (1999), A Meta-Analysis of Satisfaction in Marketing Channel Relationships, in: Journal of Marketing Research, Vol. 26 (1999), May, S. 223-238

Glazer, Rashi (1991), Marketing in an Information-Intensive Environment: Strategic Implications of Knowledge as an Asset, in: Journal of Marketing, Vol. 55 (1991), October, S. 1-9

Glazer, Rashi/Weiss, Allen M. (1993), Marketing in Turbulent Environments: Decision Processes and the Time-Sensitivity of Information, in: Journal of Marketing Research, Vol. 30 (1993), November, S. 509-521

Gleich, Ronald/Brokemper, Andreas (1998), Kunden- und Marktorientierung im Controlling schaffen: 7 Schritte zur kontinuierlichen Leistungsplanung und –steuerung, in: Controller-Magazin, 23. Jg. (1998), H. 2, S. 148-156

Goeldel, Hanns (1997), Gestaltung der Planung: Konzeptioneller Ansatz und Fallstudien, Wiesbaden 1997

Goll, Irene/Rasheed, Abdul M. A. (1997), Rational Decision-Making and Firm Performance: The Moderating Role of Environment, in: Strategic Management Journal, Vol. 18 (1997), No. 7, S. 583-591

Götz, Oliver/Liehr-Gobbers, Kerstin (2004a), Der Partial-Least-Squares (PLS)-Ansatz zur Analyse von Strukturgleichungsmodellen, IfM-Arbeitspapiere, Institut für Marketing, Nr. 2, Münster 2004

Götz, Oliver/Liehr-Gobbers, Kerstin (2004b), Analyse von Strukturgleichungsmodellen mit Hilfe der Partial-Least-Squares(PLS)-Methode, in: DBW, 64. Jg. (2004), H. 6, S. 714-738

Greenley, Gordon E. (1995a), Forms of Market Orientation in UK Companies, in: Journal of Management Studies, Vol. 32 (1995), No. 1, S. 47-66

Greenley, Gordon E. (1995b), Market Orientation and Company Performance: Empirical Evidence from UK Companies, in: British Journal of Management, Vol. 6 (1995), No. 1, S. 1-3

Grund, Michael A. (1998), Interaktionsbeziehungen im Dienstleistungsmarketing: Zusammenhänge zwischen Zufriedenheit und Bindung von Kunden und Mitarbeitern, Wiesbaden 1998

Gundlach, Gregory T./Achrol, Ravi S./Mentzer John T. (1995), The Structure of Commitment in Exchange, in: Journal of Marketing, Vol. 59 (1995), January, S. 78-92

Gutenberg, Erich (1952), Planung im Betrieb, in: ZfB, 22. Jg. (1952), S. 669-684

Hadwich, Karsten (2003), Beziehungsqualität im Relationship Marketing: Konzeption und empirische Analyse eines Wirkungsmodells, Wiesbaden 2003

Hahn, Dietger/Hungenberg, Harald (2001), PuK – Wertorientierte Controllingkonzepte, 6. Auflage, Wiesbaden 2001

Hall, Richard H. (1962), Intraorganizational Structural Variation: Application of the Bureaucratic Model, in: Administrative Science Quarterly, Vol. 7 (1962), No. 3, S. 295-308

Hall, Richard H. (1963), The Concept of Bureaucracy: An Empirical Assessment, in: The American Journal of Sociology, Vol. 69 (1963), S. 32-40

Hamprecht, Markus (1996), Controlling von Konzernplanungssystemen: theoretische Ableitung und betriebliche Realität führungsstrukturabhängiger Ausprägungsmuster, Wiesbaden 1996

Han, Sang-Lin/Wilson, David T./Dant, Shirish (1993), Buyer-Seller Relationship Today, in: Industrial Marketing Management, Vol. 22 (1993), S. 331-338

Hart, Stuart/Banbury, Catherine (1994), How Strategy-Making Processes Can Make a Difference, in: Strategic Management Journal, Vol. 15 (1994), No. 4, S. 251-269

Hartung, Joachim/Elpelt, Bärbel (1986), Multivariate Statistik: Lehr- und Handbuch der angewandten Statistik, 2. Auflage, München/Wien 1986

Heigl, Anton (1978), Controlling – Interne Revision, Stuttgart/New York 1978

Hennig-Thurau, Thorsten/Klee, Alexander (1997), The Impact of Customer Satisfaction and Relationship Quality on Customer Retention: A Critical Reassessment and Model Development, in: Psychology & Marketing, Vol. 14 (1997), No. 8, S. 737-764

Henseler, Jörg (2005), Einführung in die PLS-Pfadmodellierung, in: Wirtschaftswissenschaftliches Studium, 34. Jg. (2005), H. 2, S. 70-75

Hentschel, Bert (1990), Die Messung wahrgenommener Dienstleistungsqualität mit SERVQUAL: Eine kritische Auseinandersetzung, in: Marketing ZFP, 12. Jg. (1990), H. 4, S. 230-240

Herrmann, Andreas/Huber, Frank/Kressmann, Frank (2004), Partial Least Squares – Ein Leitfaden zur Spezifikation, Schätzung und Beurteilung varianzbasierter Strukturgleichungsmodelle, Arbeitspapier eingereicht bei ZfbF, Mainz 2004

Herzog, Andreas (1999), Gestaltung von Controllership: Die Zuordnung von Aufgaben zu Controllern, Wiesbaden 1999

Heskett, James L./Jones, Thomas O./Loveman, Gary W./Sasser Jr., Earl W./Schlesinger, Leonard A. (1994), Putting the Service-Profit Chain to Work, in: Harvard Business Review, Vol. 72 (1994), March/April, S. 164-174

Hickson, David J./Hinings, Christopher R./Lee, Charles A./Schneck, Rodney E./Pennings, Johannes M. (1971), A Strategic Contingencies' Theory of Intraorganizational Power, in: Administrative Science Quarterly, Vol. 16 (1971), June, S. 216-229

Hildebrandt, Lutz (1998), Kausalanalytische Validierung in der Marketingforschung, in: Hildebrandt, Lutz/Homburg, Christian (Hrsg.), Die Kausalanalyse: Ein Instrument der empirischen betriebswirtschaftlichen Forschung, Stuttgart 1998, S. 85-111

Hill, Wilhelm/Fehlbaum, Raymond/Ulrich, Peter (1992), Organisationslehre 1+2: Theoretische Ansätze und praktische Methoden der Organisation sozialer Systeme, 5. Auflage, Bern et al. 1992

Hinings, Christopher R./Hickson David J./Pennings, Johannes M./Schneck, Rodney E. (1974), Structural Conditions of Intraorganizational Power, in: Administrative Science Quarterly, Vol. 19 (1974), March, S. 22-44

Hofer, Charles W. (1975), Towards a Contingency Theory of Business Strategy, in: Academy of Management Journal, Vol. 18 (1975), No. 4, S. 784-810

Hoffmann, F. (1972), Merkmale der Führungsorganisation amerikanischer Unternehmen – Auszüge aus den Ergebnissen einer Forschungsreise 1970, in: Zeitschrift für Organisation, 41. Jg. (1972), S. 3-8, 85-89, 145-148

Hoffmann, Werner H. (1991), Faktoren erfolgreicher Unternehmensberatung, Wiesbaden 1991

Homans, George Caspar (1961), Social Behaviour: Its Elementary Forms, London 1961

Homburg, Christian (1992), Die Kausalanalyse: Eine Einführung, in: Wirtschaftswissenschaftliches Studium, 21. Jg. (1992), H. 10, S. 499-508

Homburg, Christian (2000), Kundennähe von Industriegüterunternehmen: Konzeption – Erfolgsauswirkungen – Determinanten, 3. Auflage, Wiesbaden 2000

Homburg, Christian/Baumgartner, Hans (1995a), Beurteilung von Kausalmodellen: Bestandsaufnahme und Anwendungsempfehlungen, in: Marketing ZFP, 17. Jg. (1995), H. 3, S. 162-176

Homburg, Christian/Baumgartner, Hans (1995b), Die Kausalanalyse als Instrument der Marketingforschung: Eine Bestandsaufnahme, in: ZfB, 65. Jg. (1995), H. 11, S. 1091-1108

Homburg, Christian/Bruhn, Manfred (1998), Kundenbindungsmanagement – Eine Einführung in die theoretischen und praktischen Problemstellungen, in: Bruhn, Manfred/Homburg, Christian (Hrsg.), Handbuch Kundenbindungsmanagement: Grundlagen – Konzepte – Erfahrungen, Wiesbaden 1998, S. 3-35

Homburg, Christian/Faßnacht, Martin/Werner, Harald (1998), Operationalisierung von Kundenzufriedenheit und Kundenbindung, in: Bruhn, Manfred/Homburg, Christian (Hrsg.), Handbuch Kundenbindungsmanagement: Grundlagen – Konzepte – Erfahrungen, Wiesbaden 1998, S. 389-410

Homburg, Christian/Giering, Annette (1996), Konzeptualisierung und Operationalisierung komplexer Konstrukte: Ein Leitfaden für die Marketingforschung, in: Marketing ZFP, 18. Jg. (1996), H. 1, S. 5-24

Homburg, Christian/Giering, Annette/Hentschel, Frederike (1998), Der Zusammenhang zwischen Kundenzufriedenheit und Kundenbindung, in: Bruhn, Manfred/Homburg, Christian (Hrsg.), Handbuch Kundenbindungsmanagement: Grundlagen – Konzepte – Erfahrungen, Wiesbaden 1998, S. 81-112

Homburg, Christian/Krohmer, Harley/Workman Jr., John P. (2000), Machtstrukturen in Unternehmen: Bestandsaufnahme und systematische Erklärungsansätze für den Marketingbereich, in: DBW, 60. Jg. (2000), H. 1, S. 78-96

Homburg, Christian/Pflesser, Christian (2000), Strukturgleichungsmodelle mit latenten Variablen: Kausalanalyse, in: Herrmann, Andreas/Homburg, Chrisitian (Hrsg.), Marktforschung: Methoden, Anwendungen, Praxisbeispiele, 2. Auflage, Wiesbaden 2000, S. 633-661

Homburg, Christian/Weber, Jürgen/Aust, René/Karlshaus, Jan Thido (1998), Interne Kundenorientierung der Kostenrechnung, Band 7 der Schriftenreihe Advanced Controlling, Vallendar 1998

Horváth, Péter (1978), Controlling – Entwicklung und Stand einer Konzeption zur Lösung der Adaptions- und Koordinationsprobleme der Führung, in: ZfB, 48. Jg. (1978), H. 3, S. 194-208

Horváth, Péter (2003), Controlling, 9. Auflage, München 2003

Houston, Franklin S./Gassenheimer, Jule B. (1987), Marketing and Exchange, in: Journal of Marketing, Vol. 51 (1987), October, S. 3-18

Howard, John A./Sheth, Jagdish N. (1969), The Theory of Buyer Behavior, New York et al. 1969

Hu, Li-tze/Bentler, Peter M. (1995), Evaluating Model Fit, in: Hoyle, Rick H. (Hrsg.), Structural Equation Modeling: Concepts, Issues and Applications, Thousand Oaks 1995

Hu, Li-tze/Bentler, Peter M. (1999), Cutoff Criteria for Fit Indexes in Covariance Structure Analysis: Conventional Criteria Versus New Alternatives, in: Structural Equation Modeling, Vol. 6 (1999), No. 1, S. 1-55

Hulland, John (1999), Use of partial least squares (PLS) in Strategic Management Research: A Review of Four Recent Studies, in: Strategic Management Journal, Vol. 20 (1999), No. 2, S. 195-204

Hunold, Claus (2003), Kommunale Kostenrechnung: Gestaltung, Nutzung und Erfolgsfaktoren, Wiesbaden 2003

Hurley, Robert F./Hult, G. Tomas M. (1998), Innovation, Market Orientation, and Organizational Learning: An integration and Empirical Examination, in: Journal of Marketing, Vol. 62 (1998), July, S. 42-54

Irving, Edward L. (1995), Marketing Quality Practices, Chapel Hill 1995

Jacoby, Jacob (1978), Consumer Research: How valid and useful are all our consumer behavior research findings? – A State of the Art Review, in: Journal of Marketing, Vol. 42 (1978), April, S. 87-96

Jarvis, Cheryl Burke/Mackenzie, Scott B./Podsakoff, Philip M. (2003), A Critical Review of Construct Indicators and Measurement Model Misspecification in Marketing and Consumer Research, in: Journal of Consumer Research, Vol. 30 (2003), September, S. 199-218

Jaworski, Bernard J./ Kohli, Ajay K. (1993), Market Orientation: Antecedents and Consequences, in: Journal of Marketing, Vol. 57 (1993), July, S. 53-70

Jayawardhena, Chanaka (2004), Measurement of Service Quality in Internet Banking: The Development of an Instrument, in: Journal of Marketing Management, Vol. 20 (2004), S. 185-207

Johnson, Jean L. (1999), Strategic Integration in Industrial Distribution Channels: Managing the Interfirm Relationship as a Strategic Asset, in: Journal of the Academy of Marketing Science, Vol. 27 (1999), No. 1, S. 4-18

Johnson-George, Cynthia/Swap, Walter C. (1982), Measurement of Specific Interpersonal Trust: Construction and Validation of a Scale to Assess Trust in a Specific Other, in: Journal of Personality and Social Psychology, Vol. 43 (1982), No. 6, S. 1306-1317

Jöreskog, Karl G./Sörbom Dag (1982), Recent Developments in Structural Equation Modeling, in: Journal of Marketing Research, Vol. 19 (1982), November, S. 404-416

Jöreskog, Karl G./Sörbom, Dag (1993), LISREL 8: Structural Equation Modeling with the SOMPLIS Command Language, Chicago 1993

Kaas, Klaus Peter (1990), Marketing als Bewältigung von Informations- und Unsicherheitsproblemen im Markt, in: DBW, 50. Jg. (1990), H. 4, S. 539-548

Kaas, Klaus Peter (1991), Marktinformationen: Screening und Signaling unter Partnern und Rivalen, in: ZfB, 61. Jg. (1991), H. 3, S. 357-370

Kaas, Klaus Peter (1995), Informationsökonomik, in: Tietz, Bruno/Köhler, Richard/Zentes, Joachim (Hrsg.), Handwörterbuch des Marketing, 2. Auflage, Stuttgart 1995, Sp. 971-981

Kaas, Klaus Peter/Busch, Anina (1996), Inspektions-, Erfahrungs- und Vertrauenseigenschaften von Produkten – Theoretische Konzeption und empirische Validierung, in: Marketing ZFP, 18. Jg. (1996), H. 4, S. 243-252

Kaas, Klaus Peter/Runow, Herbert (1984), Wie befriedigend sind die Ergebnisse der Forschung zur Verbraucherzufriedenheit, in: DBW, 44. Jg. (1984), H. 3, S. 451-460

Kaiser, Henry F. (1974), An Index of Factorial Simplicity, in: Psychometrika, Vol. 39 (1974), No. 1, S. 31-36

Karlshaus, Jan Thido (2000), Die Nutzung von Kostenrechnungsinformationen im Marketing: Bestandsaufnahme, Determinanten und Erfolgsauswirkungen, Wiesbaden (2000)

Kennedy, Karen N./Lassk, Felicia G./Goolsby, Jerry R. (2002), Customer Mind-Set of Employees Throughout the Organization, in: Journal of the Academy of Marketing Science, Vol. 30 (2002), No. 4, S. 159-171

Kenning, Peter (2002), Customer Trust Management: Ein Beitrag zum Vertrauensmanagement im Lebensmitteleinzelhandel, Wiesbaden 2002

Kiedaisch, Ingo (1997), Internationale Kunden-Lieferanten-Beziehungen: Determinanten – Steuerungsmechanismen – Beziehungsqualität, Wiesbaden 1997

Kieser, Alfred (1999), Organisationstheorie, 3. Auflage, Stuttgart et al. 1999

Kieser, Alfred (2001), Organisationstheorie, 4. Auflage, Stuttgart et al. 2001

Kieser, Alfred/Kubicek, Herbert (1992), Organisation, 3. Auflage, Berlin/New York 1992

Kieser, Alfred/Walgenbach, Peter (2003), Organisation, 4. Auflage, Stuttgart 2003

Klee, Alexander (2000), Strategisches Beziehungsmanagement: Ein integrativer Ansatz zur Steuerung der Qualität von Geschäftsbeziehungen auf industriellen Märkten, Aachen 2000

Kleinaltenkamp, Michael (1992), Investitionsgüter-Marketing aus informationsökonomischer Sicht, in: ZfbF, 44. Jg. (1992), H. 9, S. 809-829

Kline, Theresa J. B./Sulsky, Lorne M./Rever-Moriyama, Sandra D. (2000), Common Method Variance and Specification Errors: A Practical Approach to Detection, in: The Journal of Psychology, Vol. 134 (2000), No. 4, S. 401-421

Koberg, Christine S. (1987), Resource scarcity, environmental uncertainty, and adaptive organizational behavior, in: Academy of Management Journal, Vol. 30 (1987), No. 4, S. 798-807

Kohli, Ajay K. (1989), Determinants of Influence in Organizational Buying: A Contingency Approach, in: Journal of Marketing, Vol. 53 (1989), July, S. 50-65

Kohli, Ajay K./Jaworski, Bernard J. (1990), Market Orientation: the Construct, Research Propositions, and Managerial Implications, in: Journal of Marketing, Vol. 54 (1990), April, S. 1-18

Kohli, Ajay K./Jaworski Bernard J./Kumar Ajith (1993), MARKOR: A Measure of Market Orientation, in: Journal of Marketing Research, Vol. 30 (1993), November, S. 467-477

Krafft, Manfred (1999), Der Kunde im Fokus: Kundennähe, Kundenzufriedenheit, Kundenbindung – und Kundenwert?, in: DBW, 59. Jg. (1999), S. 511-530

Kroeber-Riel, Werner/Weinberg, Peter (1999), Konsumentenverhalten, 7. Auflage, München 1999

Krohmer, Harley (1999), Marktorientierte Unternehmenskultur als Erfolgsfaktor der Strategieimplementierung , Wiesbaden 1999

Krüger, Wilfried (1979), Controlling: Gegenstandsbereich, Wirkungsweise und Funktionen im Rahmen der Unternehmenspolitik, in: Betriebswirtschaftliche Forschung und Praxis, 31. Jg. (1979), S. 158-169

Krystek, Ulrich (2002), Beschaffung und Vertrauen, in: Hahn, Dietger/Kaufmann, Lutz (Hrsg.), Handbuch Industrielles Beschaffungsmanagement, Wiesbaden 2002, S. 1039-1060

Kühn, Richard (1991), Methodische Überlegungen zum Umgang mit der Kundenorientierung im Marketing-Management, in: Marketing ZFP, 13. Jg. (1991), H. 2, S. 97-107

Kumar, Nirmalya/Scheer, Lisa K./Steenkamp, Jan-Benedict E. M. (1995), The Effects of Supplier Fairness on Vulnerable Resellers, in: Journal of Marketing Research, Vol. 32 (1995), February, S. 54-65

Künzel, Hansjörg (1999), Management interner Kunden-Lieferanten-Beziehung, Wiesbaden 1999

Künzel, Hansjörg (2002), Mit interner Kundenzufriedenheit zu externer Kundenbindung: Kompromisslose Kundenorientierung als Erfolgsfaktor, München/Wien 2002

Küpper, Hans-Ulrich (1987), Konzeption des Controlling aus betriebswirtschaftlicher Sicht, in: Rechnungswesen und EDV, 8. Saarbrücker Arbeitstagung 1987, Heidelberg 1987, S. 82-118

Küpper, Hans-Ulrich (2001), Controlling: Konzeption, Aufgaben und Instrumente, 3. Auflage, Stuttgart 2001

Küpper, Hans-Ulrich/Weber, Jürgen/Zünd, André (1990), Zum Verständnis und Selbstverständnis des Controlling: Thesen zur Konsensbildung, 60. Jg. (1990), H. 3, S. 281-293

Lafferty, Barbara A./Hult, G. Thomas M. (2001), A synthesis of contemporary market orientation perspectives, in: European Journal of Marketing, Vol. 35 (2001), No. 1/2, S. 92-109

Lagace, Rosemary R./Dahlstrom, Robert/Gassenheimer, Jule B. (1991), The Relevance of Ethical Salesperson Behavior on Relationship Quality: The Pharmaceutical Industry, in: Journal of Personal Selling & Sales Management, Vol. 6 (1991), No. 4, S. 39-47

Lambe, C. Jay/Wittmann, C. Michael/Spekman, Robert E. (2001), Social Exchange Theory and Research on Business-to-Business Relational Exchange, in: Journal of Business-to-Business Marketing, Vol. 8 (2001), No. 3, S. 1-36

Lanter, Norbert (1996), Beziehungsdynamik im Controlling – Schwierigkeiten in der Zusammenarbeit zwischen Managern und Controllern unter konstruktivistischer Sicht, Bern/Stuttgart/Wien 1996

Lengnick-Hall, Mark L./Lengnick-Hall, Cynthia A. (1999), Expanding customer orientation in the HR function, in: Human Resource Management, Vol. 38 (1999), No. 3, S. 201-214

Lingenfelder, Michael/Schneider, Willy (1991), Die Kundenzufriedenheit – Bedeutung, Messkonzept und empirische Befunde, in: Marketing ZFP, 13. Jg. (1991), H. 2, S. 109-119

Lings, Ian N. (1999), Balancing Internal and External Market Orientations, in: Journal of Marketing Management, Vol. 15 (1999), S. 239-263

Lings, Ian N. (2000a), Developing the Domain of internal market orientation and its consequences for market orientation and performance, Research Paper Aston University, Birmingham 2000

Lings, Ian N. (2000b), Internal marketing and supply chain management, in: Journal of Service Marketing, Vol. 14 (2000), No. 1, S. 27-43

Lings, Ian N. (2004), Internal market orientation: Construct and consequences, in: Journal of Business Research, Vol. 57 (2004), S. 405-413

Lings, Ian N./Greenley, Gordon E. (2001), The Development and Validation of a Measure of Internal Market Orientation, Research Paper Aston University, Birmingham 2001

Lings, Ian N./Greenley, Gordon E. (2005), Measuring Internal Market Orientation, in: Journal of Service Research, Vol. 7 (2005), No. 3, S. 290-305

Lohmöller, Jan-Bernd (1989), Latent Variable Path Modeling with Partial Least Squares, Heidelberg 1989

Lucas Jr., Henry C. (1974), System Quality, User Reactions and the Use of Information Systems, in: Management Informatics, Vol. 3 (1974), No. 4, S. 207-212

Luhmann, Niklas (1989), Vertrauen: Ein Mechanismus der Reduktion sozialer Komplexität, 3. Auflage, Stuttgart 1989

Lukas, Bryan A./Maignan, Isabelle (1996), Striving for quality: the key role of internal and external customers, in: Journal of Market Focused Management, Vol. 1 (1996), S. 175-187

MacCallum, Robert C./Browne, Michael/Sugawara, Hazuki M. (1996), Power Analysis and Determination of Sample Size for Covariance Structure Modeling, in: Psychological Methods, Vol. 1 (1996), No. 2, S. 130-149

Maltz, Elliot/Kohli, Ajay K. (1996), Market Intelligence Dissemination across Functional Boundaries, in: Journal of Marketing Research, Vol. 23 (1996), February, S. 47-61

Mann, Rudolf (1973), Die Praxis des Controlling: Instrumente, Einführung, Konflikte, München 1973

Mano, Haim/Oliver, Richard L. (1993), Assessing the Dimensionality and Structure of the Consumption Experience: Evaluation, Feeling, and Satisfaction, in: Journal of Consumer Research, Vol. 20 (1993), December, S. 451-466

Matzler, Kurt/Bailom, Franz (2004), Messung von Kundenzufriedenheit, in: Hinterhuber, Hans, H./Matzler, Kurt (Hrsg.), Kundenorientierte Unternehmensführung, 4. Auflage, Wiesbaden 2004, S. 263-294

Meffert, Heribert (1994), Marketing-Management: Analyse, Strategie, Implementierung, Wiesbaden 1994

Meffert, Heribert/Bruhn, Manfred (2003), Dienstleistungsmarketing: Grundlagen – Konzepte – Methoden, 4. Auflage, Wiesbaden 2003

Mendelow, Aubrey L. (1983), Setting corporate goals and measuring organizational effectiveness – a practical approach, in: Long Range Planning, Vol. 16 (1983), No. 1, S. 70-76

Menon, Anil/Varadarajan, Rajan P. (1992), A Model of Marketing Knowledge Use Within Firms, in: Journal of Marketing, Vol. 56 (1992), October, S. 53-71

Mertens, Peter/Griese, Joachim (1988), Industrielle Datenverarbeitung Band 2: Informations-, Planungs- und Kontrollsysteme, 5. Auflage, Wiesbaden 1988

Meyer, Anton/Mattmüller, Roland (1987), Qualität von Dienstleistungen: Entwurf eines praxisorientierten Qualitätsmodells, in: Marketing ZFP, 9. Jg. (1987), H. 3, S. 187-195

Michaels, Roland E./Day, Ralph L. (1985), Measuring Customer Orientation of Sales People: A Replication With Industrial Buyers, in: Journal of Marketing Research, Vol. 22 (1985), November, S. 443-446

Moenaert, Rudy K./Souder, William E. (1996), Context and Antecedents of Information Utility at the R&D Marketing Interface, in: Management Science, Vol. 42 (1996), No. 11, S. 1592-1610

Mohr-Jackson, Iris (1991), Broadening the Market Orientation: An Added Focus on Internal Customers, in: Human Resource Management, Vol. 30 (1991), No. 4, S. 455-467

Moorman, Christine/Zaltman, Gerald/Deshpandé, Rohit (1992), Relationships Between Providers and Users of Market Research: The Dynamics of Trust Within and Between Organizations, in: Journal of Marketing Research, Vol. 29 (1992), August, S. 314-328

Morgan, Robert M./Hunt, Shelby D. (1994), The Commitment-Trust Theory of Relationship Marketing, in: Journal of Marketing, Vol. 58 (1994), July, S. 20-38

Mosiek, Thomas (2002), Interne Kundenorientierung des Controlling, Frankfurt a.M. et al. 2002

Müller, Günter F./Crott, Helmut W. (1984), Gerechtigkeit in sozialen Beziehungen: Die Equity-Theorie, in: Frey, Dieter/Irle, Martin (Hrsg.), Theorien der Sozialpsychologie – Band 1: Kognitive Theorien, Bern 1984, S. 218-242

Narver, John C./Slater, Stanley F. (1990), The Effect of a Market Orientation on Business Profitability, in: Journal of Marketing, Vol. 54 (1990), October, S. 20-35

Naudé, Peter/Desai, Janine/Murphy, John (2002), Identifying the determinants of internal marketing orientation, in: European Journal of Marketing, Vol. 37 (2002), No. 9, S. 1205-1220

Nelson, Phillip (1970), Information and Consumer Behavior, in: Journal of Political Economy, Vol. 78 (1970), S. 311-329

Neuhaus, Patricia (1996), Interne Kunden-Lieferanten-Beziehung, Wiesbaden 1996

Niedereichholz, Christel (2001), Unternehmensberatung: Band 1 Beratungsmarketing und Auftragsakquisition, 3. Auflage, München/Wien 2001

Niedermayr, Rita (1994), Entwicklungsstand des Controlling: System, Kontext und Effizienz, Wiesbaden 1994

Niedermayr, Rita (1996), Die Realität des Controlling, in: Eschenbach, Rolf (Hrsg.), Controlling, 2. Auflage, Stuttgart 1996, S. 127-174

Nieschlag, Robert/Dichtl, Erwin/Hörschgen, Hans (2002), Marketing, 19. Auflage, Berlin 2002

Noordewier, Thomas G./John, George/Nevin, John R. (1990), Performance Outcomes of Purchasing Arrangements in Industrial Buyer-Vendor Relationships, in: Journal of Marketing, Vol. 54 (1990), October, S. 80-93

Nunnally, Jum C. (1978), Psychometric Theory, 2. Auflage, New York et al. 1978

Nunnally, Jum C./Bernstein Ira H. (1994), Psychometric Theory, 3. Auflage, New York et al. 1994

Oliver, Richard L./DeSarbo, Wayne S. (1988), Response Determinants in Satisfaction Judgments, in: Journal of Consumer Research, Vol. 14 (1988), March, S. 495-507

Osterloh, Brun W. (1974), Die betriebliche Investitionskontrolle: Problem der Kontrolle betrieblicher Investitionen unter besonderer Berücksichtigung der Kontrolle der Investitionsplanung, Berlin 1974

Parasuraman, A. (1987), Customer-Oriented Corporate Cultures are crucial to Service Marketing Success, in: Journal of Service Marketing, Vol. 1 (1987), No. 1, S. 39-46

Parasuraman, A./Zeithaml, Valerie A./Berry, Leonard L. (1988), SERVQUAL: A Multiple-Item Scale for Measuring Consumer Perceptions of Service Quality, in: Journal of Retailing, Vol. 64 (1988), No. 1, S. 12-40

Peter, Paul J. (1979), Reliability: A Review of Psychometric Basics and Recent Marketing Practices, in: Journal of Marketing Research, Vol. 16 (1979), February, S. 6-17

Peter, Paul J./Churchill Jr., Gilbert A. (1986), Relationships Among Research Design Choices and Psychometric Properties of Rating Scales: A Meta-Analysis, in: Journal of Marketing Research, Vol. 23 (1986), February, S. 1-10

Peterson, Robert A. (1994), A Meta-Analysis of Cronbach's Coefficient Alpha, in: Journal of Consumer Research, Vol. 21 (1994), September, S. 381-391

Pfau, Bruce/Detzel, Denis/Geller, Andrew (1991), Satisfy your Internal Customer, in: Journal of Business Strategy, Vol. 12 (1991), No. 6, S. 9-13

Pfeffer, Jeffrey/Salancik, Gerald R. (1978), The external control of organizations: A Resource Dependence Perspective, New York 1978

Pflesser, Christian (1999), Marktorientierte Unternehmenskultur: Konzeption und Untersuchung eines Mehrebenenmodells, Wiesbaden 1999

Plinke, Wulff (1992), Ausprägungen der Marktorientierung im Investitionsgüter-Marketing, in: ZfbF, 44. Jg. (1992), H. 9, S. 830-846

Porter, Michael E. (1980), Competitive Strategy: Techniques for Analyzing Industries and Competitors, New York 1980

Preißler, Peter R. (2000), Controlling: Lehrbuch und Intensivkurs, 12. Auflage, München/Wien/Oldenburg 2000

Pugh, D. S./Hickson, D. J./Hinings C. R./ Turner C. (1968), Dimensions of Organization Structure, in: Administrative Science Quarterly, Vol. 13 (1968), March, S. 65-105

Reihlen, Markus (1997), Entwicklungsfähige Planungssysteme: Grundlagen, Konzepte und Anwendungen zur Bewältigung von Innovationsproblemen, Wiesbaden 1997

Reinartz, Werner/Krafft, Manfred/Hoyer, Wayne D. (2004), The Customer Relationship Management Process: Its Measurement and Impact on Performance, in: Journal of Marketing Research, Vol. 36 (2004), August, S. 293-305

Reitmeyer, Thorsten (2000), Qualität von Entscheidungsprozessen der Geschäftsleitung, Wiesbaden 2000

Rempel, John K./Holmes, John G. (1986), How do I trust thee?, in: Psychology Today, Vol. 20 (1986), S. 28-34

Reynoso, Javier F./Moores, Brian (1996), Internal Relationships, in: Buttle, Francis (Hrsg.), Relationship Marketing: Theory and Practice, London 1996

Riemer, Martin (1986), Beschwerdemanagement, Frankfurt a.M./New York 1986

Ringle, Christian M. (2004a), Gütemaße für den Partial Least Squares-Ansatz zur Bestimmung von Kausalmodellen, Arbeitspapier Nr. 16, Institut für Industriebetriebslehre und Organisation, Hamburg 2004

Ringle, Christian M. (2004b), Kooperation in virtuellen Unternehmen: Auswirkungen auf die strategischen Erfolgsfaktoren der Partnerunternehmen, Wiesbaden 2004

Ripperger, Tanja (1998), Ökonomik des Vertrauens: Analyse eines Organisationsprinzips, München 1998

Robinson Jr., Richard B./Pearce II, John A. (1988), Planned Patterns of Strategic Behavior and Their Relationship to Business-Unit Performance, in: Strategic Management Journal, Vol. 9 (1988), No. 1, S. 43-60

Rosenstiel, Lutz von (2003), Grundlagen der Organisationspsychologie – Basiswissen und Anwendungshinweise, 5. Auflage, Stuttgart 2003

Rotter, Julian B. (1967), A New Scale for the Measurement of Interpersonal Trust, in: Journal of Personality, Vol. 35 (1967), No. 4, S. 651-665

Ruekert, Robert W. (1992), Developing a market orientation: An organizational strategy perspective, in: International Journal of Research in Marketing, Vol. 9 (1992), No. 3, S. 225-245

Ruekert, Robert W./Churchill Jr., Gilbert A. (1984), Reliability and Validity of Alternative Measures of Channel Member Satisfaction, in: Journal of Marketing Research, Vol. 21 (1984), May, S. 226-233

Ruekert, Robert W./Walker, Orville C./Roering, Kenneth J. (1985), The Organization of Marketing Activities: A Contingency Theory of Structure and Performance, in: Journal of Marketing, Vol. 49 (1985), Winter, S. 13-25

Rust, Roland T./Zahorik, Anthony J. (1993), Customer Satisfaction, Customer Retention, and Market Share, in: Journal of Retailing, Vol. 69 (1993), No. 2, S. 193-215

Sandt, Joachim (2004), Management mit Kennzahlen und Kennzahlensystemen: Bestandsaufnahme, Determinanten und Erfolgsauswirkungen, Wiesbaden 2004

Sauerwein, Elmar (2000), Das Kano-Modell der Kundenzufriedenheit: Reliabilität und Validität einer Methode zur Klassifizierung von Produkteigenschaften, Wiesbaden 2000

Saunders, Carol S./Scamell, Richard (1982), Intraorganizational Distributions of Power: Replication Research, in: Academy of Management Journal, Vol. 25 (1982), No. 1, S. 192-200

Sathe, Vijay (1978), Controllership in divisionalized firms: structure, evaluation, and development, New York 1978

Saxe, Robert/Weitz, Barton A. (1982), The SOCO Scale: A Measure of the Customer Orientation of Salespeople, in: Journal of Marketing Research, Vol. 19 (1982), August, S. 343-351

Schäffer, Utz (2001), Kontrolle als Lernprozess, Wiesbaden 2001

Schäffer, Utz/Weber, Jürgen (2001), Thesen zum Controlling, CCM-Forschungspapier Nr. 5, Vallendar 2001

Schäffer, Utz/Willauer, Bianca (2003), Prämissenkontrolle in deutschen Unternehmen – Ergebnisse einer empirischen Erhebung, in: Weber, Jürgen/Kunz, Jennifer (Hrsg.), Empirische Controllingforschung: Begründung – Beispiele – Ergebnisse, Wiesbaden 2003, S. 15-51

Schlegelmilch, Bodo B./Diamantopoulos, Adamantios/Kreuz, Peter (2003), Strategic Innovation: the construct, its drivers and its strategic outcomes, in: Journal of Strategic Marketing, Vol. 11 (2003), June, S. 117-132

Schlüter, Stefan (1997), Handlungsparameter des marktorientierten Managements – Eine konzeptionelle und empirische Analyse am Beispiel der Investitionsgüterindustrie, Minden 1997

Schmidt, Andreas (1986), Das Controlling als Instrument zur Koordination der Unternehmensführung: Eine Analyse der Koordinationsfunktion des Controlling unter entscheidungsorientierten Gesichtspunkten, Frankfurt a.M./Bern/New York 1986

Schmidt, Rudolf (1995), Grundfunktionen des Controlling: Eine Analyse der betriebswirtschaftlichen Literatur zum Stand der aufgabenorientierten Controlling-Diskussion, Frankfurt a. M. et al. 1995

Schmitz, Gertrud (1997), Marketing für professionelle Dienstleistungen: Bedeutung und Dynamik der Geschäftsbeziehungen, dargestellt am Beispiel Wirtschaftsprüfungen, Wiesbaden 1997

Schreyögg, Georg (1996), Organisation: Grundlagen moderner Organisationsgestaltung; mit Fallstudien, Wiesbaden 1996

Schütze, Roland (1992), Kundenzufriedenheit: After-Sales-Marketing auf industriellen Märkten, Wiesbaden 1992

Scott, Mary R./Tassin, Maurice F./Posey, Clyde L. (1998), A Discriminant Analysis Profile of the Early Development of Professional Accounting Capabilities, in: Issues in Accounting Education, Vol. 13 (1998), No. 2, S. 341-356

Seidenberg, Ulrich (1989), Auslöseinformationen im organisatorischen Gestaltungsprozess – Voraussetzung einer flexiblen Organisation, Frankfurt a.M. et al. 1989

Serfling, Klaus (1992), Controlling, 2. Auflage, Stuttgart 1992

Shapiro, Benson P. (1988), What the Hell Is "Market Oriented"?, in: Havard Business Review, Vol. 66 (1988), November/December, S. 119-125

Sharma, Subhash (1996), Applied Multivariate Techniques, New York et al. 1996

Siegwart, Hans (1986), Controlling-Konzepte und Controller-Funktionen in der Schweiz, in: Mayer, Elmar/Landsberg, Georg v./Thiede, Wolfgang (Hrsg.), Controlling-Konzepte im internationalen Vergleich, Freiburg 1986

Siguaw, Judy A./Diamantopoulos, Adamantios (1995), Measuring market orientation: some evidence on Narver and Slater's three-component scale, in: Journal of Strategic Marketing, Vol. 3 (1995), S. 77-88

Sinkula, James M./Baker, William E./Noordewier, Thomas (1997), A Framework for Market-Based Organizational Learning: Linking Values, Knowledge and Behavior, in: Journal of the Academy of Marketing Science, Vol. 25 (1997), No. 4, S. 305-318

Simon, Hermann (1991), Kundennähe als Wettbewerbsstrategie und Führungsherausforderung, in: Kistner, Klaus-Peter/Schmidt, Reinhart (Hrsg.), Unternehmensdynamik: Horst Albach zum 60. Geburtstag, Wiesbaden 1991

Smith, Brock (1998), Buyer-Seller Relationships: Bonds, Relationship Management and Quality, in: Psychology and Marketing, in: Canadian Journal of Administrative Science, Vol. 15 (1998), No. 1, S. 76-92

Spieker, Marc (2003), Rationalitätssicherung in der Willensbildung – Entscheidungsqualität in Gründerteams, in: Weber, Jürgen/Kunz, Jennifer (Hrsg.), Empirische Controllingforschung: Begründung – Beispiele – Ergebnisse, Wiesbaden 2003

Spremann, Klaus (1988), Reputation, Garantie, Information, in: ZfB, 58. Jg. (1988), H. 5/6, S. 613-629

Spreng, Richard A./Mackoy Robert D. (1996), An empirical examination of a Model of Perceived Service Quality and Satisfaction, in: Journal of Retailing, Vol. 72 (1996), No. 2, S. 201-214

Stahlberg, Dagmar/Frey, Dieter (1994), Konsistenztheorien, in: Frey, Dieter/Grief, Siegfried (Hrsg.), Sozialpsychologie: Ein Handbuch in Schlüsselbegriffen, Weinheim 1994, S. 214-221

Starbuck, William H. (1976), Organizations and their environments, in: Dunnette, Marvin D. (Hrsg.), Handbook of Industrial and Organizational Psychology, Chicago 1976, S. 1069-1123

Stauss, Bernd (1995), Internal services: classification and quality management, in: International Journal of Service Industry Management, Vol. 6 (1995), No. 2, S. 62-78

Stauss, Bernd (1999), Kundenzufriedenheit, in: Marketing ZFP, 21. Jg. (1999), H. 1, S. 5-24

Stauss, Bernd (2001), Stichwort „Internes Marketing", in: Diller, Hermann (Hrsg.), Vahlens Großes Marketinglexikon, 2. Auflage, München 2001, S. 698-699

Stauss, Bernd/Hentschel, Bert (1990), Die Qualität von Dienstleistungen: Konzeption, Messung und Management, Diskussionsbeiträge der Wirtschaftswissenschaftlichen Fakultät Ingolstadt, Nr. 10, Ingolstadt 1990

Stauss, Bernd/Neuhaus, Patricia (1995), Das Qualitative Zufriedenheitsmodell (QZM), Diskussionsbeiträge der Wirtschaftswissenschaftlichen Fakultät Ingolstadt, Nr. 66, Ingolstadt 1995

Steiger, James H. (1990), Structural Model Evaluation and Modification: An Internal Estimation Approach, in: Multivariate Behavioral Research, Vol. 25 (1990), No. 2, S. 173-180

Steinman, Christine/Deshpandé, Rohit/Farley, John U. (2000), Beyond Market Orientation: When Customers and Suppliers Disagree, in: Journal of the Academy of Marketing Science, Vol. 28 (2000), No. 1, S. 109-119

Stier, Winfried (1999), Empirische Forschungsmethoden, 2. Auflage, Berlin et al. 1999

Stoffel, Kurt (1995), Controllership im internationalen Vergleich, Wiesbaden 1995

Stone, Robert N./Mason, Barry J. (1995), Attitude and Risk: Exploring the Relationship, in: Psychology & Marketing, Vol. 12 (1995), No. 2, S. 135-153

Strandvik, Tore/Liljander, Veronica (1995), A Comparison of Episode Performance and Relationship Performance for a discrete Service, in: Kleinaltenkamp, Michael (Hrsg.), Dienstleistungsmarketing: Konzeption und Anwendung, Wiesbaden 1995, S. 111-141

Strobacka, Kaj/Strandvik, Tore/Grönroos, Christian (1994), Managing Customer Relationships for Profit: The Dynamics of Relationship Quality, in: International Journal of Service Industry Management, Vol. 5 (1994), No. 5, S. 21-38

Szyperski, Norbert (1974), Planungswissenschaft und Planungspraxis: Welchen Beitrag kann die Wissenschaft zur besseren Beherrschung von Planungsproblemen leisten?, in: ZfB, 44. Jg. (1974), H. 10, S. 667-684

Szyperski, Norbert/Müller-Böling, Detlef (1984), Aufgabenspezialisierung in Planungssystemen: Eine konzeptionelle und empirische Analyse, in: ZfbF, 36. Jg. (1984), H. 2, S. 124-147

Szyperski, Norbert/Winand, Udo (1980), Grundbegriffe der Unternehmensplanung, Stuttgart 1980

Thibaut, John W./Kelley Harold H. (1959), The Social Psychology of Groups, New York 1959

Thurstone, L. L. (1947), Multiple-Factor Analysis – A Development and Expansion of The Vectors of Mind, Chicago/London 1947

Tonnesen, Christian (1998), Kundenorientiertes Personalcontrolling, in: Ackermann Karl-Friedrich/Meyer, Martin/Mez, Bernd (Hrsg.), Die kundenorientierte Personalabteilung: Ziele und Prozesse des effizienten HR-Managements, Wiesbaden 1998

Utzig, B. Peter (1997), Kundenorientierung strategischer Geschäftseinheiten: Operationalisierung und Messung, Wiesbaden 1997

Vandermerwe, Sandra/Gilbert, Douglas J. (1991), Internal Services: Gaps in Needs/Performance and Prescriptions for Effectiveness, in: International Journal of Service Industry Management, Vol. 2 (1991), No. 1, S. 50-60

Venaik, Sunil/Midgley, David/Devinney, Timothy M. (2001), Autonomy, Networking and Interunit Learning in a Model of MNC Subsidiary Innovation and Performance, http://www.agsm.edu.au/~timdev/research/VMD.PDF

Venkatraman, N./Ramanujam, Vasudevan (1986), Measurement of Business Performance in Strategy Research: A Comparison of Approaches, in: Academy of Management Review, Vol. 11 (1986), No. 4, S. 801-808

Wallenburg, Carl Marcus (2004), Kundenbindung in der Logistik – Eine empirische Untersuchung zu ihren Einflussfaktoren, Dissertation, Vallendar 2004 (noch nicht veröffentlicht)

Walter, Achim (1998), Der Beziehungspromoter, Wiesbaden 1998

Weber, Jürgen (1997), Marktorientiertes Controlling, Band 4 der Schriftenreihe Advanced Controlling, Vallendar 1997

Weber, Jürgen (2000), Neue Perspektiven des Controlling, WHU-Forschungspapier, Nr. 77, Vallendar 2000

Weber, Jürgen (2004), Einführung in das Controlling, 10. Auflage, Stuttgart 2004

Weber, Jürgen (2005), Editorial: Risikomanagement als Risiko, in: Zeitschrift für Controlling und Management, 49. Jg. (2005), H. 2, S. 89

Weber, Jürgen/David, Ulrich/Prenzler, Carsten (2001), Controller Excellence: Strategische Neuausrichtung der Controller, Band 23/24 der Schriftenreihe Advanced Controlling, Vallendar 2004

Weber, Jürgen/Paefgen, Anne/Spillecke, Dennis (2004), Marketingstrategien für Controller, Band 42 der Schriftenreihe Advanced Controlling, Vallendar 2004

Weber, Jürgen/Schäffer, Utz (1998a), Sicherstellung einer angemessenen Rationalität der Führung als Funktion des Controlling, WHU-Forschungspapier, Nr. 48, Vallendar 1998

Weber, Jürgen/Schäffer, Utz (1998b), Sicherstellung der Rationalität von Führung als Controlleraufgabe, WHU-Forschungspapier, Nr. 49, Vallendar 1998; ebenso in: DBW, 59. Jg. (1999), H. 6, S. 731-747

Weber, Jürgen/Schäffer, Utz (1998c), Sicherung der Rationalität in der Willensbildung durch die Nutzung des fruchtbaren Spannungsverhältnisses von Reflexion und Intuition, WHU-Forschungspapier, Nr. 51, Vallendar 1998

Weber, Jürgen/Schäffer, Utz (1999), Controlling als Koordinationsfunktion – Zehn Jahre nach Küpper/Weber/Zünd, WHU-Forschungspapier, Nr. 71, Vallendar 1999

Weber, Jürgen/Schäffer, Utz (2000), Balanced Scorecard & Controlling: Implementierung – Nutzen für Manager und Controller – Erfahrungen in deutschen Unternehmen, 3. Auflage, Wiesbaden 2000

Weber, Jürgen/Schäffer, Utz/Langenbach, Wilm (1999), Gedanken zur Rationalitätskonzeption des Controlling, WHU-Forschungspapier, Nr. 48, Vallendar 1999

Weber, Jürgen/Schäffer, Utz/Prenzler, Carsten (2001), Zur Charakterisierung und Entwicklung von Controlleraufgaben, Forschungspapier, Vallendar 2001

Weber, Jürgen/Spillecke, Dennis (2005), Produktionscontrolling, in: Weber, Jürgen/Schäffer, Utz (2005), Bereichscontrolling, Vallendar 2005 (Veröffentlichung in Planung)

Weber, Jürgen/Weißenberger, Barbara E./Guth, Sebastian/Spieker, Marc (2000), Accounting Excellence: Die Kostenrechnung auf dem Prüfstand, Band 16 der Schriftenreihe Advanced Controlling, Vallendar 2000

Weber, Jürgen/Willauer, Bianca (2000), Marktorientierte Instrumente des Controlling, Band 15 der Schriftenreihe Advanced Controlling, Vallendar 2000

Weber, Max (1972), Wirtschaft und Gesellschaft: Grundriss der verstehenden Soziologie, 5. Auflage, Tübingen 1972

Welge, Martin K. (1988), Unternehmensführung Band 3: Controlling, Stuttgart 1988

Werder, Axel von/Gemünden, Hans Georg (1989), Kundennähe und Informationstechnologie: Zusammenfassende Würdigung der Unternehmensberichte, in: ZfbF, 41. Jg. (1989), Sonderheft 25, S. 167-190

Werner, Harald (1997), Relationales Beschaffungsverhalten: Ausprägungen und Determinanten, Wiesbaden 1997

Winand, Udo/Pohl, Wilfried (1998), Die Vertrauensproblematik in elektronischen Netzwerken, in: Link, Jörg (Hrsg.), Wettbewerbsvorteile durch Online Marketing: Die strategischen Perspektiven elektronischer Märkte, Berlin et al. 1998, S. 243-260

Winklhofer, Heidi M./Diamantopoulos, Adamantios (2002), Managerial evaluation of sales forecasting effectiveness: A MIMIC modeling approach, in: International Journal of Research in Marketing, Vol. 19 (2002), No. 2, S. 151-166

Wolf, Joachim (2003), Organisation, Management, Unternehmensführung: Theorien und Kritik, Wiesbaden 2003

Wood, Stephen (1979), A Reappraisal of the Contingency Approach to Organization, in: Journal of Management Studies, Vol. 16 (1979), October, S. 334-354

Yasai-Ardekani, Masoud (1989), Effects of Environmental Scarcity and Munificence on the Relationship of Context to Organisational Structure, Academy of Management Journal, Vol. 32 (1989), No. 1, S. 131-156

Zeithaml, Valerie A./Parasuraman, A./Berry, Leonard L. (1985), Problems and Strategies in Services Marketing, in: Journal of Marketing, Vol. 49 (1985), Spring, S. 33-46

Zeithaml, Valerie A./Varadarajan, P. "Rajan"/Zeithaml, Carl P. (1988), The Contingency Approach: Its Foundations and Relevance to Theory Building and Research in Marketing, in: European Journal of Marketing, Vol. 22 (1988), No. 7, S. 37-64

Zimmer, Pascal (2000), Commitment in Geschäftsbeziehungen, Wiesbaden 2000

Zmud, Robert W. (1978), An Empirical Investigation of the Dimensionality of the Concept of Information, in: Decision Sciences, Vol. 9 (1978), No. 2, S. 187-195

Zollner, Georg (1995), Kundennähe in Dienstleistungsunternehmen: empirische Analyse von Banken, Wiesbaden 1995

FSC
www.fsc.org
MIX
Papier | Fördert gute Waldnutzung
FSC® C083411

Kolibri 360 GmbH
Ferdinand-Jühlke-Straße 7
99095 Erfurt, Deutschland
produktsicherheit@kolibri360.de